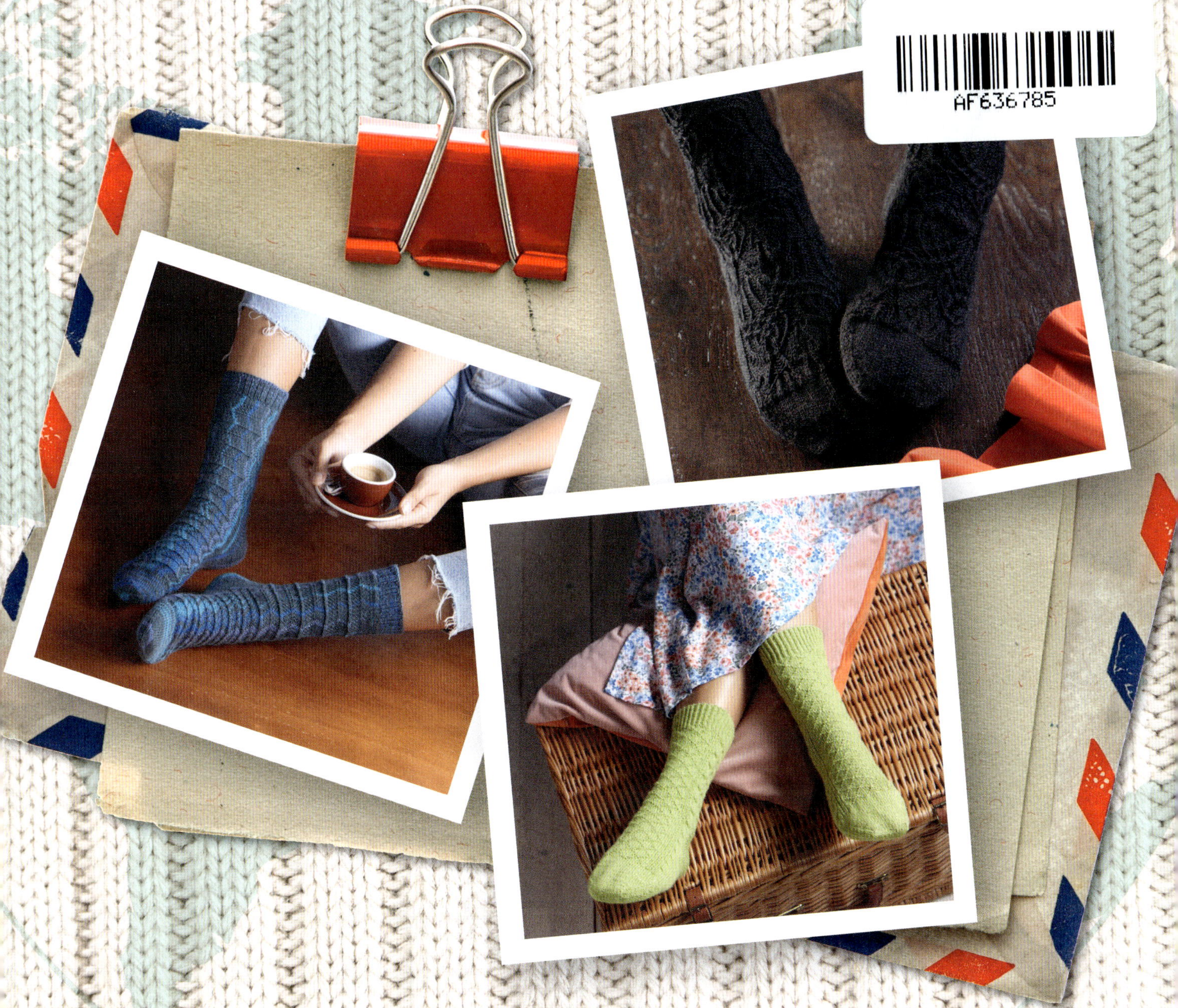

SOCKEN AUS ALLER WELT

Eine Weltreise mit Nadeln & Wolle

5 VORWORT

6 ALPENGLÜHEN

12 DELFTER BLAU

17 TRADITIONELLE MUSTERMASCHEN

22 FRISCHE BRISE

26 BEI DEN FJORDEN

32 FARBENFROHE FOLKLORE

38 NORDISCH INSPIRIERT

42 FERNÖSTLICHES FLAIR

46 FERNWEH SPÜREN

52 FRÄNKISCHE PERLENKUNST

55 METROPOLE DER MODE

60 BRÜSSELER SPITZE

64 IM TRACHTENLOOK

68 IM KLASSISCHEN KELIM-STIL

73 ROUTE 66

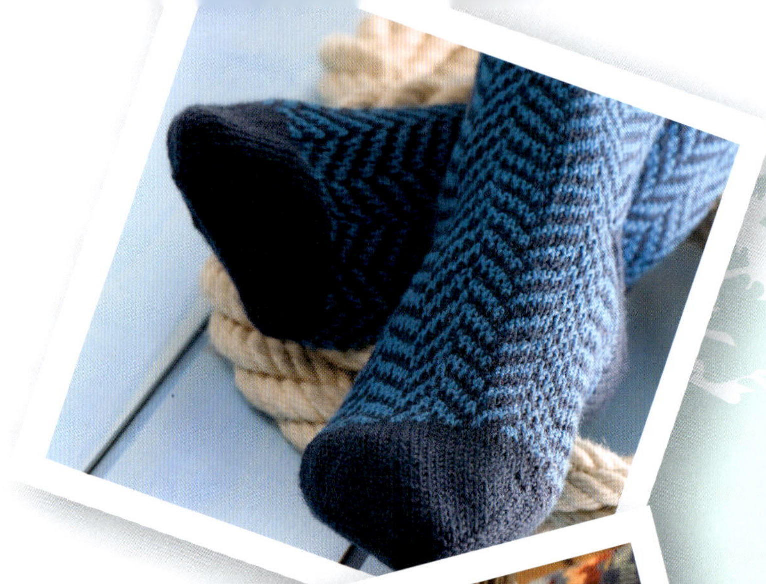

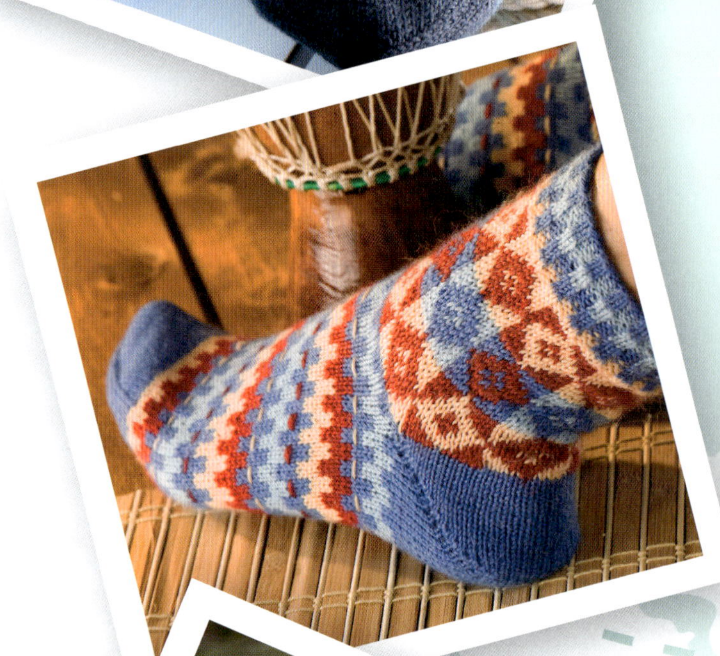

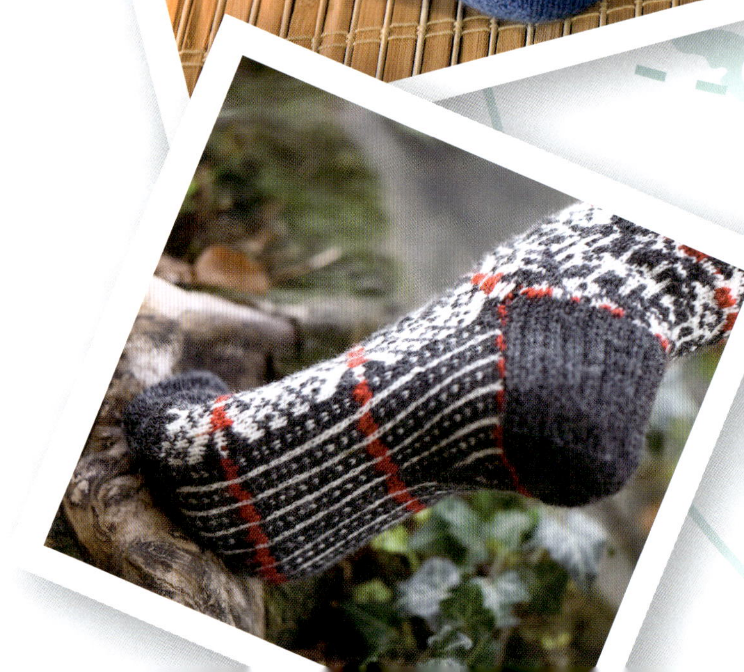

INHALTSVERZEICHNIS

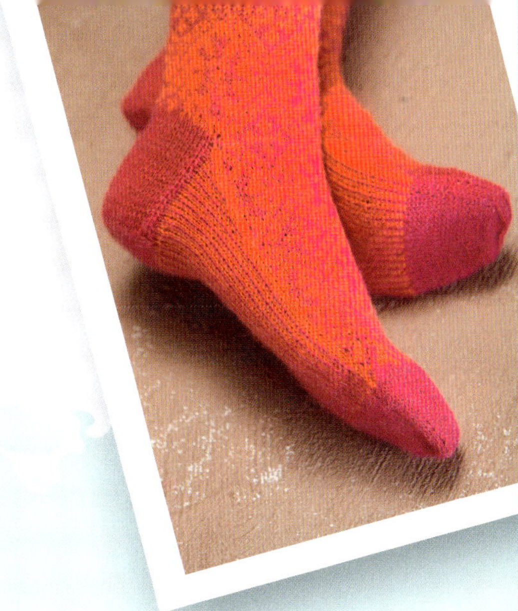

76 IN DEN HIGHLANDS

80 BESTRICKENDER MUSTERMIX

84 AUF DEN ARAN-INSELN

88 IT'S TEA TIME

92 DIE GRÜNE INSEL

96 URLAUB IN DEN BERGEN

100 ES DUFTET NACH LAVENDEL

104 FEMININE SPITZENMUSTER

108 DIE FARBEN DER ANDEN

112 ORIENTALISCHER FARBRAUSCH

116 KIELER SPROTTE

119 BASICS & STRICKTECHNIK

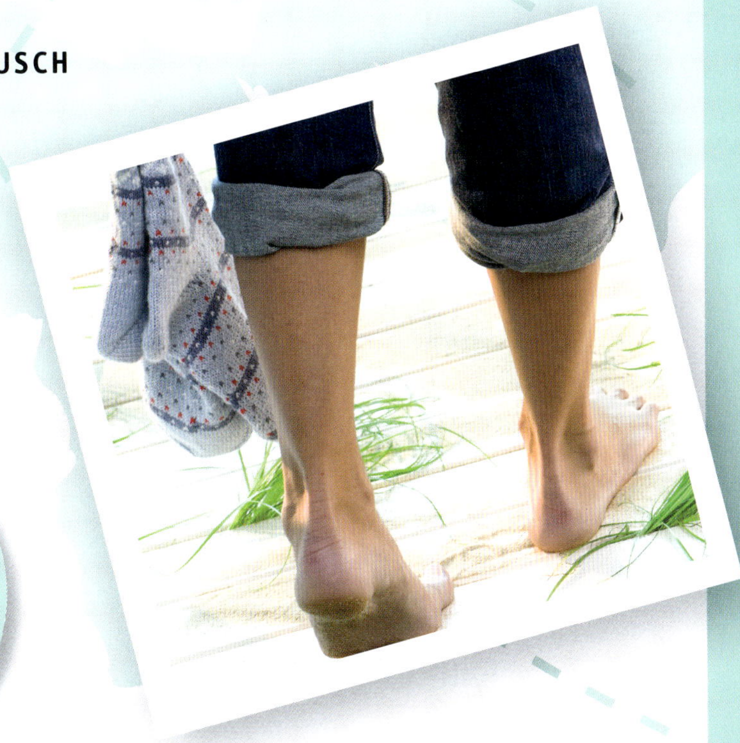

Alle Strickschriften in diesem Buch finden Sie zusätzlich als Download und zum Ausdrucken unter www.topp-kreativ.de/digibib. Den Freischaltcode finden Sie im Impressum auf Seite 128.

SOCKEN AUS ALLER WELT

Das Stricken hat im Laufe der letzten Jahrhunderte beinahe jeden Winkel der Welt erreicht. In fast jeder Kultur und jedem Landstrich kennt man rechte und linke Maschen. Und obwohl die Grundtechniken wohl überall die gleichen sind, lassen sich doch allerorts ganz besondere Eigenarten entdecken – gestalterische Elemente und spezielle Techniken, die oft durch seefahrende Völker, durch Handel und Kolonialzeiten weitergetragen wurden. In einem neuen Flecken der Erde keimten sie, schlugen Wurzeln und mischten sich mit landestypischen Bekleidungs- oder Keramikmustern. Besonders das Sockenstricken hat in vielen Ländern schon lange einen eigenen Stellenwert. Ursprünglich mal ausschließlich den Männern vorbehalten, wandelte es sich zu einer Betätigung der Frauen und wurde von Generation zu Generation weitergegeben. Socken galten vielerorts als Accessoires, die nicht nur wärmen und schützen sollten, sondern auch zum Schmuck dienten.

Neben den verschiedenen Mustern haben sich auch unterschiedliche Arten des Sockenstrickens entwickelt. Während in Europa Socken am Bündchen begonnen und zur Spitze herunter gestrickt werden, werden sie in der Türkei und in vielen anderen Balkanstaaten von der Spitze bis zum Bündchen hoch gestrickt. Die Modelle dieses Buches sind von vielen verschieden Kulturen inspiriert. Entdecken Sie mit uns die Farben und Mustervielfalt auf einer Reise durch die Welt des Sockenstrickens.

Ich wünsche Ihnen viel Spaß dabei!

Stephanie van der Linden

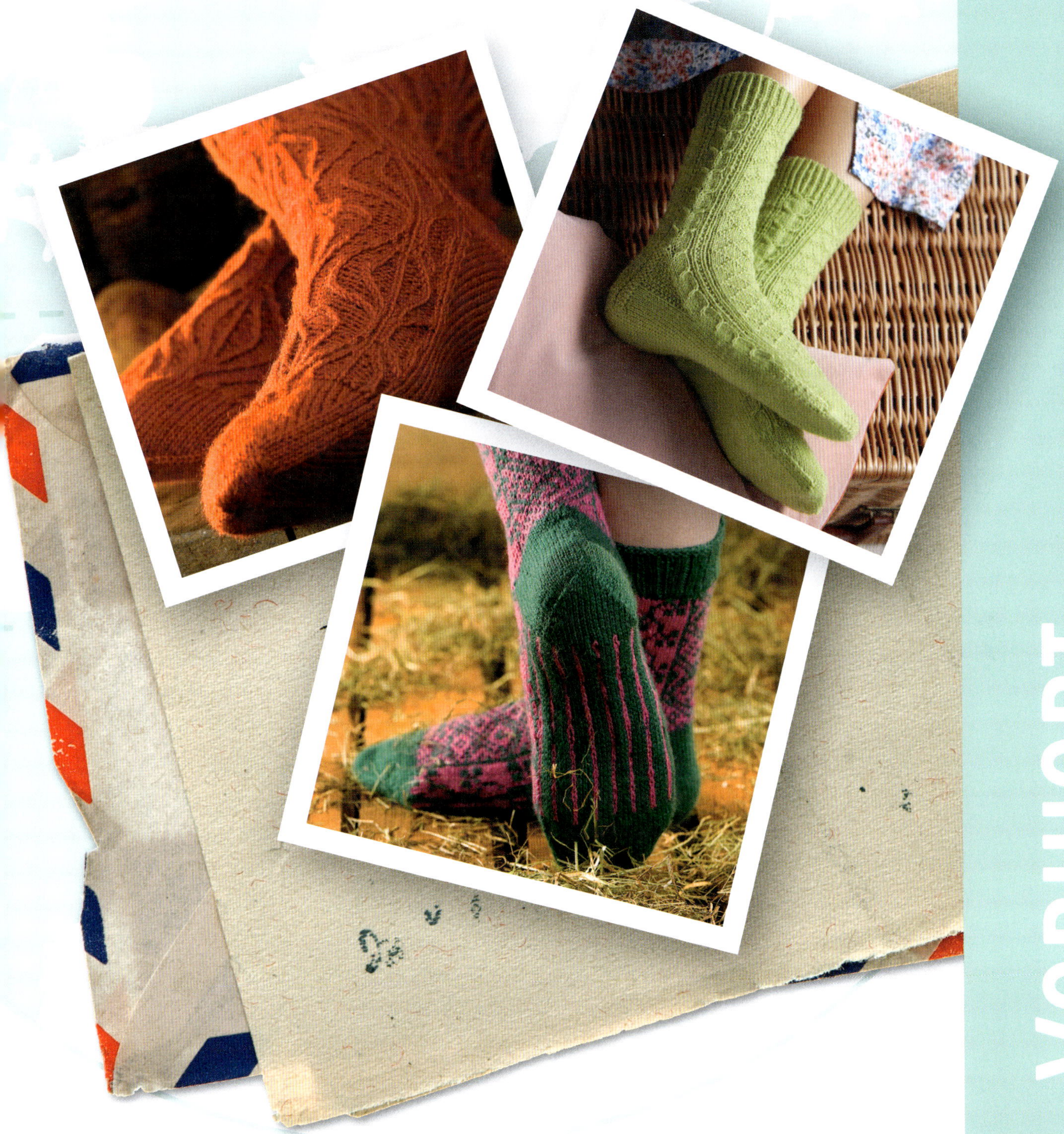

VORWORT

ALPENGLÜHEN

SCHWIERIGKEITSGRAD

GRÖSSE
38/39
zusätzliche Hinweise zum Stricken der Größen 36/37 und 40/41

MATERIAL
Regia 4-fädig: 100 g in Koralle (Fb 1060)

Nadelspiel 2–2,5 mm

Die Nadelstärke so wählen, dass die angegebene Maschenprobe erreicht wird!

zusätzliche Spielnadel als Hilfsnadel oder Zopfnadel

MASCHENPROBE
glatt re
30 M und 42 R
= 10 cm x 10 cm

BASICS
Verschränkte Maschen verzopfen
Seite 126

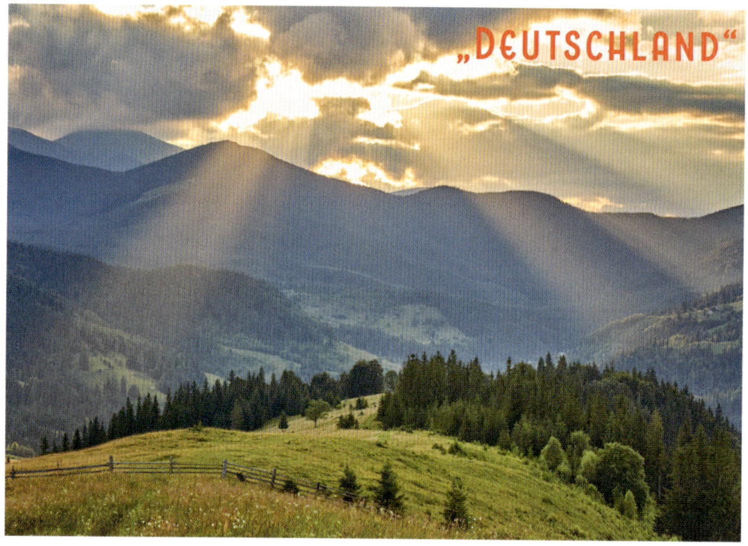

Stark verflochtene Zopfmuster aus Zugmaschen und verschränkten Maschen sind typisch für den alpenländischen Raumes. Bei diesem Sockenmodell läuft die traditionelle 'vergessene Liab' von einem seitlichen 'Zwickerl' diagonal über die Maschen des Oberfußes.

BÜNDCHENMUSTER

* 2 M re verschränkt, 1 M li, ab * stets wdh.

BEINMUSTER

Siehe Strickschrift auf Seite 10. Nach dem gesamten Mustersatz von 40 Rd die M der Nd 3 und 4 glatt re str.

MUSTERSTREIFEN

Siehe Strickschrift auf Seite 10. **Mit Nd 1** arbeiten. Mit Nd 2 arbeiten.

DIAGONALE

Siehe Strickschrift auf Seite 9. **Mit Nd 1** 6 M glatt re und den Musterstreifen arbeiten. **Mit Nd 2** die rechte Diagonale arbeiten. Mit Nd 1 die linke Diagonale arbeiten. Mit Nd 2 den Musterstreifen und die letzten 6 M glatt re str.

ANLEITUNG

Abweichende Angaben für die linke Socke sind im Anleitungstext grau gedruckt.

75 M anschlagen (19+19+19+18 M) und zur Rd schließen.
12 Rd im Bündchenmuster arbeiten.
Nd 1: 19 M im Beinmuster.
Nd 2: 19 M im Beinmuster.
Nd 3 und 4: Im Bündchenmuster weiterarbeiten, dabei mit 1 M li beginnen und enden.
In dieser Mustereinteilung 18 Rd str (19+19+19+18 M).
In den Rd 19–40 die M aller 4 Nd nach den Strickschriften im jeweiligen Beinmuster arbeiten. Dabei die Zöpfe beachten, die über die Nd-Übergänge hinweg gearbeitet werden! (18+18+18+18 M).

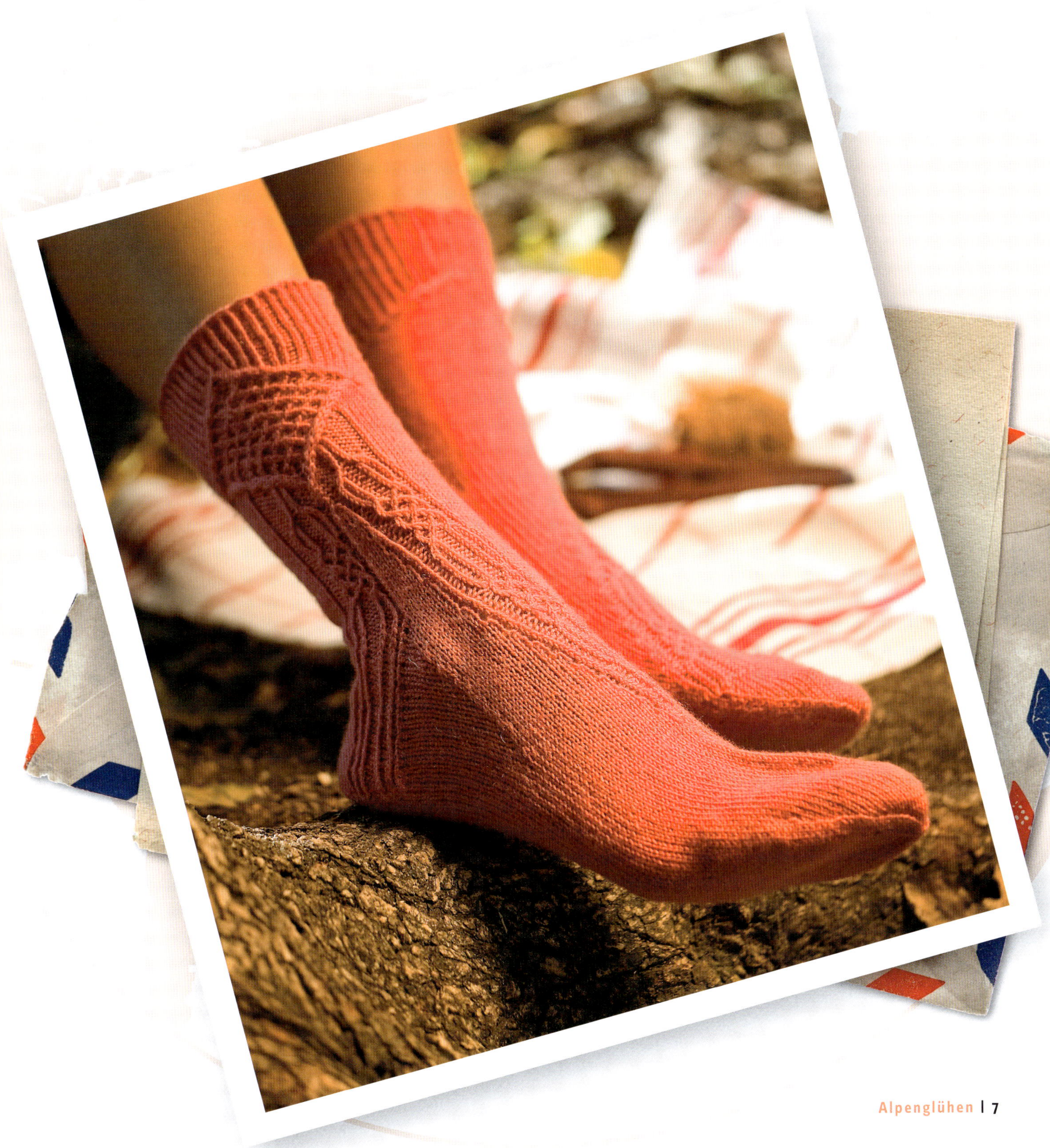

BEGINN DES DIAGONALEN MUSTERSTREIFENS

Nd 1: 6 M re, 12 M Musterstreifen.
Nd 2: Re Diagonale (keine Zunahme in der 1. Rd!).
Nd 1: Li Diagonale (keine Zunahme in der 1. Rd!).
Nd 2: 12 M Musterstreifen, 6 M re.
Nd 3 und 4: Jeweils 18 M glatt re.

In dieser Mustereinteilung 24 Rd str, bis die 6 re M der Nd 2 (die 6 re M der Nd 1) aufgebraucht sind und die Diagonale am Nadelende angekommen ist. Den Faden trennen (18+17+18+18 M) (17+18+18+18 M).

FERSE

Die Ferse über die 36 M der Nd 4 und 1 arbeiten, dazu den Faden zu Beginn der Nd 3 neu ansetzen.
Die Ferse über die 36 M der Nd 2 und 3 arbeiten, dazu den Faden zu Beginn der Nd 4 neu ansetzen.
In Hin- und Rückr eine Fersenwand von 32 R str. Dabei alle M str, wie sie erscheinen, und alle verschränkten M verschränkt abstr.

Die Fersen-Rundung glatt re in verkürzten R arbeiten. Dazu in der folgenden Hinr 19 M re str, 2 M nacheinander wie zum Rechtsstr abheben, wieder zurück auf die li Nd heben und beide M re verschränkt zusammenstr, 1 weitere M re str und wenden.
1 M abheben, 3 M li str, 2 M li zusammenstr, noch 1 weitere M li str und wenden.
Hinr: 1 M abheben, die M bis 1 M vor dem Gässchen re str, die M vor dem Gässchen und die M nach dem Gässchen wie zum Rechtsstr abheben, wieder zurück auf die li Nd heben und beide M re zusammenstr, noch 1 weitere M re str und wenden.
Rückr: 1 M abheben, die M bis 1 M vor dem Gässchen li str, die M vor dem Gässchen und die M nach dem Gässchen li zusammenstr, noch 1 weitere M li str und wenden.
Die Hin- und Rückr wdh, bis beide Reihenenden erreicht sind (20 Fersen-M).

Wieder in Rd str:
Nd 1: 20 Fersen-M re str, aus der Fersenwand 16 neue M auffassen.
Nd 2 und 3: Glatt re bis zum Musterstreifen, 18 M nach Rd 1 der Strickschrift für die re Diagonale, die restlichen M glatt re str (keine Zunahme in der 1. Rd!).
Nd 4: 16 neue M aus der Fersenwand auffassen und noch 10 M der Nd 1 re abstr (26+17+17+26 M).
Nd 3: 20 Fersen-M re str, aus der Fersenwand 16 neue M auffassen.
Nd 4 und 1: Glatt re bis zum Musterstreifen, 18 M nach der Rd 1 der Strickschrift für die li Diagonale, die restlichen M glatt re str (keine Zunahme in der 1. Rd!).
Nd 2: 16 neue M aus der Fersenwand auffassen und noch 10 M der Nd 1 re abstr (17+26+26+17 M).

Den Fuß mit Spickel weiter in Rd str:
Nd 1 (Sohle): Alle M re str.
Nd 2 und 3: Die M der re Diagonalen nach Strickschrift arbeiten, alle übrigen M glatt re str. Dabei wandert die Diagonale nach und nach von Nd 2 auf Nd 3, bis die erste M des Musters am Ende der Nd 3 angekommen ist.
Nd 4 (Sohle): Alle M re str.

Nd 3 (Sohle): Alle M re str.
Nd 4 und 1: Die M der li Diagonalen nach Strickschrift arbeiten, alle übrigen M glatt re str. Dabei wandert der die Diagonale nach und nach von Nd 1 auf Nd 4, bis die erste M des Musters am Ende der Nd 4 angekommen ist.
Nd 2 (Sohle): Alle M re str.

In dieser Mustereinteilung 2 Rd str.

Abnahme-Rd: Mit Nd 1 **(mit Nd 3)** die M bis zu den letzten 3 M der Nd re str, 2 M re zusammenstr, 1 M re str, **mit Nd 2 und 3** **(mit Nd 4 und 1)** weiter wie bereits beschrieben str und **mit Nd 4** **(mit Nd 2)** 1 M re str, 2 M nacheinander wie zum Rechtsstr abheben, wieder zurück auf die li Nd heben und beide M re verschränkt zusammenstr, die restlichen M glatt re str.
Diese 3 Rd insgesamt 9x arbeiten, bis alle Spickel-M aufgebraucht sind (17+17+16+17 M) (17+17+17+16 M).

Den Fuß weiter in Rd str, dabei die Sohlen-M glatt re, die M des Oberfußes glatt re mit Diagonale arbeiten.
Darauf achten, dass in der 1. Rd der Diagonale keine M zugenommen wird!

Wenn die Diagonale am Nadelende angelangt ist (9. Rd der Strickschrift), noch 3 weitere Rd in der Mustereinteilung arbeiten (bis zur 12. Rd der Strickschrift) (17+17+15+17 M) (17+17+17+15 M).

Bei einer Fußlänge von 19,5–20 cm, gemessen von Fersen-Mitte noch 2 Rd glatt re über die M aller 4 Nd str. Dabei in der 2. Rd die M des Oberfußes zu je 16 M auf die beiden Nd verteilen und die ersten beiden M jeder Sohlenadel re zusammenstr (16+16+16+16 M).

SPITZE

Abnahme-Rd: Alle M re str, dabei auf Nd 1 und auf Nd 3 die zweit- und drittletzte M re zusammenstr, auf Nd 2 und auf Nd 4 die 2. und 3. M nacheinander re abheben, wieder zurück auf die li Nd heben und re verschränkt zusammenstr.

Diese Abnahme-Rd noch einmal in jeder 4. Rd, 2x in jeder 3. Rd, 3x in jeder 2. Rd und 7x in jeder Rd wdh.

Den Faden trennen, mit Hilfe einer Stopfnadel durch die restlichen 8 M ziehen, fest anziehen und den Faden innen gut vernähen.

Eine re und eine li Socke arbeiten.

HINWEISE ZUM STRICKEN DER GRÖSSEN 36/37 UND 40/41

Für die Größe 36/37 nicht zu locker str, eventuell eine dünnere Nadelstärke als üblich wählen und nach Anleitung bis zum Ende der Ferse arbeiten. Für einen kürzeren Fuß die Zunahmen und Abnahmen für den diagonal verlaufenden Musterstreifen nicht wie angegeben in jeder 4. Rd, sondern bereits in jeder 3. Rd arbeiten. Sobald der Musterstreifen die äußere Oberfußmasche erreicht hat, den Musterstreifen ohne weitere Zunahmen und Abnahmen weiterarbeiten. Mit den beiden vorbereitenden Rd zur Spitze bei einer Länge von 18,5–19 cm beginnen.

Für die Größe 40/41 nach Anleitung arbeiten. Dabei aber auch in der 1. Rd des diagonalen Musterstreifens wie in den Rd 5, 9, 13, 17 und 21 eine Zunahme arbeiten. Bei einer Fußlänge von 20,5–21 cm erreicht der schräg verlaufende Musterstreifen die äußere Oberfußmasche bei einer M-Zahl von 70 M (17+18+18+17 M) (18+17+17+18 M). 2 vorbereitende Rd zur Spitze glatt re str, dabei die ersten beiden M der Nd 2 (der Nd 1) und die letzten beiden M der Nd 3 (der Nd 4) re zusammenstr (17+17+17+17 M). Die Spitze wie beschrieben arbeiten, dabei die Abnahme-Rd 8x in jeder Rd wdh.

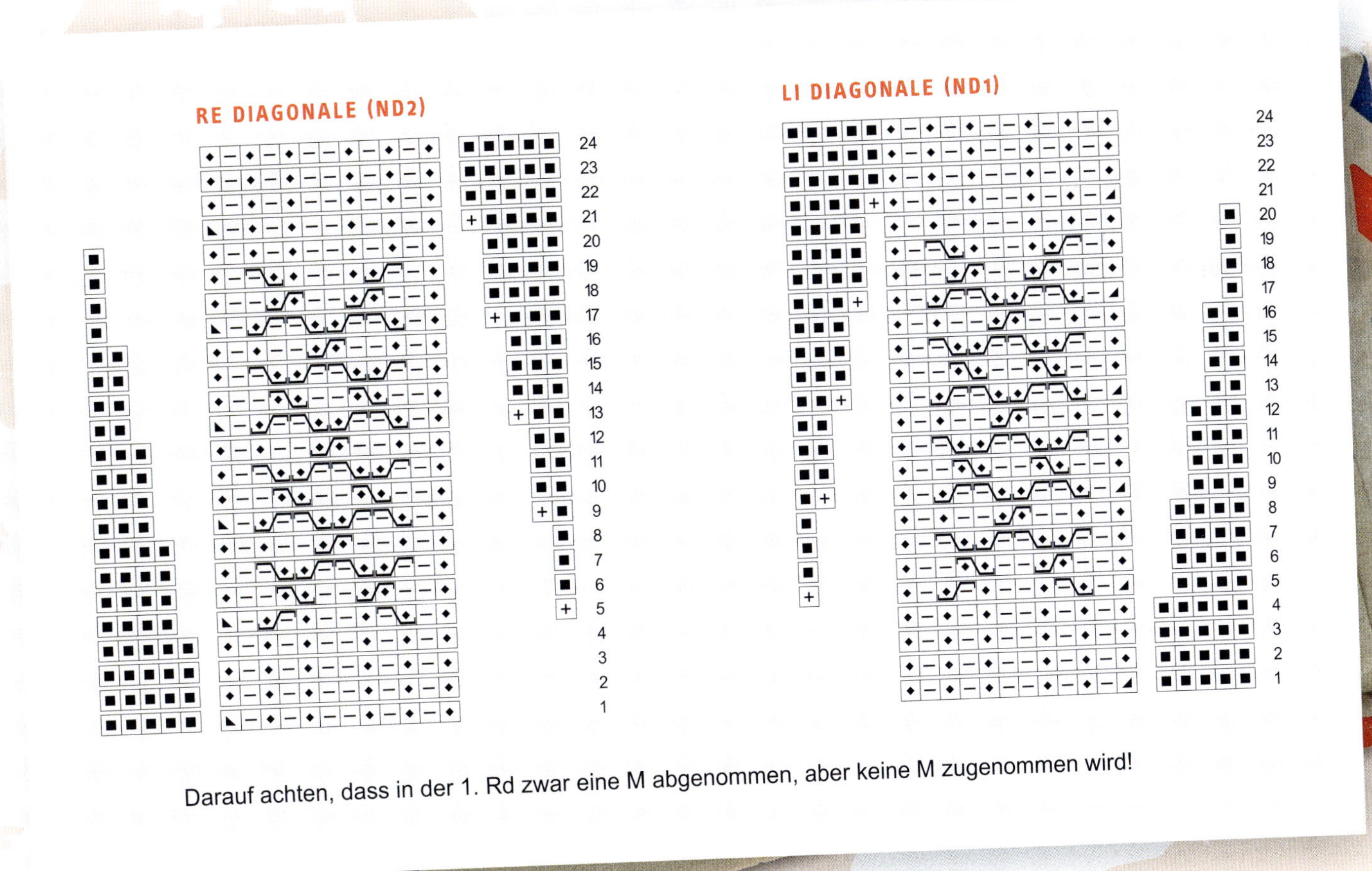

BEINMUSTER

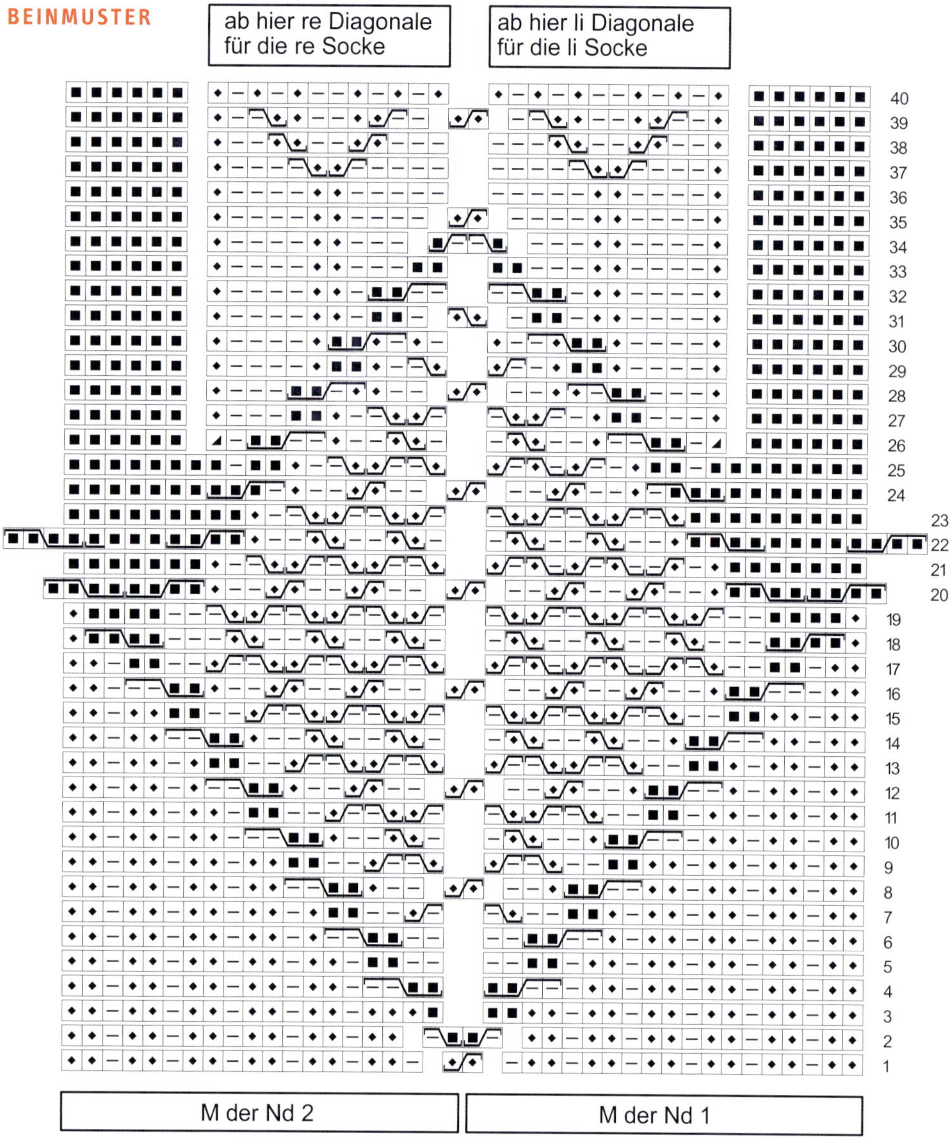

MUSTERSTREIFEN

Für die re Socke mit Nd 1
für die li Socke mit Nd 2

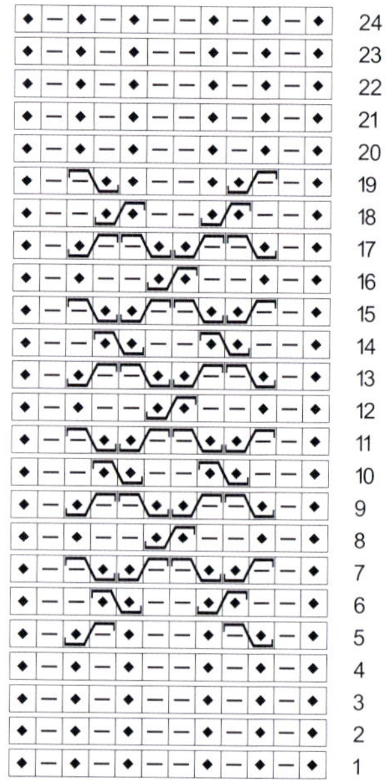

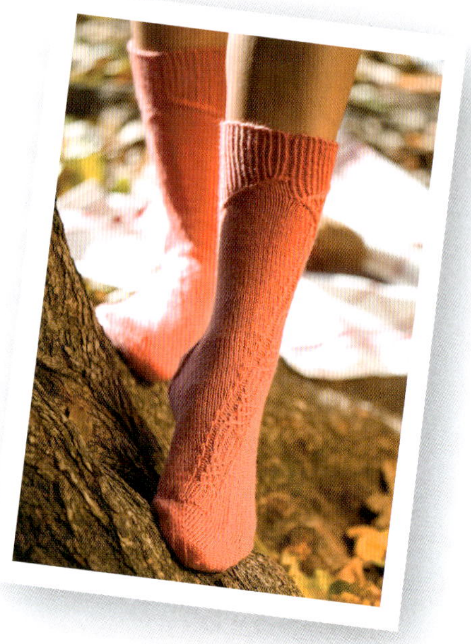

- ■ = 1 M re, in Rückr 1 M li
- – = 1 M li, in Rückr 1 M re
- ◆ = 1 M re verschränkt, in Rückr 1 M li verschränkt
- ◢ = 2 M re zusammenstr (rechtsgeneigte Abnahme)
- ◣ = 2 M nacheinander wie zum Rechtsstr abh, zurück auf die li Nd heben und beide re verschränkt zusammenstr (linksgeneigte Abnahme)
- \+ = 1 M re verschränkt aus dem Querfaden herausstr

BEINMUSTER, TEIL 2

Für die Nd 3 und 4 ab der 19. Rd. Nach der 40. Rd die M der Nd 3 und 4 glatt re str.

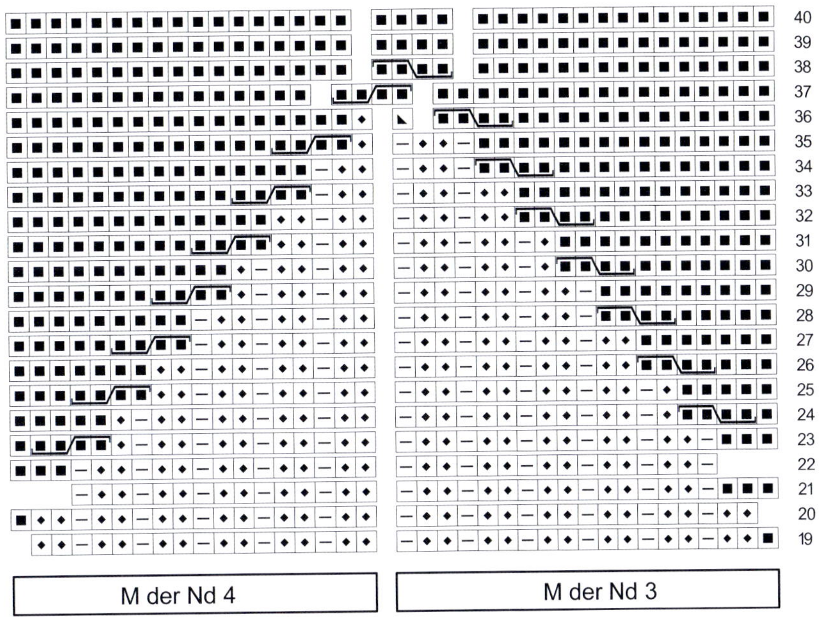

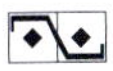 = 1 M auf einer Zopfnd VOR die Arbeit legen, 1 M re verschränkt str, dann die M der Zopfnd re verschränkt str

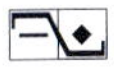 = 1 M auf einer Zopfnd VOR die Arbeit legen, 1 M li str, dann die M der Zopfnd re verschränkt str

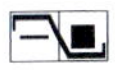 = 1 M auf einer Zopfnd VOR die Arbeit legen, 1 M li str, dann die M der Zopfnd re str

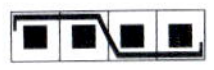 = 2 M auf einer Zopfnd VOR die Arbeit legen, 2 M re str, dann die M der Zopfnd re str

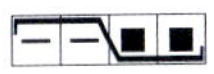 = 2 M auf einer Zopfnd VOR die Arbeit legen, 2 M li str, dann die M der Zopfnd re str

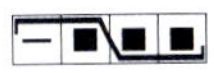 = 2 M auf einer Zopfnd VOR die Arbeit legen, 2 M li str, dann die M der Zopfnd als 1 M re, 1 M li str

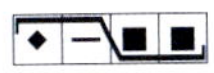 = 2 M auf einer Zopfnd VOR die Arbeit legen, 2 M li str, dann die M der Zopfnd 1 M li, 1 M re verschränkt str

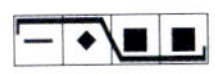 = 2 M auf einer Zopfnd VOR die Arbeit legen, 2 M li str, dann die M der Zopfnd 1 M re verschränkt, 1 M li str

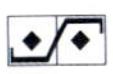 = 1 M auf einer Zopfnd HINTER die Arbeit legen, 1 M re verschränkt str, dann die M der Zopfnd re verschränkt str

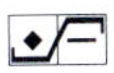 = 1 M auf einer Zopfnd HINTER die Arbeit legen, 1 M re verschränkt str, dann die M der Zopfnd li str

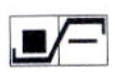 = 1 M auf einer Zopfnd HINTER die Arbeit legen, 1 M re str, dann die M der Zopfnd li str

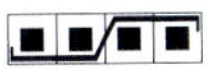 = 2 M auf einer Zopfnd HINTER die Arbeit legen, 2 M re str, dann die M der Zopfnd re str

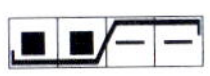 = 2 M auf einer Zopfnd HINTER die Arbeit legen, 2 M re str, dann die M der Zopfnd li str

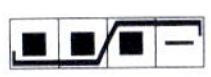 = 2 M auf einer Zopfnd HINTER die Arbeit legen, 2 M re str, dann die M der Zopfnd 1 M li, 1 M re str

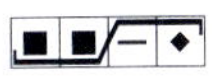 = 2 M auf einer Zopfnd HINTER die Arbeit legen, 2 M re str, dann die M der Zopfnd 1 M re verschränkt, 1 M li str

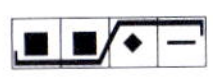 = 2 M auf einer Zopfnd HINTER die Arbeit legen, 2 M re str, dann die M der Zopfnd 1 M li, 1 M re verschränkt str

Delfter Blau

SCHWIERIGKEITSGRAD

GRÖSSE
39–41

MATERIAL
Regia 4-fädig: 50 g in Electric Blue (Fb 6615), 50 g in Natur (Fb 1992), 50 g in Kirsche (Fb 2002) und 50 g in Loden (Fb 1994)

Nadelspiel 2–2,5 mm

Die Nadelstärke so wählen, dass die angegebene Maschenprobe erreicht wird!

zusätzliche Spielnadel als Hilfsnadel

2 Maschenmarkierer

MASCHENPROBE
im Jacquardmuster
36 M und 40 R =
10 cm x 10 cm

BASICS
Jacquardtechnik
Seite 122

Bei diesem Modell bietet es sich an, alternativ zum Nadelspiel mit 2 Rundstricknadeln zu arbeiten.

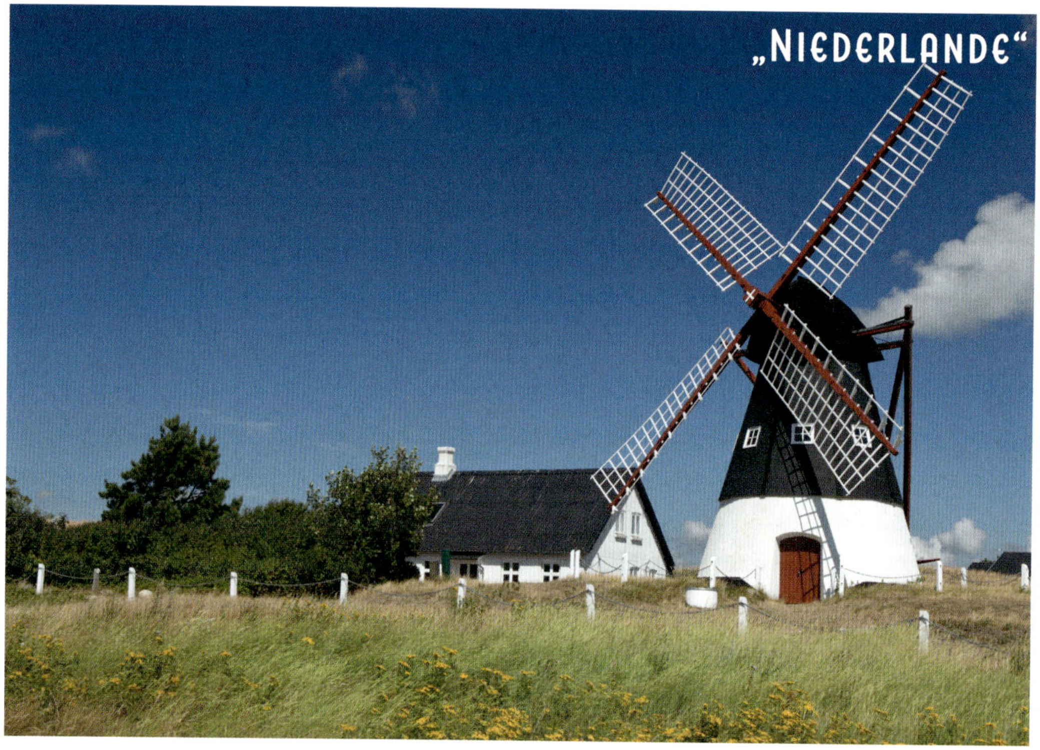

Niederländische Strickmuster sind sehr autark und kaum durch Strömungen aus Nachbarländern geprägt. Vermutlich war das Stricken (anders als in nahezu allen anderen Regionen) schon immer eher eine Tätigkeit, die Frauen ausübten.

So spiegeln sich Stick- und Quiltmuster sowie Ornamente von Kacheln und Steingut, also typische Muster, die in niederländischen Haushalten zugegen waren, in den gestrickten Jacquards. Typische rautenförmige oder florale Kachelmuster werden mit Motiven wie Blumen, Vögeln oder Herzen kombiniert. Charakteristisch sind auch die klaren, kräftigen Farben.

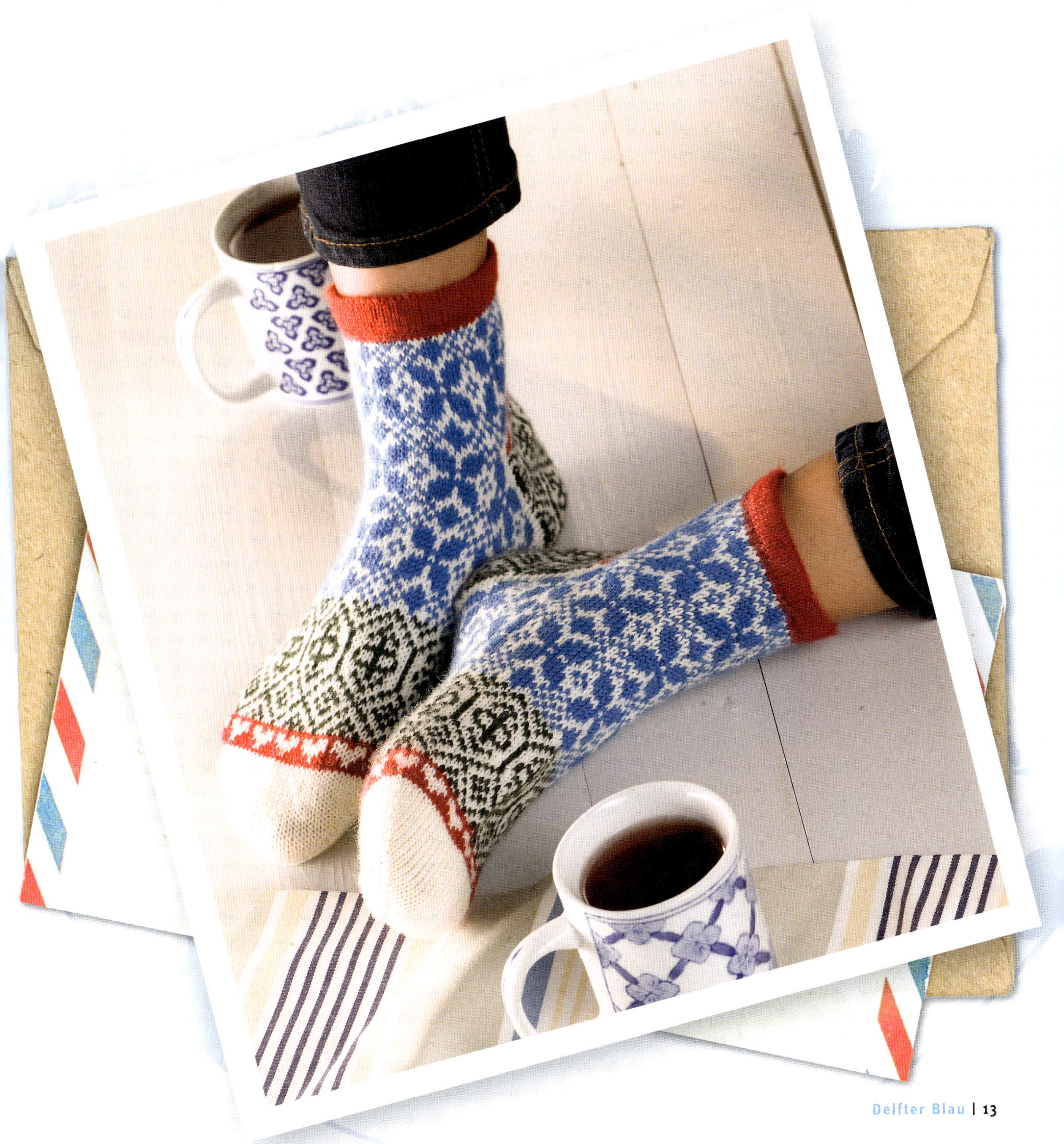

SOHLENMUSTER, HERZ 1, HERZ 2, KACHELMUSTER 1, KACHELMUSTER 3

Siehe Strickschriften auf Seite 16.

KACHELMUSTER 2

Siehe Strickschrift auf Seite 16. Für die Fersenwand in Hin- und Rückr str.

ANLEITUNG

72 M in Kirsche anschlagen, gleichmäßig auf 4 Nd verteilen (18+18+18+18 M) und zur Rd schließen. 6 Rd re M, 1 Rd li M und 7 Rd re M str.
Die Anschlagkante so nach innen hochschlagen, dass die Rd aus li M eine Bruchkante bildet. Mit der Hilfsnd die ersten 18 Schlingen der Anschlagkante auffassen, Hilfsnd und 1. Nd parallelhalten und jeweils eine M mit ihrer Anschlagschlinge re zusammenstr. Auf diese Weise alle 72 Anschlagsschlingen mit den M verbinden.

Nd 1 in Kirsche: * 6 M re, 1 M re verschränkt aus dem Querfaden herausstr, ab * noch 2x wdh.
Nd 2, Nd 3, Nd 4: Wie Nd 1 str.
Den Faden in Kirsche trennen (21+21+21+21 M).
In Natur und Electric Blue 18 Rd im Kachelmuster 1 str (einmal die 1.–14. Rd und noch einmal die 1.–4. Rd).
Dann beide Fäden trennen.

FERSE

Die M von Nd 4 und 1 auf einer Nd zusammenfassen (42 M), an Nd 4 neu ansetzen und in Hin- und Rückr eine Fersenwand arbeiten, während die M der Nd 2 und 3 ruhen und später für den Oberfuß weitergestrickt werden:
6 R im Herzmuster 1 str (6 Rapporte) (43 Fersen-M).
36 R im Kachelmuster 2 (4 Rapporte) (= 2x die 1.–18. R) str.
Den Faden in Loden trennen.

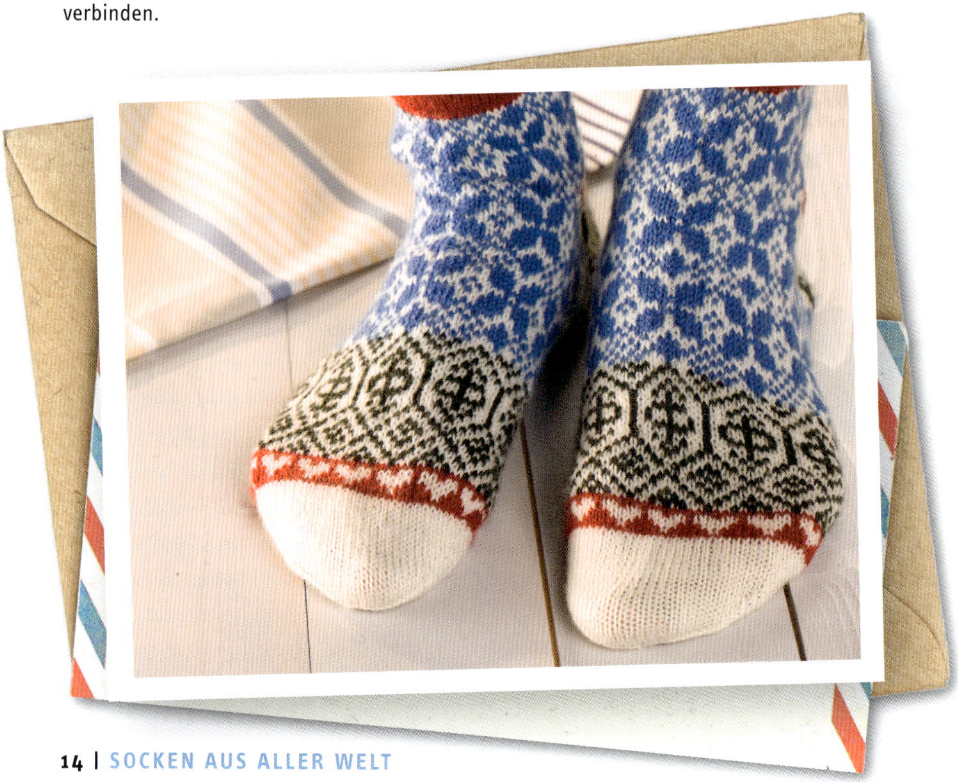

Die Fersen-Rundung in Natur arbeiten.
1. R (Hinr): 22 M re str, 2 M nacheinander wie zum Rechtsstr abheben, wieder zurück auf die linke Nd heben und beide M re verschränkt zusammenstr, 1 M re str und wenden.
2. R (Rückr): 1 M wie zum Linksstr abheben, 1 M li str, 2 M li zusammenstr, 1 M li str und wenden.
3. R (Hinr): 1 M abheben, die M bis 1 M vor dem Gässchen re str, die M vor dem Gässchen und die M nach dem Gässchen nacheinander wie zum Rechtsstr abheben, wieder zurück auf die li Nd heben und beide M re zusammenstr, noch 1 weitere M re str und wenden.
4. R (Rückr): 1 M abheben, die M bis 1 M vor dem Gässchen li str, die M vor dem Gässchen und die M nach dem Gässchen li zusammenstr, noch 1 weitere M li str und wenden.
Die 3. und 4. R wdh, bis beide Reihenenden erreicht sind und sich noch 23 M auf der Nd befinden (23 Fersen-M). Den Faden in Natur trennen.

SPICKEL

Nd 4: In Natur aus der re Seite der Fersenwand 20 M auffassen, 12 Fersen-M re str.
Nd 1: 11 Fersen-M re str, 20 neue M aus der Fersenwand auffassen.
Nd 2 und 3: Rd 5 im Kachelmuster 1, dabei mit Nd 2 mit den letzten 3 M des Rapportes ab dem Pfeil beginnen, den Rapport 3x arbeiten und mit den ersten 3 M des Rapports mit Nd 3 enden. Faden in Electric Blue trennen.
Nd 4: In Natur alle M re str (31+21+21+32 M).

Nd 1: * 1 M in Electric Blue, 1 M in Natur, ab * noch 3x wdh, 2 M in Electric Blue re zusammenstr, 1 Maschenmarkierer einhängen, 21 M nach Rd 6 im Kachelmuster 1 str, dabei mit der ersten M des Rapportes beginnen.

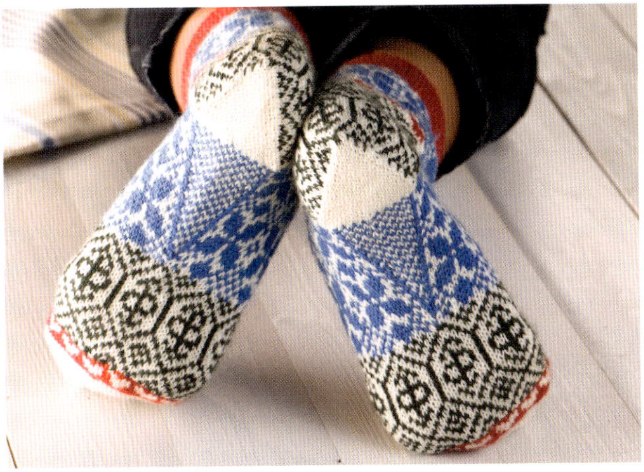

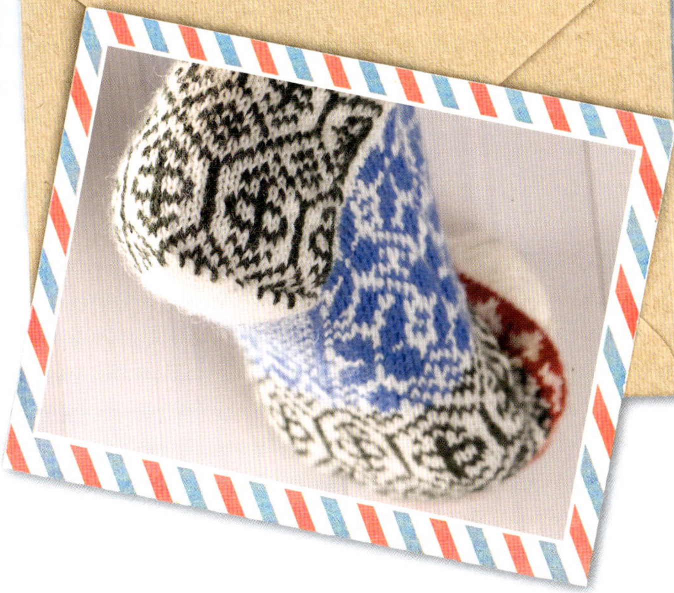

Nd 2 und 3: Weiter nach Rd 6 im Kachelmuster 1 str.
Nd 4: 21 M weiter nach Rd 6 im Kachelmuster 1 str, dabei mit der letzten M des Rapports enden, 1 Maschenmarkierer einhängen, 2 M nacheinander wie zum Rechtsstr abheben, wieder zurück auf die li Nd heben und beide M in Electric Blue re verschränkt zusammenstr, * 1 M in Natur, 1 M in Electric Blue, ab * noch 3x wdh, 1 M in Natur.

Nd 1: Bis 1 M vor der Markierung im Sohlenmuster str, 1 M in Electric Blue, den Markierer auf die re Nd heben, die übrigen M im Kachelmuster 1 str.
Nd 2 und 3: Im Kachelmuster 1 str.
Nd 4: Die M bis zur Markierung im Kachelmuster 1 str, den Markierer auf die re Nd heben, 1 M in Electric Blue, die übrigen M im Sohlenmuster str.
In dieser Mustereinteilung 2 Rd arbeiten.

Nd 1: Bis 2 M vor der Markierung im Sohlenmuster str, 2 M in Electric Blue re zusammenstr, den Markierer auf die re Nd heben, die übrigen M im Kachelmuster 1 str.
Nd 2 und 3: Im Kachelmuster 1 str.
Nd 4: Bis zum Markierer im Kachelmuster 1 str, den Markierer auf die re Nd heben, 2 M nacheinander wie zum Rechtsstr abheben, wieder auf die li Nd heben und in Electric Blue re verschränkt zusammenstr, die übrigen M im Sohlenmuster arbeiten.

Die letzten 3 Rd insgesamt 9x arbeiten, dabei in der letzten Abnahme-Rd die Spickel-M in Electric Blue jeweils mit einer M des Kachelmusters entsprechend dem Muster zusammenstr.
Mit der 5. Rd des Kachelmusters 1 enden.
Die M gleichmäßig auf die Nd verteilen (21+21+21+21 M).

FUSS

23 Rd im Kachelmuster 3 str, dazu in der 1. Rd auf jeder Nd je 1 M abnehmen (20+20+20+20 M). 6 Rd im Herzmuster 2 str, dabei in der 2. und in der 6. Rd jeweils gleichmäßig verteilt 2 M abnehmen (19+19+19+19 M). Den Faden in Kirsche trennen.

SPITZE

Die Spitze vollständig in Natur arbeiten.
Abnahme-Rd: Alle M re str, dabei auf Nd 1 und auf Nd 3 die zweit- und drittletzte M re zusammenstr und auf Nd 2 und auf Nd 4 die 2. und 3. M nacheinander abheben, wieder zurück auf die li Nd heben und re verschränkt zusammenstr.
Diese Abnahme-Rd noch einmal in jeder 4. Rd, 2x in jeder 3. Rd, 3x in jeder 2. Rd und 10x in jeder Rd wdh.
Den Faden trennen, durch die restlichen 8 M ziehen und von innen gut vernähen.
Die **zweite Socke** ebenso arbeiten.

KACHELMUSTER 1

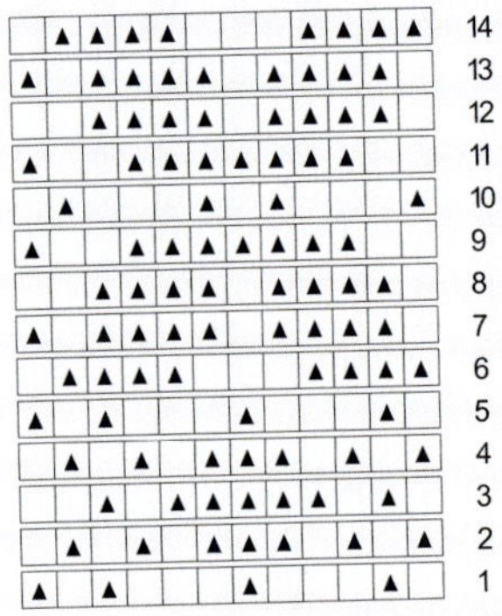

Rapport = 12 M

Beginn Nd 2 nach der Ferse

KACHELMUSTER 2

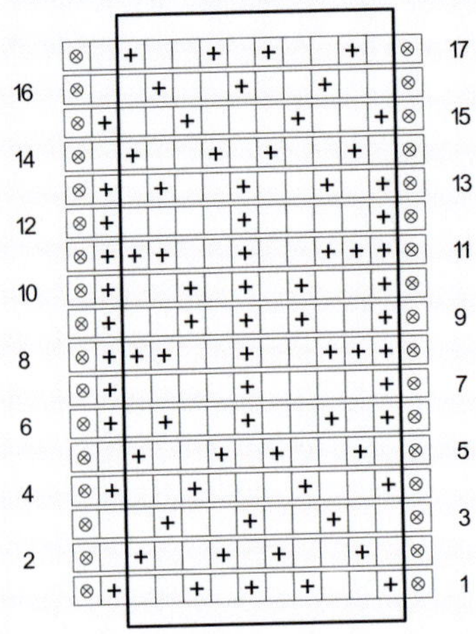

Rapport = 10 M

KACHELMUSTER 3

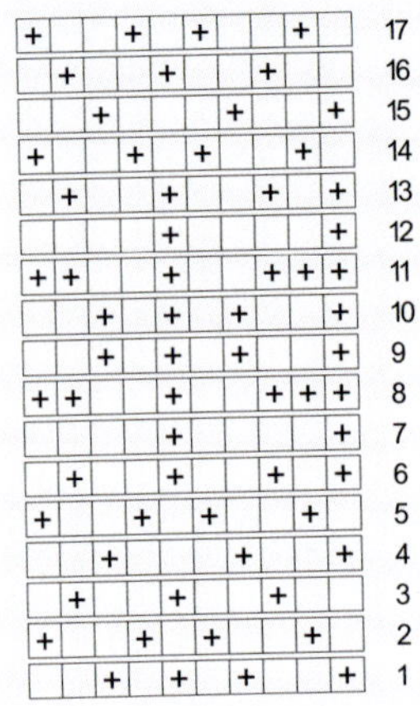

Rapport = 10 M

SOHLENMUSTER

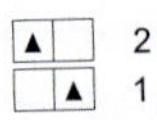

HERZ 1

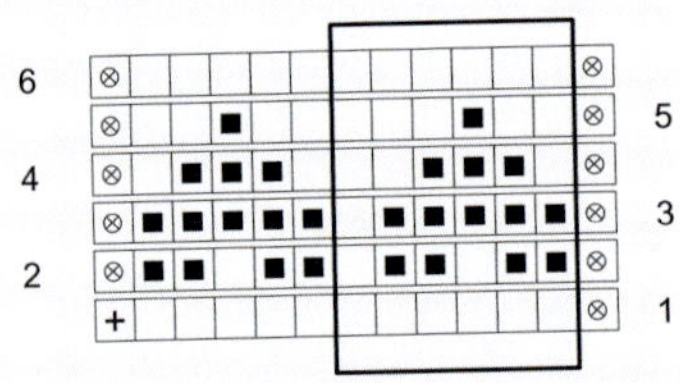

Rapport = 6 M

HERZ 2

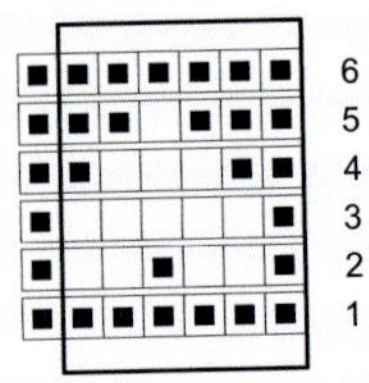

Rapport = 6 M

□ = in Natur 1 M glatt re, in Rückr 1 M li
+ = in Natur 1 M re verschränkt aus dem Querfaden zunehmen
⊗ = in Natur 1 M kraus re, in Rückr 1 M re
■ = in Kirsche 1 M glatt re, in Rückr 1 M li
+ = in Loden 1 M glatt re, in Rückr 1 M li
▲ = in Lavendel 1 M glatt re, in Rückr 1 M li

Traditionelle Mustermaschen

SCHWIERIGKEITSGRAD

GRÖSSE
38/39
zusätzliche Hinweise zum Stricken der Größen 36/37 und 40/41

MATERIAL
Regia 4-fädig: 100 g in Aqua (Fb 1061), 50 g in Marine (Fb 0324) und 50 g in Hellgrau meliert (Fb 1991)

Nadelspiel 2–2,5 mm

Die Nadelstärke so wählen, dass die angegebene Maschenprobe erreicht wird!

MASCHENPROBE
im Jacquardmuster
36 M und 40 R
= 10 cm x 10 cm

BASICS
Jacquardtechnik
Seite 122
Baltisches Flechtband
Seite 125

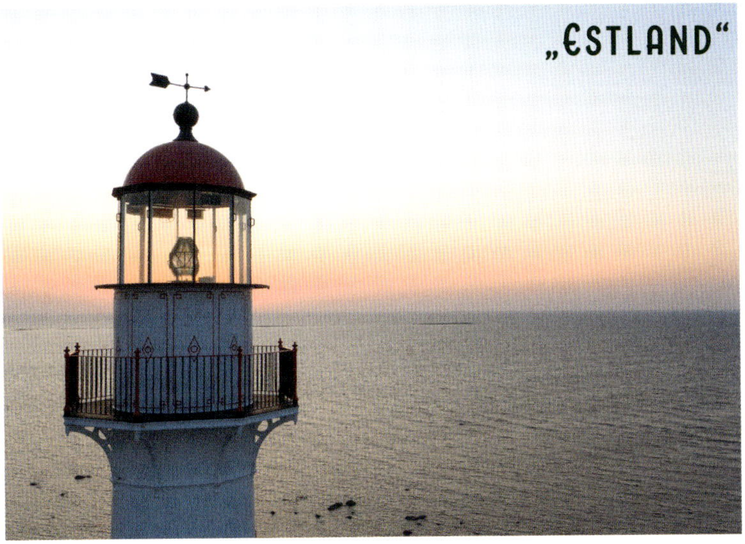

Auch in Estland werden Socken mit aufwändigen Jacquardmustern aus mehreren Farben gestrickt. Dabei werden fantasievolle Bordüren kombiniert mit reich verzierten Kachelmustern.

BÜNDCHENMUSTER, BEIN- UND OBERFUSSMUSTER, SPICKELABNAHMEN, SOHLENMUSTER

Siehe Strickschriften auf Seite 20.

ANLEITUNG

84 M in Marine auf einer Nd anschlagen.

1. R: re M in Marine str und wenden.

2. R: * 1 M re in Marine, 1 M re in Hellgrau meliert, ab * stets wdh, dabei je 21 M mit einer Spielnadel abstr und zur Rd schließen (21+21+21+21 M).

Für das Flechtband zunächst beide Fäden vor die Arbeit legen und im Folgenden die jeweilige Fb zum Rechtsstr nach hinten nehmen, nach dem Abstr der M den Faden wieder vor die Arbeit legen.

1. Rd: * 1 M re in Marine, 1 M re in Hellgrau meliert, ab * noch 41x wdh, dabei jeweils den Faden der folgenden Fb <u>über</u> den zuvor verwendeten Faden legen.

2. Rd: * 1 M re in Marine, 1 M re in Hellgrau meliert, ab * noch 41x wdh, dabei jeweils den Faden der folgenden Fb <u>unter</u> dem zuvor verwendeten Faden hervorholen.

3. Rd: * 1 M re in Marine, 1 M re in Hellgrau meliert, ab * noch 41x wdh, dabei jeweils den Faden der folgenden Fb <u>über</u> den zuvor verwendeten Faden legen.

4.–7. Rd: 4 Rd glatt re in Marine str.

8. Rd: * 1 M re in Marine, 1 M re in Hellgrau meliert, ab * noch 41x wdh.

9.–21. Rd: 13 Rd im Bündchenmuster arbeiten.

22. Rd: * 1 M re in Marine, 1 M re in Hellgrau meliert, ab * noch 41x wdh.

23.–26. Rd: 4 Rd glatt re in Marine str, dabei in der letzten Rd die ersten beiden M jeder Nd re zusammenstr (20+20+20+20 M).
36 Rd im Beinmuster arbeiten (einmal die 1.–24. Rd und noch einmal die 1.–12. Rd). Beide Fäden abtrennen.

FERSE

Die Ferse glatt re in Aqua arbeiten.
Dazu die M der Nd 4 und 1 auf einer Nd zusammenfassen und re abstr, dazu an der 1. M von Nd 4 mit Aqua ansetzen.
Abnahme-R (Rückr): 1 M re, * 2 M li zusammenstr, 10 M li, ab * noch 2x wdh, 2 M li zusammenstr, 1 M re (36 Fersen-M).

Nun über diese 36 M in 34 Hin- und Rückr eine Fersenwand arbeiten:
3 M kraus re, 30 M glatt re, 3 M kraus re.

Die Fersen-Rundung glatt re in verkürzten R arbeiten:
Dazu in der folgenden Hinr 19 M re str, 2 M nacheinander wie zum Rechtsstr abheben, wieder zurück auf die li Nd heben und beide M re verschränkt zusammenstr, 1 M re str und wenden.
1 M abheben, 3 M li str, 2 M li zusammenstr, noch 1 weitere M li str und wenden.
Hinr: 1 M abheben, die M bis 1 M vor dem Gässchen re str, die M vor dem Gässchen und die M nach dem Gässchen nacheinander wie zum Rechtsstr abheben, zurück auf die li Nd heben und re zusammenstr, noch 1 weitere M re str und wenden.

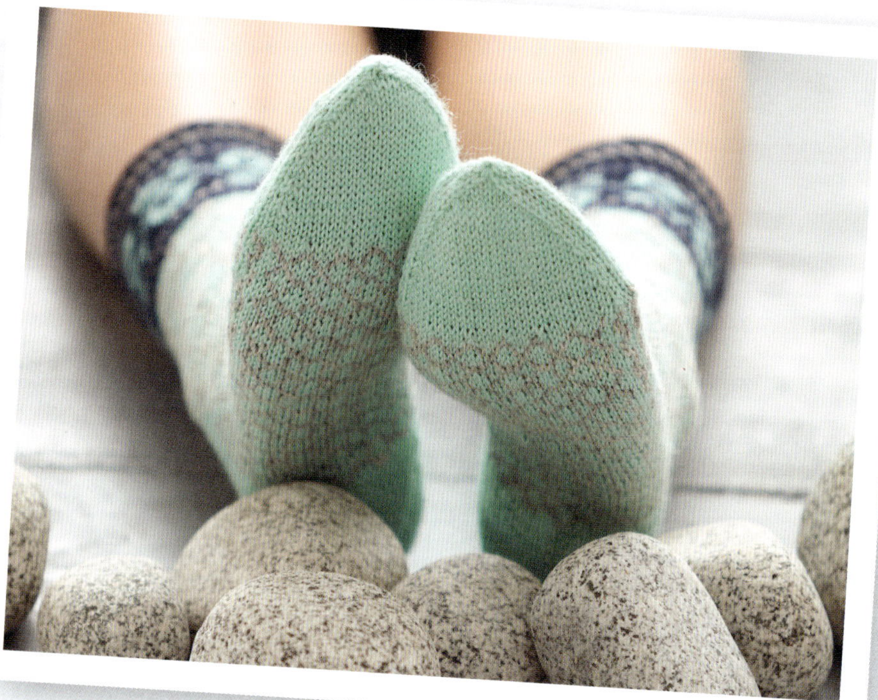

Rückr: 1 M abheben, die M bis 1 M vor dem Gässchen li str, die M vor dem Gässchen und die M nach dem Gässchen li zusammenstr, noch 1 weitere M li str und wenden.
Die letzten beiden R wdh, bis beide Reihenenden wieder erreicht sind (20 Fersen-M).

Wieder in Rd str:
Nd 1: 20 Fersen-M re str, 17 M aus der Fersenwand auffassen.
Nd 2 und 3: In Hellgrau meliert neu ansetzen, die 13. Rd des Beinmusters str, nach der letzten M der Nd 3 noch 1 M in Hellgrau meliert re verschränkt aus dem Querfaden zunehmen (Randm für das Oberfußmuster), dann den Faden in Hellgrau meliert erneut trennen.
Nd 4: 17 M aus der Fersenwand auffassen, 10 Fersen-M von Nd 1 re abstr (27+20+21+27 M).
Den Faden in Aqua trennen und in Hellgrau meliert und Aqua erneut an Nd 4 ansetzen.
Der Rd-Übergang befindet sich nun seitlich zwischen Nd 3 und 4.

SPICKEL

Nd 4 und 1: Im Muster für die Spickelabnahmen arbeiten.
Nd 2 und 3: Im Oberfußmuster str, beginnend mit der 14. Rd (2x den Rapport von 20 M und 1 Randm).
In dieser Mustereinteilung 18 Rd str bis Rd 7 des Oberfußmusters (19+20+21+19 M).

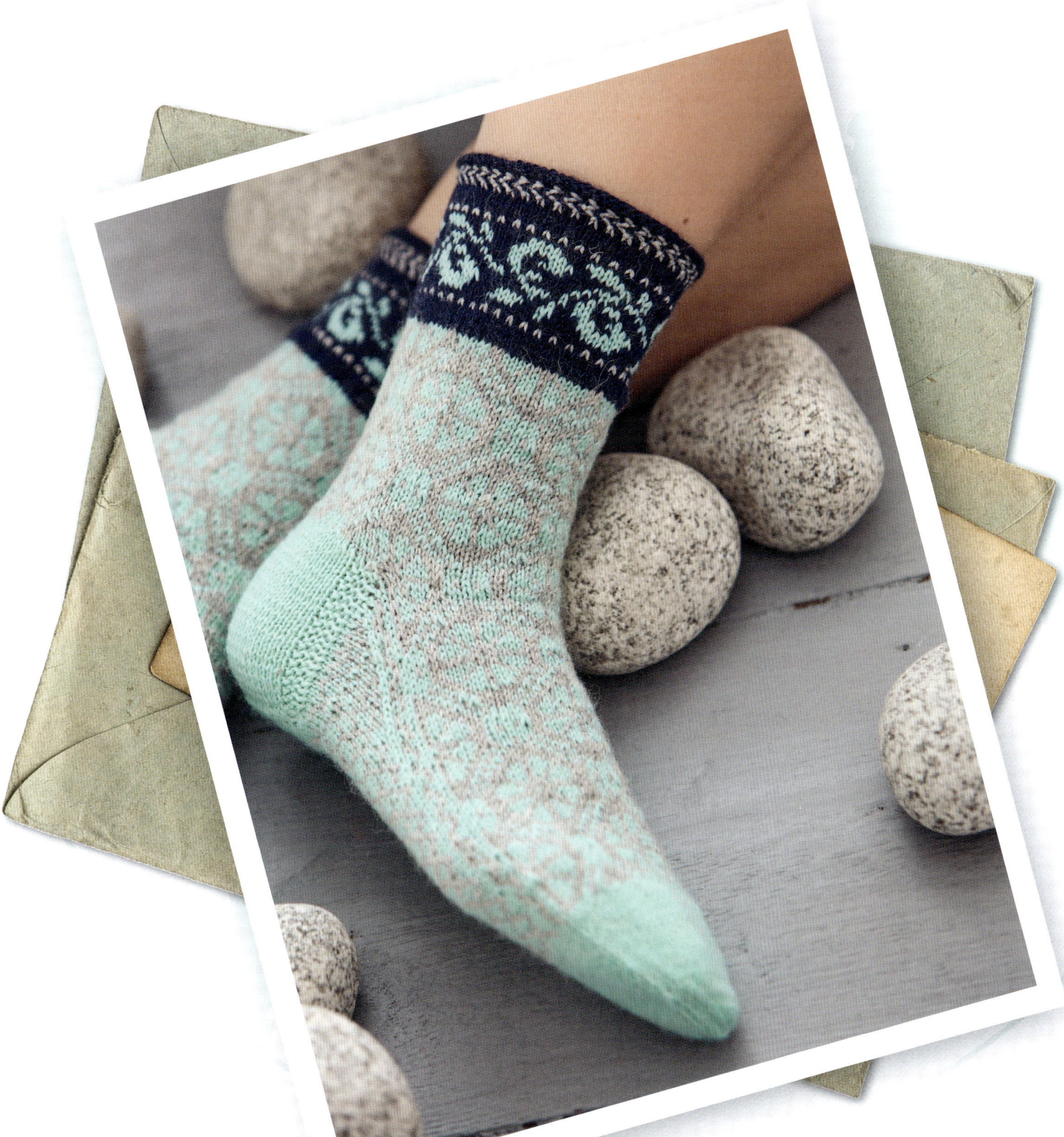

BÜNDCHENMUSTER

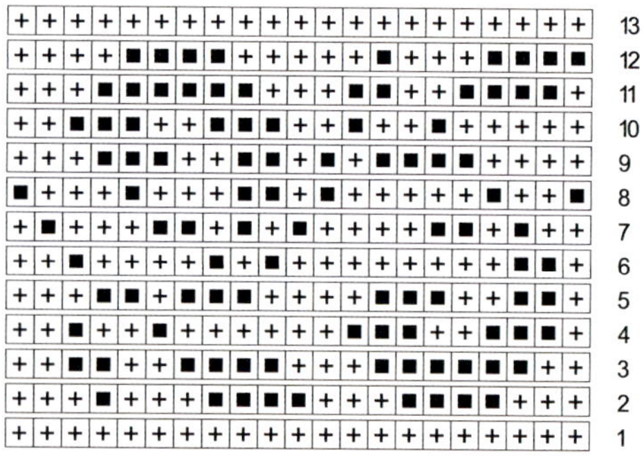

Rapport = 21 M

SPICKELABNAHMEN

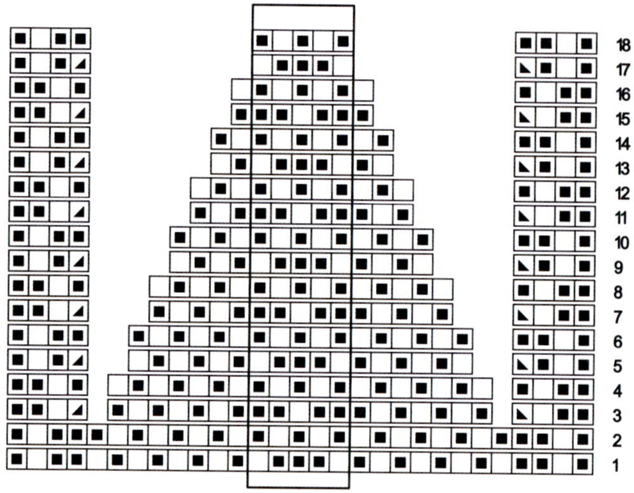

Rapport = 5 M
6x arbeiten

BEIN- UND OBERFUSSMUSTER

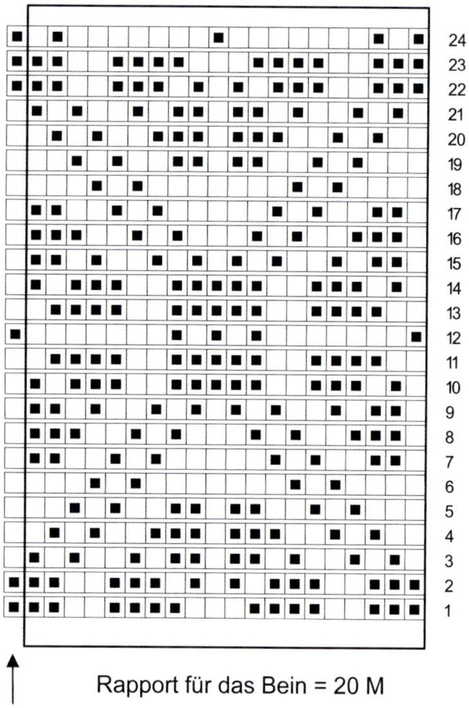

Rapport für das Bein = 20 M

zusätzliche Randm
für den Oberfuß

SOHLENMUSTER

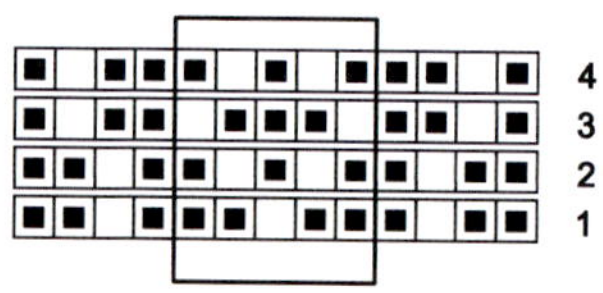

Rapport = 5 M

■ = in Aqua 1 M re
□ = in Hellgrau meliert 1 M re
+ = in Marine 1 M re
◢ = in Aqua 2 M re zusammenstr (rechtsgeneigte Abnahme)
◣ = in Aqua 2 M nacheinander wie zum Rechtsstr abheben, wieder zurück auf die li Nd heben und beide M re verschränkt zusammenstr (linksgeneigte Abnahme)

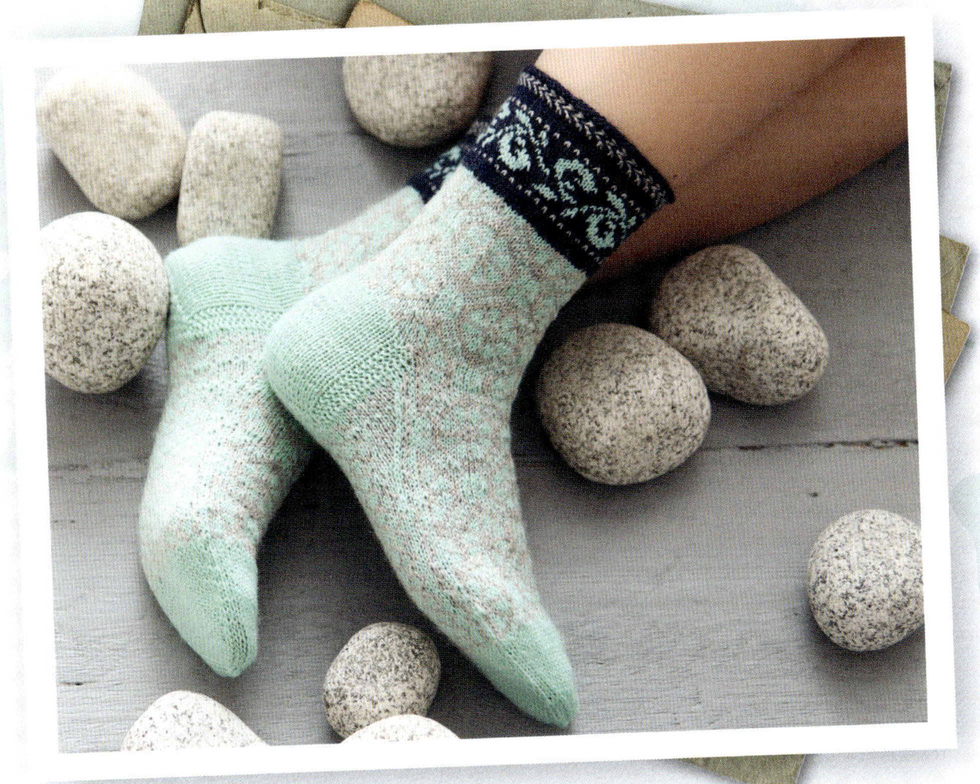

FUSS

Den Fuß ohne weitere Abnahmen str:

Nd 4 und 1: Im Sohlenmuster arbeiten.

Nd 2 und 3: Weiter im Oberfußmuster str, beginnend mit Rd 8.

In dieser Mustereinteilung 35 Rd arbeiten (einmal die 8.–24. Rd und noch einmal die 1.–18. Rd). In der letzten Rd bis zur letzten M der Nd 3 str und die letzte M ungestrickt auf Nd 4 heben (19+20+20+20 M).

SPITZE

Die Spitze glatt re in Aqua arbeiten.

1. Rd: Alle M re str.

Abnahme-Rd:

Nd 4: * 3 M re, 2 M re zusammenstr, ab * noch 3x wdh.

Nd 1: * 4 M re, 2 M re zusammenstr, ab * noch 2x wdh, 1 M re.

Nd 2: * 3 M re, 2 M re zusammenstr, ab * noch 3x wdh.

Nd 3: * 3 M re, 2 M re zusammenstr, ab * noch 3x wdh (16+16+16+16 M).

Abnahme-Rd der Bandspitze: Alle M re str, dabei auf Nd 1 und auf Nd 3 die zweit- und drittletzte M re zusammenstr und auf Nd 2 und auf Nd 4 die 2. und 3. M nacheinander wie zum Rechtsstr abheben, wieder zurück auf die li Nd heben und re verschränkt zusammenstr. Diese Abnahme-Rd noch einmal in jeder 4. Rd, 2x in jeder 3. Rd, 3x in jeder 2. Rd und 7x in jeder Rd wdh.

Den Faden trennen, durch die restlichen 8 M ziehen und alle Fäden von innen gut vernähen. Die **zweite Socke** ebenso arbeiten.

HINWEISE ZUM STRICKEN DER GRÖSSEN 36/37 UND 40/41

Für die **Größe 36/37** nach Anleitung arbeiten, dabei aber nach den Spickelabnahmen nur 28 Rd ohne weitere Abnahmen bis Rd 12 des Oberfußmusters und einer Fußlänge von 18,5–19 cm arbeiten, dann die Bandspitze wie beschrieben str.

Für die **Größe 40/41** nach Anleitung arbeiten, dabei aber nach den Spickelabnahmen noch 40 Rd ohne weitere Abnahmen bis Rd 24 des Oberfußmusters und einer Fußlänge von 20,5–21 cm arbeiten, dann die Bandspitze wie beschrieben str.

Frische Brise

SCHWIERIGKEITS-GRAD

GRÖSSE
38/39
zusätzliche Hinweise zum Stricken der Größen 36/37 und 40/41

MATERIAL
Regia 4-fädig: 100 g in Graublau meliert (Fb 1980), 50 g in Blue Jeans meliert (Fb 1846), 50 g in Natur (Fb 1992), 50 g in Hochrot (Fb 2054) und 50 g in Mittelgrau meliert (Fb 0044)

Nadelspiel 2–2,5 mm

Die Nadelstärke so wählen, dass die angegebene Maschenprobe erreicht wird!

MASCHENPROBE
im Jacquardmuster
34 M und 40 R
= 10 cm x 10 cm

BASICS
Jacquardtechnik Seite 122
Maschenstich Seite 125
Doppelmaschen Seite 120

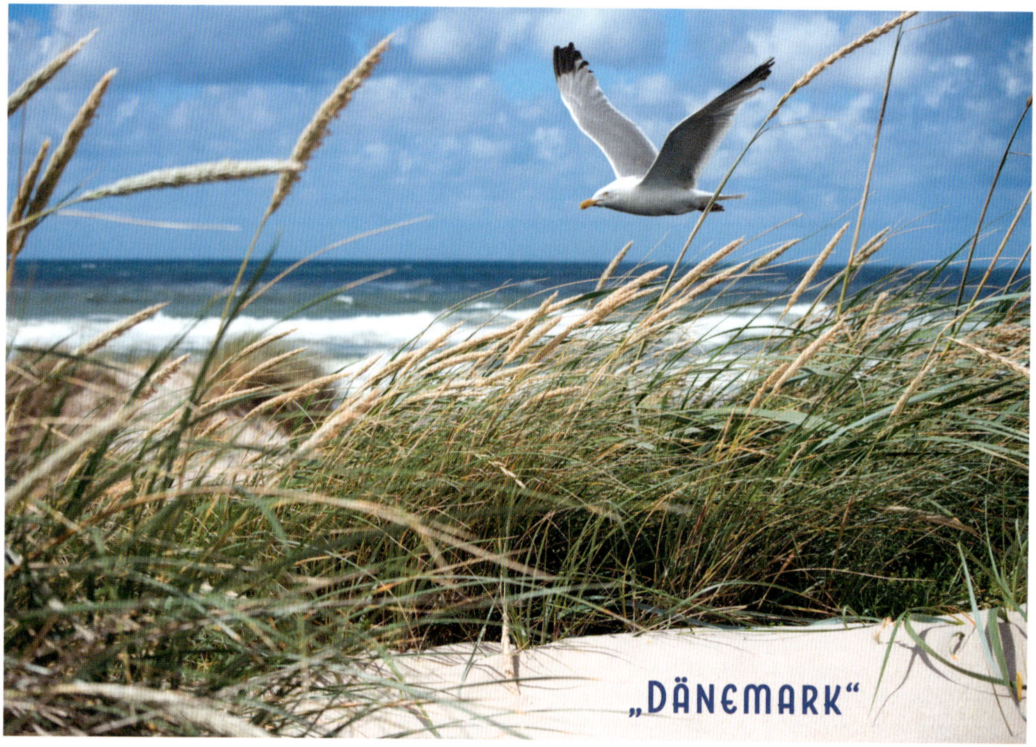

Über das Stricken in Dänemark gibt es sehr widersprüchliche Berichte. Einig ist man sich nur darin, dass bereits im 15. Jahrhundert gestrickt wurde und handgestrickte Oberteile und Strümpfe auch zu fast allen Trachten gehören. Einige Historiker sind der Ansicht, Dänemark sei Ausgangspunkt und Wegbereiter für die Verbreitung des Strickens in den anderen skandinavischen Ländern gewesen. Ganz typisch sind großflächige Muster aus kleinen, regelmäßig eingestreuten Pünktchen, die von einer schmalen Borte umsäumt sind.

BÜNDCHENMUSTER
* 1 M re verschränkt, 1 M li, ab * stets wdh.

BORTE 1, BORTE 2, PÜNKTCHENMUSTER
Siehe Strickschriften auf Seite 25.

ANLEITUNG

72 M gleichmäßig auf 4 Nd verteilt in Graublau meliert anschlagen, zur Rd schließen und 20 Rd im Bündchenmuster str (18+18+18+18 M).
14 Rd der Borte 1 arbeiten.

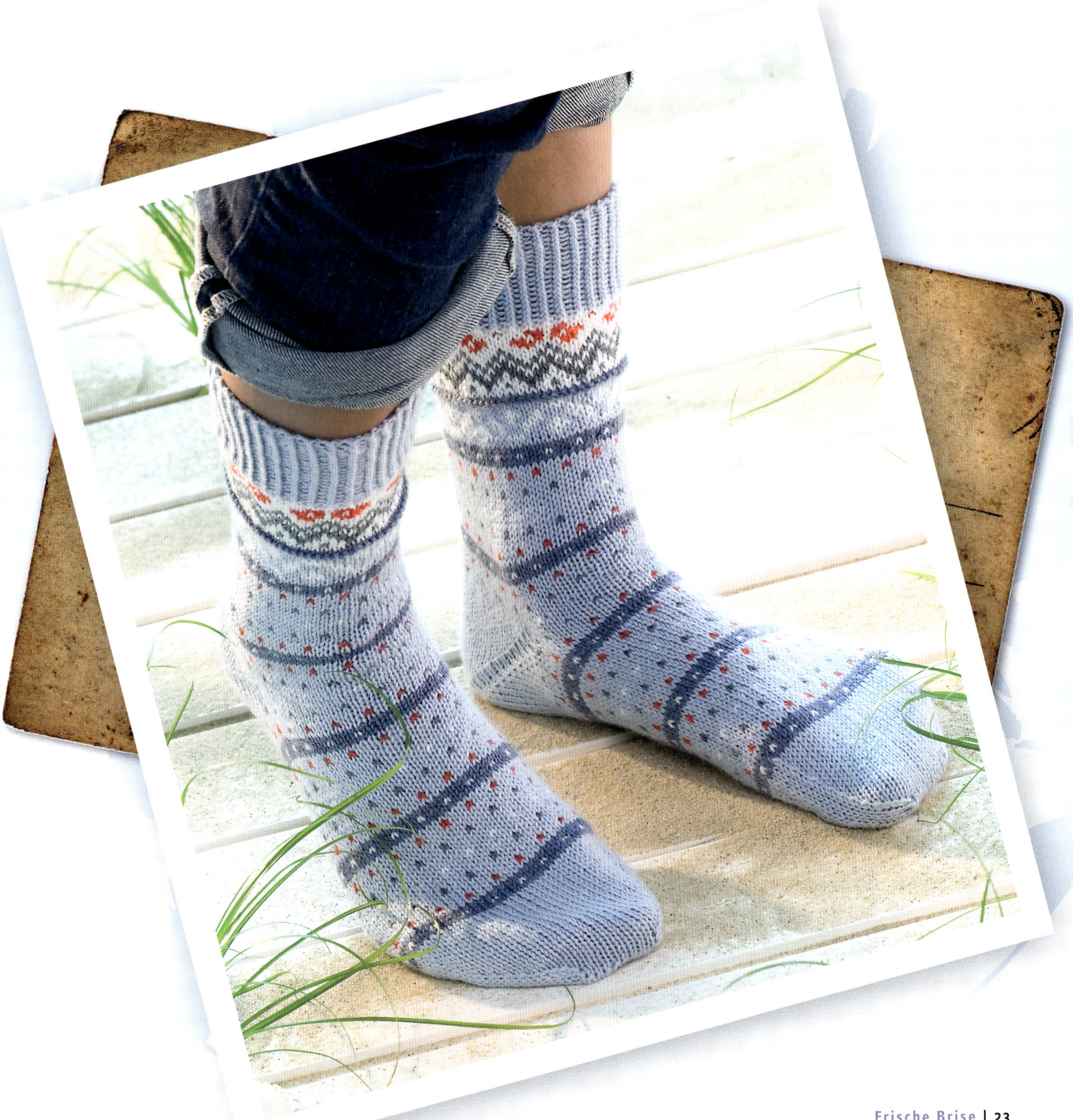

1 Rd li M in Blue Jeans str.

8 Rd der Borte 2 arbeiten.

29 Rd im Pünktchenmuster str (einmal 1.–8. Rd und noch einmal 1.–11. Rd). Dabei die Fäden in der nicht benötigten Fb möglichst nicht trennen, sondern nach 3–5 Rd immer wieder einmal an der Stelle des Rd-Übergang s einweben.

FERSE

Die M der Nd 1 und 4 auf einer Nd zusammenfassen und über diese M in Graublau meliert eine Bumerang-Ferse str (36 Fersen-M). Dazu die Fäden aller anderen Fb trennen.

In der ersten Hinr alle M re str und wenden.

Die 1. M als Doppelm abheben, alle M li str und wenden.

Hinr: Die 1. M als Doppelm abheben, alle M bis zur Doppelm re str und wenden.

Rückr: Die 1. M als Doppelm abheben, alle M bis zur Doppelm li str und wenden.

Die letzten beiden R so lange wdh, bis sich auf beiden Nd jeweils 13 Doppelm befinden und in der Mitte nur noch 10 M liegen.

Über die M aller Nd 2 Rd re M str, dabei darauf achten, die Doppelm jeweils als eine M zu str.

Für den unteren Teil der Bumerang-Ferse wieder nur über die 36 Fersen-M der Nd 1 und 4 str. Dazu 24 M re str und wenden.

1 M als Doppelm abheben, 11 M li str und danach wenden.

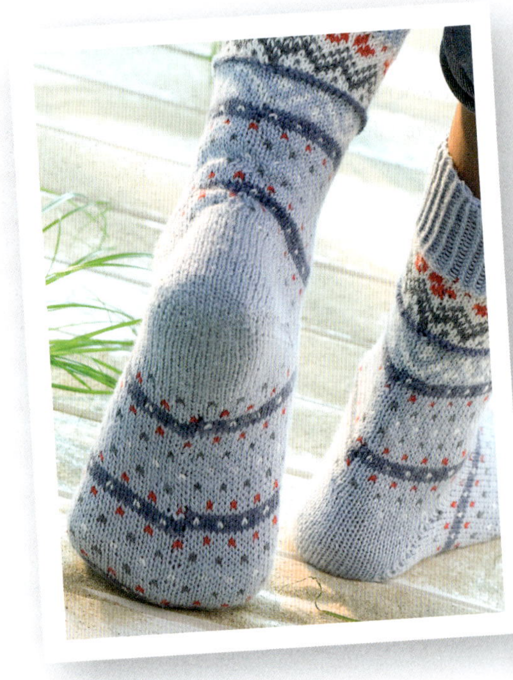

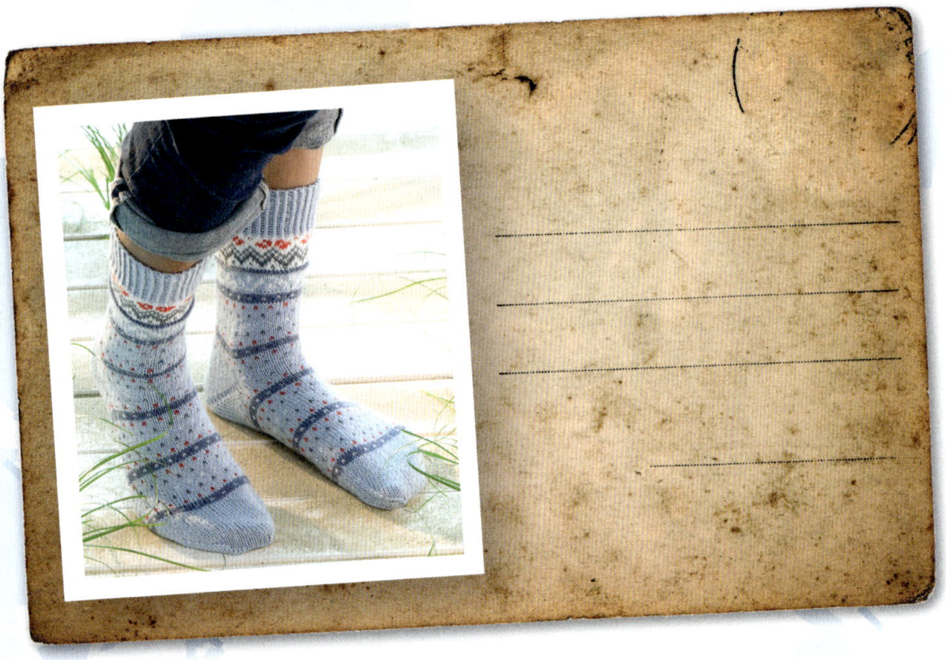

Hinr: 1 M als Doppelm abheben, alle M bis einschließlich der Doppelm aus der unteren R re str, 1 weitere M re str und wenden.

Rückr: 1 M als Doppelm abheben, alle M bis einschließlich der Doppelm aus der unteren R li str, 1 weitere M li str und wenden.

Die letzten beiden R wdh, bis die beiden äußeren M als Doppelm vorliegen.

In der letzten einfarbigen Hinr die M wieder zu je 18 M auf 2 Spielnadeln verteilen.

FUSS

Für den Fuß weiter in Rd im Pünktchenmuster str, dabei mit der 14. Rd beginnen.

28 Rd im Pünktchenmuster arbeiten.

BANDSPITZE

In einer Fußlänge von 19,5–20 cm in Graublau meliert die erste Abnahme-Rd der Bandspitze arbeiten: Alle M re str, dabei auf Nd 1 und auf Nd 3 die zweit- und drittletzte M re zusammenstr und auf Nd 2 und auf Nd 4 die 2. und 3. M nacheinander wie zum Rechtsstr abheben, wieder zurück auf die li Nd heben und re verschränkt zusammenstr.

Diese Abnahme-Rd noch 3x in jeder 3. Rd, 4x in jeder 2. Rd und 4x in jeder Rd wdh. Es verbleiben noch 6 M auf jeder Nd.

In der folgenden Übergangs-Rd alle M re str, dabei die letzten beiden M der Nd 1 und 3 re zusammenstr und die ersten beiden M der Nd 2 und 4 nacheinander wie zum Rechtsstr abheben, wieder zurück auf die li Nd heben und beide M re zusammenstr.

Noch einmal die M der Nd 1 re str, um mit dem Faden zum seitlichen Rand zu gelangen. Den Faden in ca. 60 cm Länge trennen und auf eine Stopfnadel ziehen.

Die M der Nd 1 und 4 und die M der Nd 2 und 3 jeweils auf eine Stricknadel heben, sodass sich die M gegenüberliegen, und die M im Maschenstich schließen.

Die **zweite Socke** ebenso arbeiten.

HINWEISE ZUM STRICKEN DER GRÖSSEN 36/37 UND 40/41

Für die Größe 36/37 nicht zu locker str, eventuell eine kleinere Nadelstärke wählen und die Bandspitze nach einer Fußlänge von 18,5–19 cm nach 22 Rd im Pünktchenmuster arbeiten.

Für die Größe 40/41 die Bandspitze nach einer Fußlänge von 20,5–21 cm nach 32 Rd im Pünktchenmuster str.

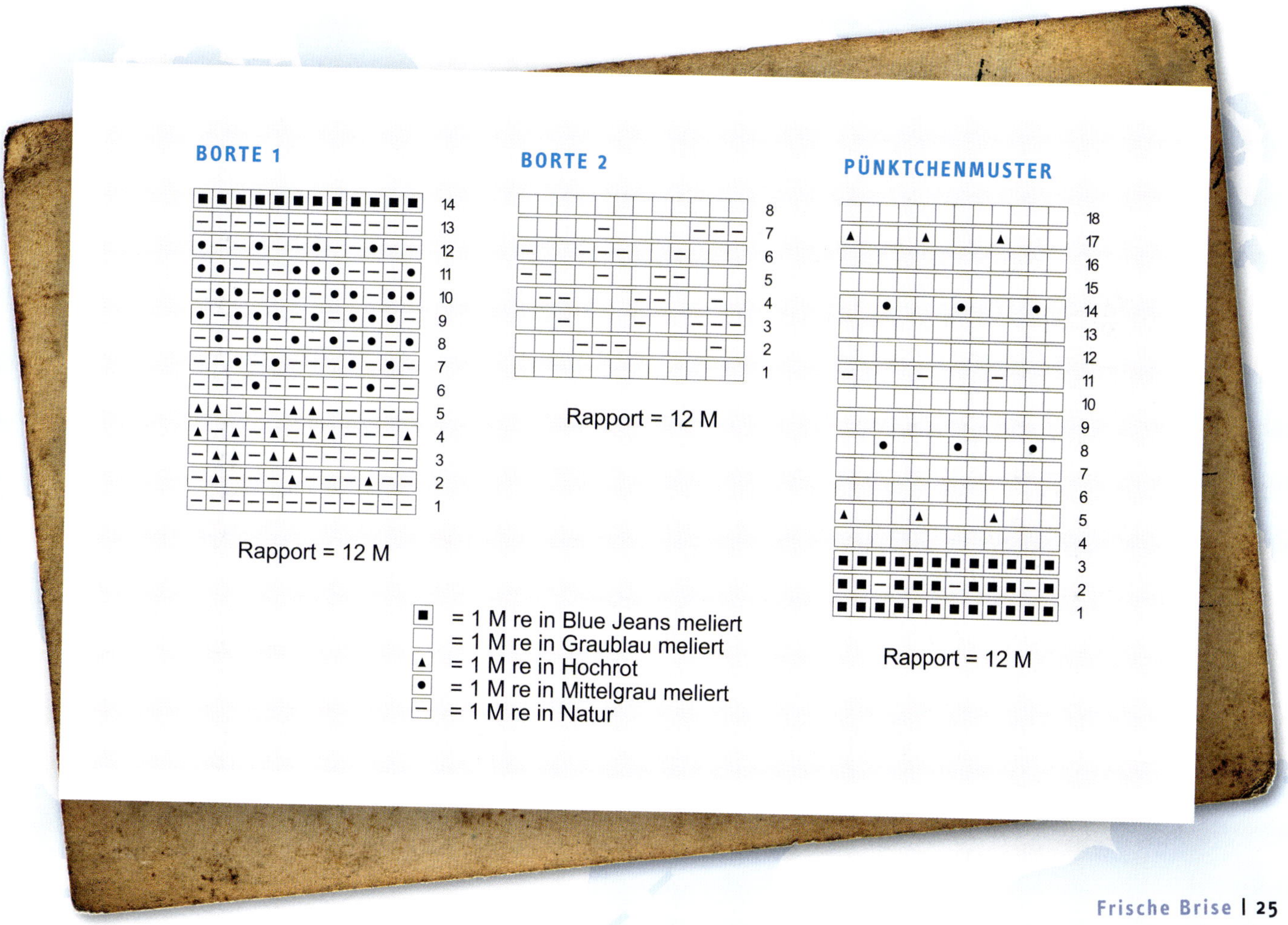

Bei den Fjorden

SCHWIERIGKEITSGRAD

GRÖSSE
38–40

MATERIAL
Regia 4-fädig: 50 g in Natur (Fb 1992), 50 g in Jeans meliert (Fb 2137) und 50 g in Kirsche (Fb 2002)

Nadelspiel 2–2,5 mm

Die Nadelstärke so wählen, dass die angegebene Maschenprobe erreicht wird!

2 Maschenmarkierer

MASCHENPROBE
im Jacquardmuster
36 M und 40 R
= 10 cm x 10 cm

BASICS
Jacquardtechnik
Seite 122

Bei dem großen Musterrapport bieten sich alternativ zum Nadelspiel auch 2 Rundstricknadeln an.

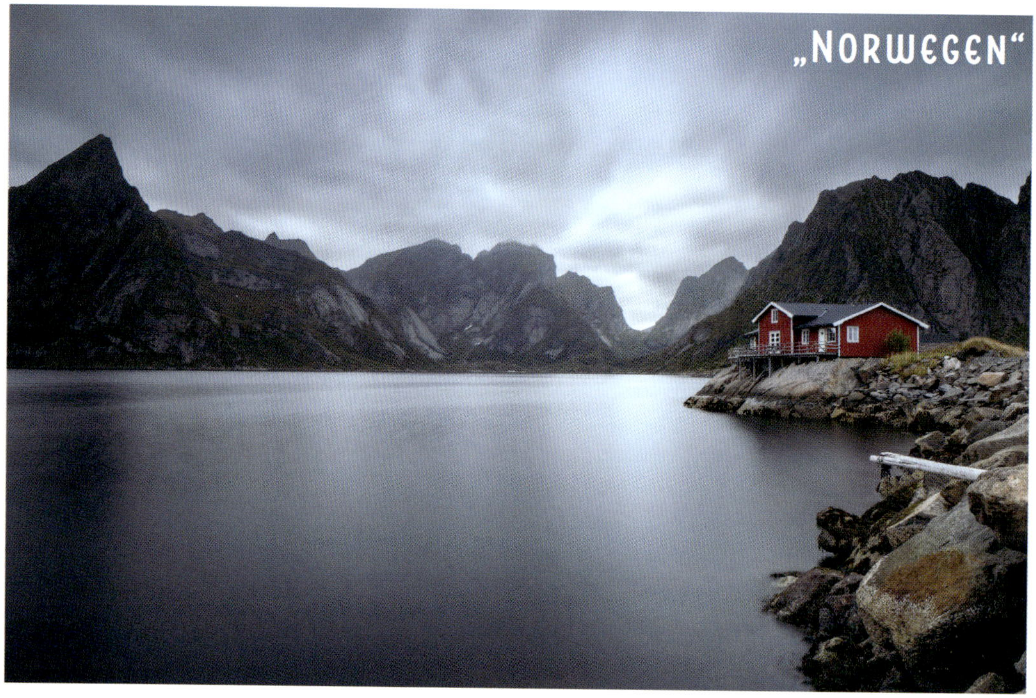

„Norwegen“

Die typischen Norwegermuster werden in zweifarbiger Jacquardtechnik gearbeitet. Traditionelle Farben sind dabei Schwarz, Dunkelgrau, Blau oder Rot mit Weiß. Den klassischen Norwegerstern gibt es in einer überwältigenden Vielfalt, meistens kombiniert mit kleinen, symmetrischen Borten oder Musterstreifen.

BÜNDCHENMUSTER
* 1 M re verschränkt, 1 M li, ab * stets wdh.

BEINMUSTER, OBERFUSSMUSTER, SOHLENMUSTER
Siehe Strickschriften auf den Seiten 29 und 31.

ANLEITUNG

80 M in Jeans meliert gleichmäßig auf 4 Nd verteilt anschlagen und zur Rd schließen (20+20+20+20 M).
Für den Rollrand 10 Rd glatt re str, dann 10 Rd im Bündchenmuster str.
40 Rd im Beinmuster arbeiten, jeweils 2 Rapporte je Rd. In der 20. Rd 20 und in der 40. Rd den Faden in Kirsche neu ansetzen und anschließend wieder trennen.

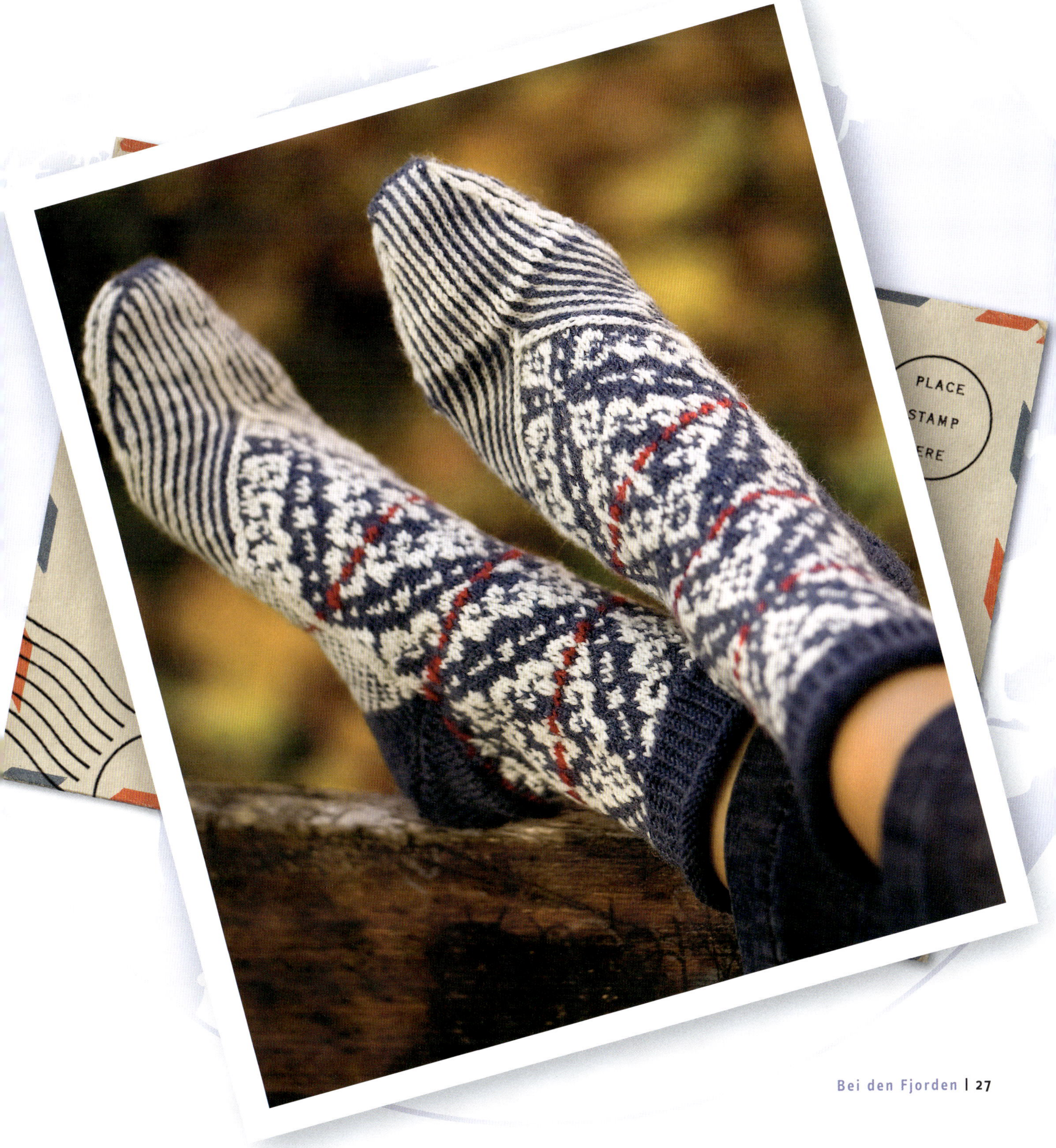
PLACE
STAMP

FERSE

Die Ferse glatt re in Jeans meliert über die M der Nd 4 und 1 arbeiten.
Dazu die 1. M von Nd 4 ungestrickt auf Nd 3 heben, dann die 39 M der Nd 1 und 4 auf einer Nd zusammenfassen und eine Bumerang-Ferse arbeiten:
Den Faden in Jeans meliert trennen und an der 1. Fersen-M neu ansetzen. In der ersten Hinr alle M re str und wenden.
Die 1. M als Doppelm abheben, alle M li str und wenden.
Hinr: Die 1. M als Doppelm abheben, alle M bis zur Doppelm re str und wenden.
Rückr: Die 1. M als Doppelm abheben, alle M bis zur Doppelm li str und wenden.
Die letzten beiden R so lange wdh, bis sich auf beiden Nd jeweils 13 Doppelm befinden und noch über 13 M gestrickt wird.

Über die M aller 4 Nd 2 Rd re M str. Darauf achten, die Doppelm jeweils als eine M zu str. Die M der Nd 1 und 4 (Fersen-M) in Jeans meliert str, die M der Nd 2 und 3 (Oberfuß) im Oberfußmuster, mit der 1. Rd beginnend, weiterarbeiten. Dazu den Faden in Natur in beiden Rd zu Beginn der Nd 2 neu ansetzen und nach der letzten M von Nd 3 wieder trennen.

Für den unteren Teil der Bumerang-Ferse wieder nur über die zusammengefassten M der Nd 1 und 4 str. Dazu 27 M re str und wenden.
1 M als Doppelm abheben, 14 M li str und wenden.
Hinr: 1 M als Doppelm abheben, alle M bis einschließlich der Doppelm aus der unteren R re str, 1 weitere M re str und wenden.
Rückr: 1 M als Doppelm abheben, alle M bis einschließlich der Doppelm aus der unteren R li str, 1 weitere M li str und wenden.
Die letzten beiden R wdh, bis die beiden äußeren M als Doppelm vorliegen (20+20+21+19 M).

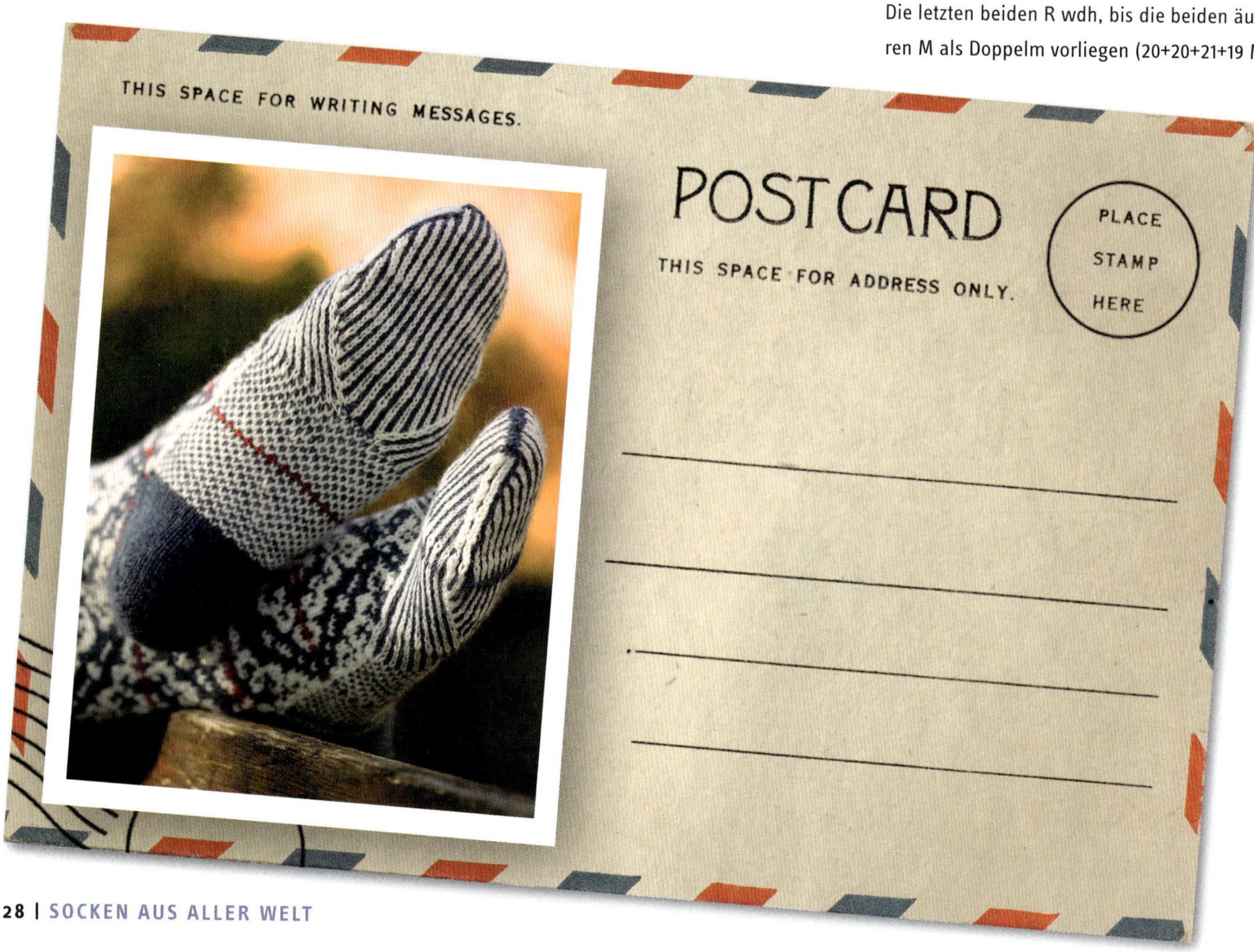

OBERFUSSMUSTER

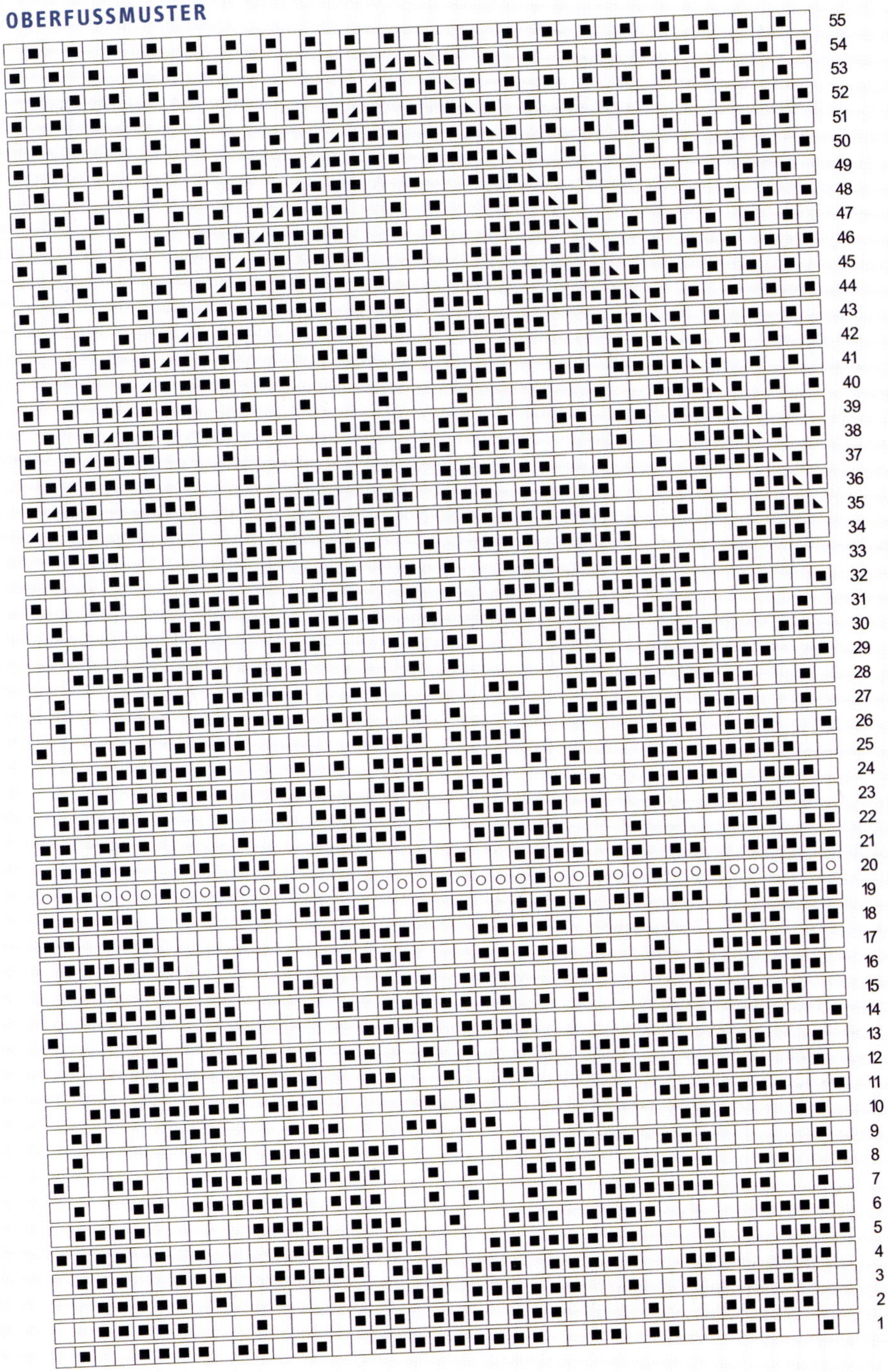

Oberfuß mit Nd 2 und 3 = 41 M

FUSS

Den Fuß weiter in Rd arbeiten.

Nd 2 und 3: Im Oberfußmuster str, beginnend mit der 3. Rd (41 M).

Nd 4 und 1: Im Sohlenmuster str, beginnend mit der 1. Rd (39 M).

Der neue Rd-Übergang befindet seitlich zwischen den Nd 1 und 2.

In dieser Mustereinteilung 31 Rd arbeiten bis zur 33. Rd des Oberfußmusters.

Nd 2 und 3: Rd 34 des Oberfußmusters str (41 M).

Nd 4 und 1: 17 M im Sohlenmuster, 1 M in Natur re verschränkt aus dem Querfaden herausstr, 1 Maschenmarkierer einhängen, 5 M im Sohlenmuster, 1 Maschenmarkierer einhängen, 1 M in Natur re verschränkt aus dem Querfaden herausstr, 17 M entsprechend dem Sohlenmuster str (alle M in Natur mit Natur, jede M in Jeans meliert mit Jeans meliert abstr) (41 M).

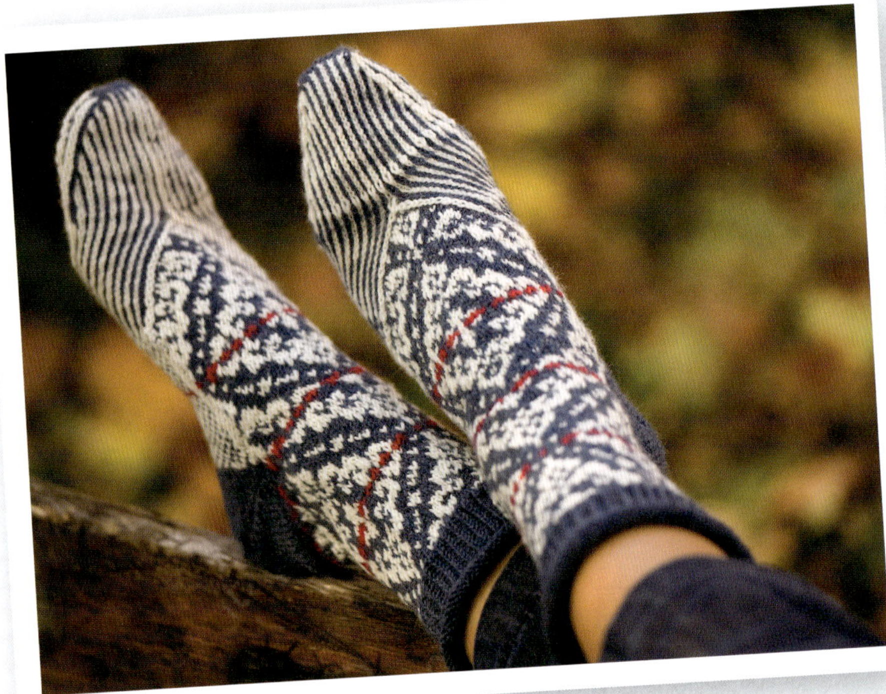

MITTELFUSS

Nd 2 und 3: Die 35.–55. Rd des Oberfußmusters arbeiten (41 M).

Nd 4 und 1: Alle M entsprechend dem Sohlenmuster arbeiten (M in Natur mit Natur, M in Jeans meliert mit Jeans meliert abstr), dabei nach der 1. und vor der 2. Markierung jeweils 1 M re verschränkt aus dem Querfaden herausstr und mit der Fb abstr, die sich ins Sohlenmuster einfügt.

Dabei wandert in jeder Rd an beiden Seiten je 1 Sohlen-M auf den Oberfuß, also von Nd 1 auf Nd 2 und von Nd 4 auf Nd 3, sodass die M-Zahl auf den Nd erhalten bleibt (41 M).

SPITZE

Abnahme-Rd:

Nd 2: 1 M in Jeans meliert str, 2 M nacheinander wie zum Rechtsstr abheben, wieder zurück auf die li Nd heben und in Jeans meliert re zusammenstr, die restlichen M entsprechend dem Sohlenmuster str.

Nd 3: alle M bis auf die letzten 3 M entsprechend dem Sohlenmuster str, 2 M in Jeans meliert re zusammenstr, 1 M in Jeans meliert str.

Nd 4: Wie Nd 2 str.

Nd 1: Wie Nd 3 str.

Diese Abnahme-Rd noch einmal in jeder 4. Rd, 2x in jeder 3. Rd, 3x in jeder 2. Rd und 5x in jeder Rd str. In den Zwischenrd alle M in der Fb der vorigen Rd abstr, dabei die ersten beiden M der Nd 2 und 4 und die letzten beiden M der Nd 3 und 1 in Jeans meliert str (8+9+8+9 M).

Eine weitere Abnahme-Rd vollständig in Jeans meliert arbeiten (7+8+7+8 M).

Die M der Nd 2 und 3 und die M der Nd 4 und 1 jeweils auf eine Stricknadel heben, sodass sich die beiden R an M gegenüberliegen und die M im Maschenstich schließen.

Die **zweite Socke** ebenso arbeiten.

BEINMUSTER

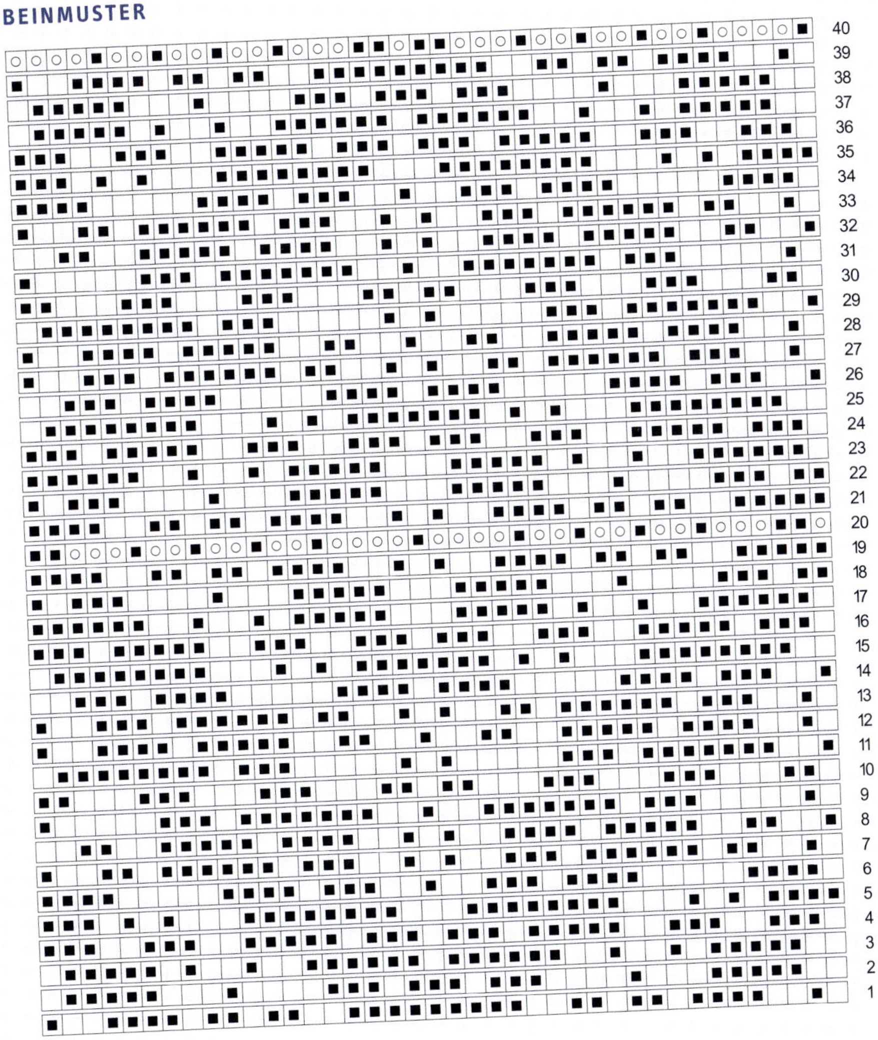

Rapport = 40 M

SOHLENMUSTER

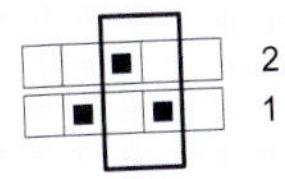

Rapport
= 2M

■ = 1 M re in Jeans meliert
□ = 1 M re in Natur
○ = 1 M re in Kirsche

Farbenfrohe Folklore

SCHWIERIGKEITSGRAD

GRÖSSE
38/39
zusätzliche Hinweise zum Stricken der Größen 36/37 und 40/41

MATERIAL
Regia 4-fädig: 50 g in Anthrazit meliert (Fb 0522), 50 g in Natur (Fb 1922) und 50 g in Kirsche (Fb 2002)
Nadelspiel 2–2,5 mm
Rundstricknadel 2–2,5 mm

Die Nadelstärke so wählen, dass die angegebene Maschenprobe erreicht wird!

MASCHENPROBE
im Jacquardmuster
36 M und 40 R
= 10 cm x 10 cm

BASICS
Jacquardtechnik
Seite 122
Baltisches Flechtband
Seite 125

Bei dem großen Musterrapport bietet es sich alternativ zum Nadelspiel auch an, mit 2 Rundstricknadeln zu arbeiten

„Lettland“

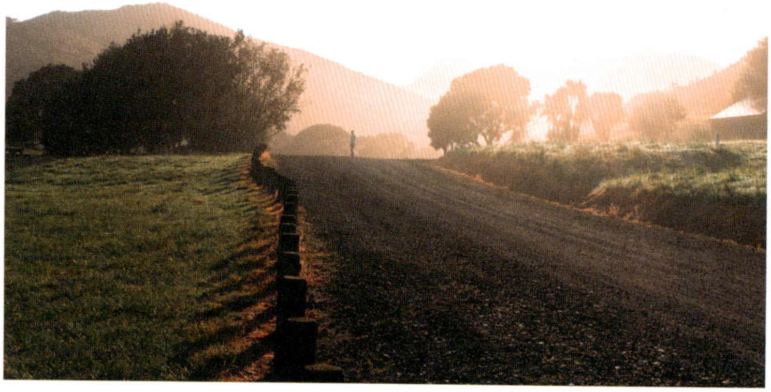

Die baltischen Staaten sind berühmt für aufwändige und äußerst detailreiche Handschuhmuster, in denen sich sowohl skandinavische als auch russische Einflüsse wiederfinden. Lettische Muster finden sich überwiegend in Schwarz oder Anthrazit mit Weiß und eventuell einer dezenten Dekorfarbe.

FERSENWANDMUSTER

Hinr: 1 Randm, * 1 M abheben, dabei den Faden HINTER der Arbeit führen, 1 M re, ab * bis zur letzten M stets wdh, 1 Randm.
Rückr: alle M zwischen den Randm li str.
Diese beiden R stets wdh.

BEINMUSTER, OBERFUSSMUSTER, SOHLENMUSTER MIT SPICKELABNAHME, SOHLENMUSTER

Siehe Strickschriften auf Seite 36 und 37. Den Faden in Kirsche jeweils für 2 Rd neu ansetzen und anschließend trennen. Den Faden in Anthrazit meliert über die Rd in Kirsche hochführen.

ANLEITUNG

76 M in Anthrazit meliert auf 4 Nd verteilt anschlagen und zur Rd schließen (19+19+19+19 M).
1.–4. Rd: * In Anthrazit meliert 1 M re, 1 M li, ab * noch 37x wdh.
5. Rd: * In Anthrazit meliert 1 M re, in Kirsche 1 M re, ab * noch 37x wdh.
6. Rd: In Anthrazit meliert alle M re str.
7. Rd: * In Natur 1 M re, in Anthrazit meliert 3 M re, ab * noch 18x wdh.
8. Rd: * In Natur 1 M re, in Anthrazit meliert 1 M li, 1 M re, 1 M li, ab * noch 18x wdh.
9. Rd: * In Natur 1 M re, in Anthrazit meliert 1 M li, ab * noch 37x wdh.
10. und 12. Rd: Wie die 8. Rd str.

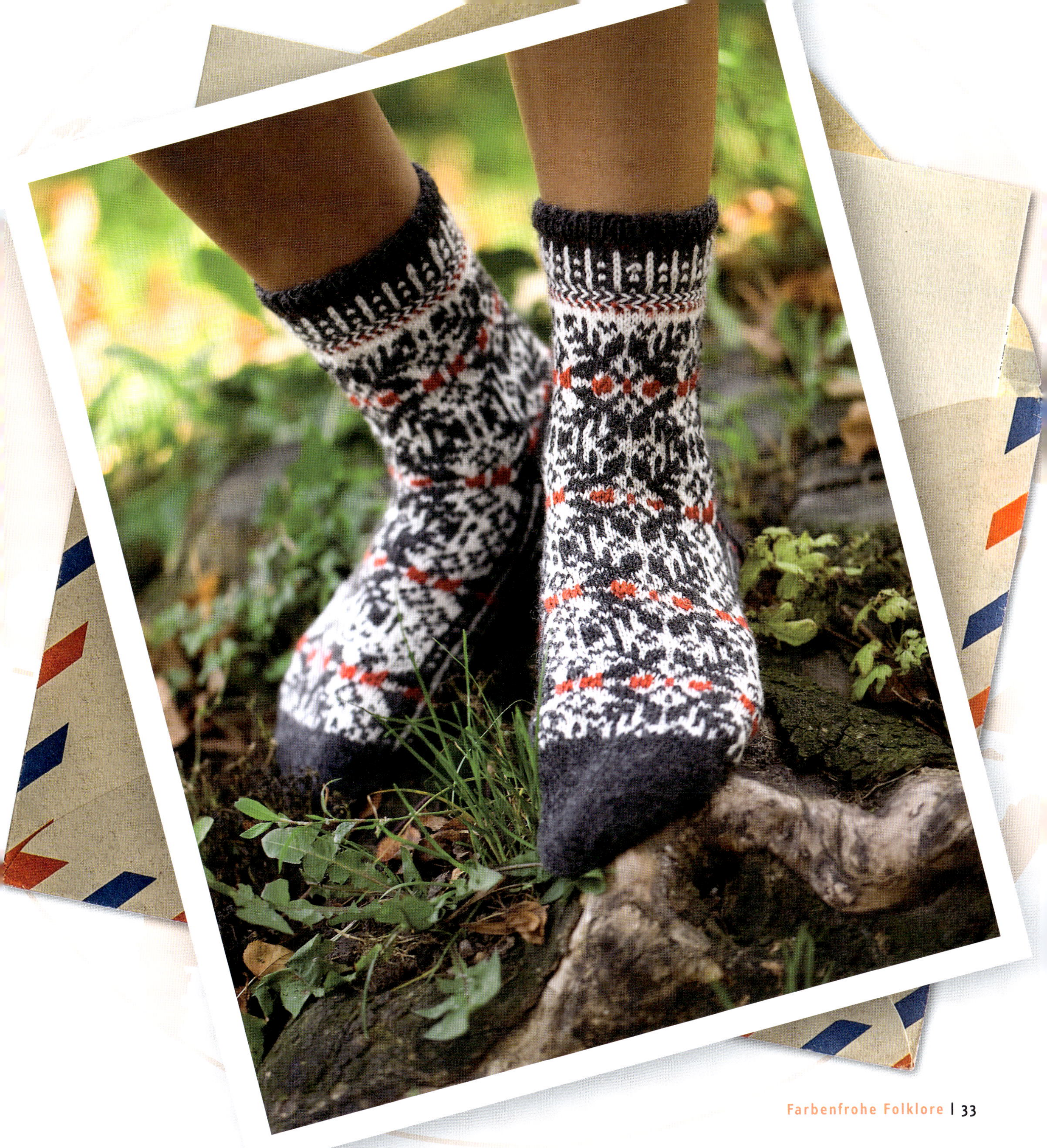

11. und 13. Rd: Wie die 9. Rd str.

14. Rd: * In Natur 1 M re, in Anthrazit meliert 1 M re, ab * noch 37x wdh.

Für das Flechtband zunächst beide Fäden vor die Arbeit legen und im Folgenden die jeweilige Fb zum Rechtsstr nach hinten nehmen, nach dem Abstr der M den Faden wieder vor die Arbeit legen:

15. Rd: * 1 M re in Natur, 1 M re in Anthrazit meliert, ab * noch 37x wdh, dabei jeweils den Faden der folgenden Fb ÜBER den zuvor verwendeten Faden legen.

16. Rd: * 1 M re in Natur, 1 M in re Anthrazit meliert, ab * noch 37x wdh, dabei jeweils den Faden der folgenden Fb UNTER dem zuvor verwendeten Faden hervorholen.

17. Rd: * 1 M re in Natur, 1 M re in Kirsche, ab * noch 37x wdh, dabei jeweils den Faden der folgenden Fb ÜBER den zuvor verwendeten Faden legen.

18. Rd: Alle M re in Natur str.

19. Rd: Alle M re in Natur str, dabei aus dem Querfaden zwischen den Nd 1 und 2 und zwischen den Nd 3 und 4 jeweils 1 M re verschränkt herausstr (19+20+19+20 M).

Die M zu je 26 M auf nur 3 Spielnadeln umsortieren.

35 Rd im Beinmuster str (einmal 1.–23. Rd und einmal 1.–12. Rd). Alle Fäden trennen.

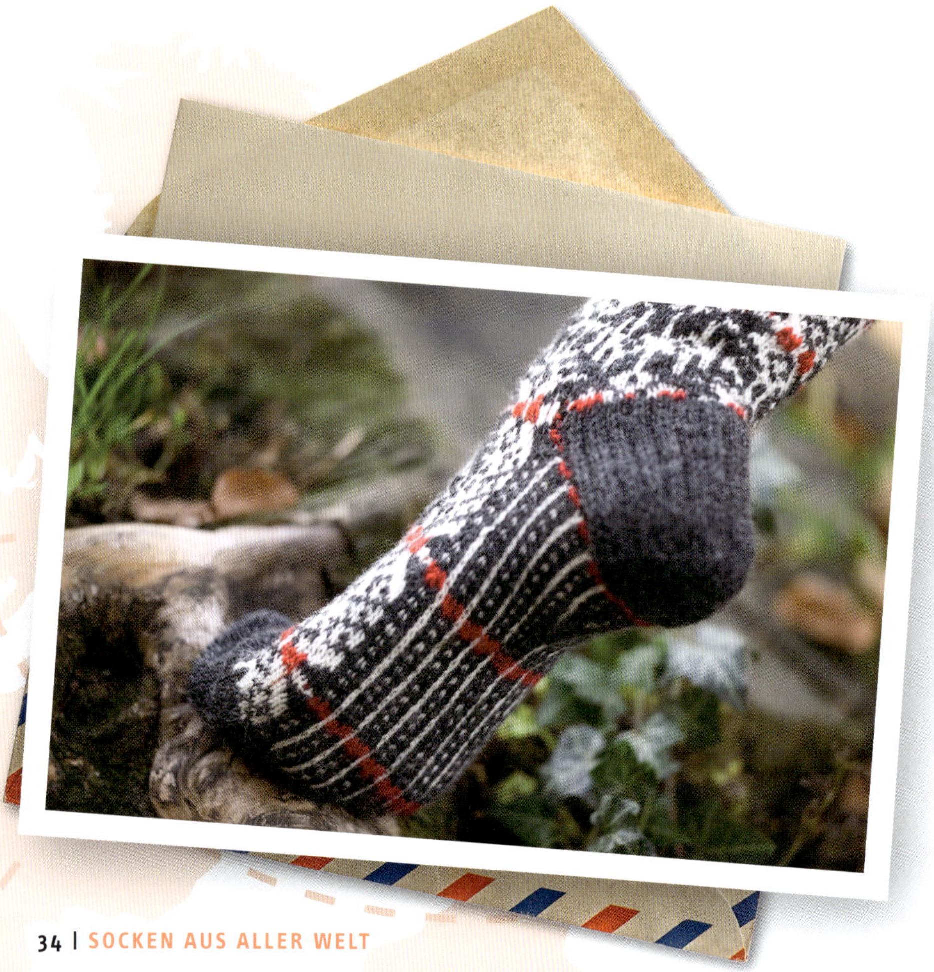

FERSE

Zur Vorbereitung der Ferse die M wie folgt wieder auf 4 Nd verteilen:

19 M ungestrickt von Nd 1 abheben, die restlichen 7 M der Nd 1 und 13 M von Nd 2 ungestrickt auf die neue Nd 2 abheben, die restlichen 13 M zusammen mit 6 M von Nd 3 auf die neue Nd 3 heben. Auf der Nd 4 befinden sich nun noch 20 M (19+20+19+20 M).

Die Ferse wird über die M der Nd 1 und 4 in Anthrazit meliert gearbeitet.

Dazu die M der Nd 1 und 4 auf einer Nd zusammenfassen und 2 Übergangs-R str, dazu mit Nd 4 beginnen.

Abnahme-R:

1. R (Hinr): 6 M re, * 2 M re zusammenstr, 4 M re, ab * 4x arbeiten, 2 M re zusammenstr, 3 M re (34 Fersen-M).

2. R (Rückr): 1 M re, 34 M li, 1 M re.

Über die 34 M eine Fersenwand in Hin- und Rückr von 32 R Höhe im Fersenwandmuster arbeiten.

Die Fersen-Rundung glatt re in verkürzten R arbeiten.

Dazu in der folgenden Hinr 19 M re str, 2 M nacheinander wie zum Rechtsstr abheben, wieder zurück auf die li Nd heben und beide M re verschränkt zusammenstr, 1 weitere M re str und wenden.

Die erste M abheben, 3 M li str, 2 M li zusammenstr, noch 1 weitere M li str und wenden.

Hinr: 1 M abheben, die M bis 1 M vor dem Gässchen re str, die M vor dem Gässchen und die M nach dem Gässchen nacheinander wie

zum Rechtsstr abheben, wieder zurück auf die li Nd heben und beide M re zusammenstr, noch 1 weitere M re str und wenden.
Rückr: 1 M abheben, die M bis 1 M vor dem Gässchen li str, die M vor dem Gässchen und die M nach dem Gässchen li zusammenstr, noch 1 weitere M li str und wenden.
Die letzten beiden R wdh, bis beide Reihenenden wieder erreicht sind und sich noch 18 M auf der Nd befinden.

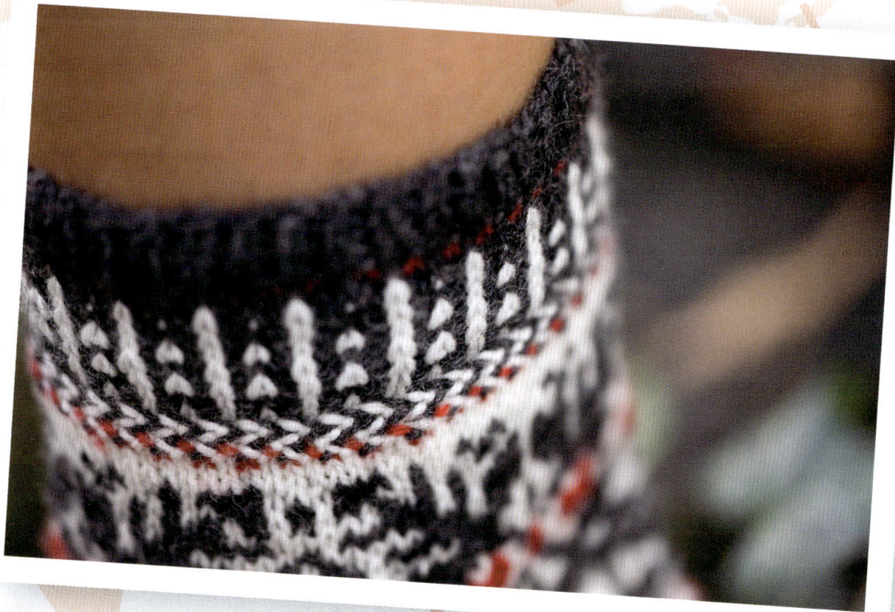

SPICKEL

Wieder zur Rd schließen:
Nd 1: 18 Fersen-M glatt re in Anthrazit meliert str, aus der Fersenwand 16 M auffassen.
Nd 2 und 3: Rd 1 des Oberfußmusters in Natur und Kirsche str, beide Fäden wieder trennen.
Nd 4: 16 M in Anthrazit meliert aus der Fersenwand auffassen, 9 M von Nd 1 abstr und 1 M re verschränkt aus dem Querfaden herausstr, den Faden trennen und neu mit Nd 4 beginnen.
Nd 4 und 1: Rd 1 nach Sohlenmuster mit Spickelabnahmen arbeiten (25+20+19+26 M).

FUSS

Den Fuß weiter in Rd str, der neue Rd-Übergang befindet sich seitlich zwischen Nd 1 und 2.
Nd 2 und 3: Im Oberfußmuster str.
Nd 4 und 1: Im Sohlenmuster mit Spickelabnahmen str.
In dieser Einteilung bis zur 23. Rd (1 Höhenrapport und Ende der Spickelabnahmen) str (17+20+19+18 M).

Nd 2 und 3: Im Oberfußmuster str.
Nd 4 und 1: Im Sohlenmuster str.
In dieser Mustereinteilung 35 Rd str (einmal bis zur 23. Rd und einmal bis zur 12. Rd).
1 Rd glatt re in Anthrazit meliert über alle M str.
Abnahme-Rd zur Vorbereitung der Spitze:
Nd 2: * 3 M re, 2 M re zusammenstr, ab * 4x arbeiten.
Nd 3: * 3 M re, 2 M re zusammenstr, ab * 3x arbeiten, 4 M re.
Nd 4: 5 M re, 2 M re zusammenstr, 9 M re, 2 M re zusammenstr.
Nd 1: 9 M re, 2 M re zusammenstr, 6 M re (16+16+16+16 M).

SPITZE

Die Spitze über alle M glatt re in Anthrazit meliert arbeiten.
Abnahme-Rd: Alle M re str, dabei auf Nd 1 und auf Nd 3 die zweit- und drittletzte M re zusammenstr und auf Nd 2 und auf Nd 4 die 2. und 3. M nacheinander wie zum Rechtsstr abheben, wieder zurück auf die li Nd heben und re verschränkt zusammenstr.
Die Abnahme-Rd noch einmal in jeder 4. Rd, 2x in jeder 3. Rd, 3x in jeder 2. Rd und 7x in jeder Rd wdh. Den Faden trennen, durch die restlichen 8 M ziehen und alle Fäden von innen gut vernähen.
Die **zweite Socke** ebenso arbeiten.

HINWEISE ZUM STRICKEN DER GRÖSSEN 36/37 UND 40/41

Für die Größe 36/37 nach Anleitung arbeiten, aber für den Schaft 45 Rd nach Strickschrift arbeiten (einmal die 1.–23. Rd noch und einmal 1.–22. Rd). Das Oberfußmuster in der 11. Rd beginnen und nach den Spickelabnahmen noch 25 Rd str (insgesamt 2 Höhenrapporte im Oberfußmuster ab Ferse), sodass die Bandspitze nach einer Fußlänge von 18,5–19 cm begonnen werden kann.
Für die Größe 40/41 nach Anleitung arbeiten, aber die Bandspitze nach einer Fußlänge von 20,5–21 cm beginnen. Dafür noch 4 Rd glatt re in Anthrazit meliert vor der ersten Abnahme-Rd der Bandspitze str.

BEINMUSTER

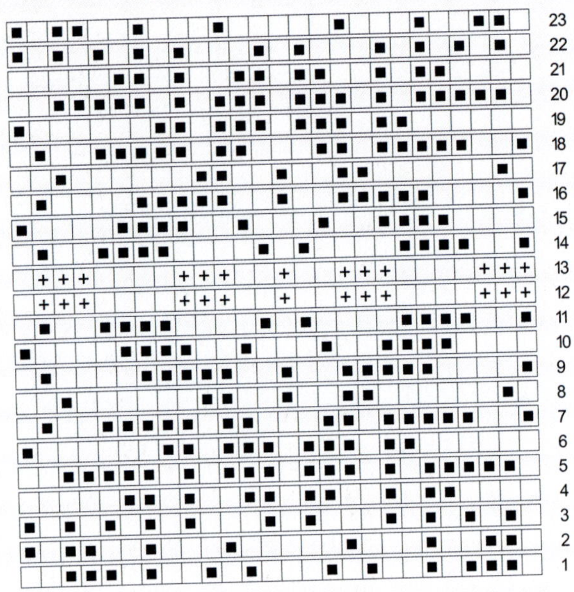

Rapport = 26 M

SOHLENMUSTER MIT SPICKELABNAHME

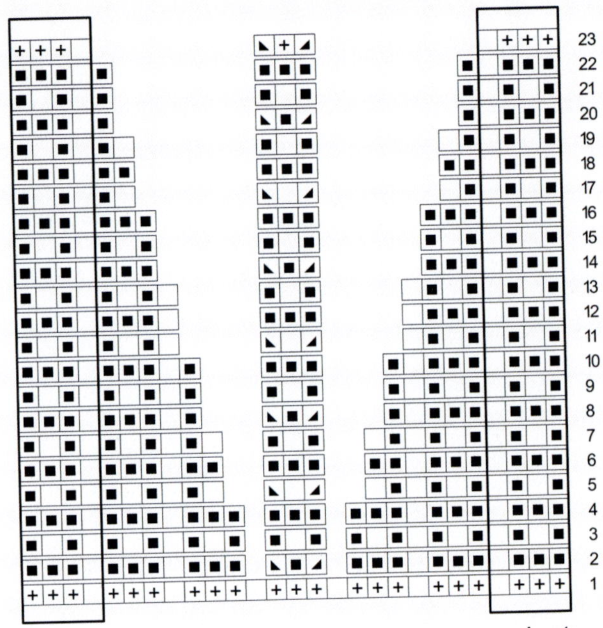

- □ = 1 M re in Natur
- ■ = 1 M re in Anthrazit
- + = 1 M re in Kirsche
- ◢ = 2 M re zusammenstr (in der Kontrastfb der Rd)
- ◣ = 2 M nacheinander wie zum Rechtsstr abheben, zurück auf die li Nd heben und re verschränkt zusammenstr (in der Kontrastfb der Rd)

SOHLENMUSTER

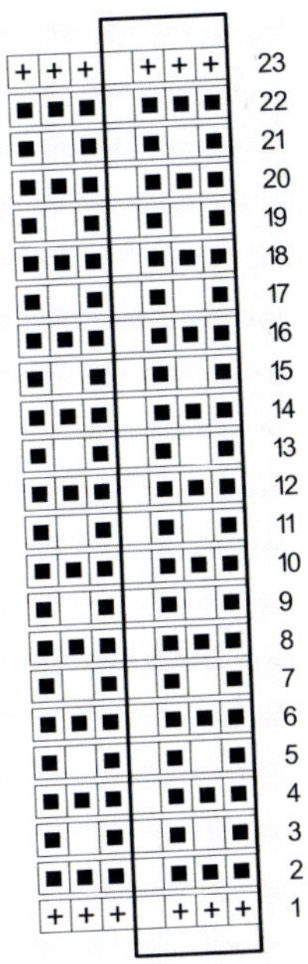

Rapport = 4 M
8x str

OBERFUSSMUSTER

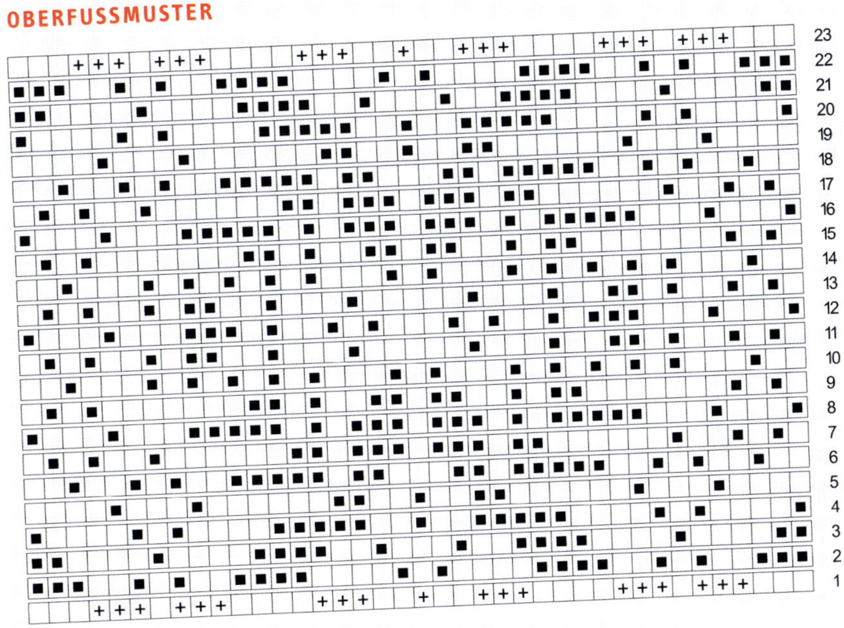

Rapport = 39 M

Nordisch inspiriert

SCHWIERIGKEITSGRAD

GRÖSSE
38/39 zusätzliche Hinweise zum Stricken der Größen 36/37 und 40/41

MATERIAL
Regia 4-fädig: 50 g in Kirsche (Fb 2002) und 50 g in Natur (Fb 1991)

Nadelspiel oder 2 Rundstricknadeln 2,5–3 mm

Die Nadelstärke so wählen, dass die angegebene Maschenprobe erreicht wird!

ca. 2 m kontrastfarbenes Baumwollgarn in passender Stärke

Häkelnadel 3 mm

MASCHENPROBE
im Jacquardmuster
34 M und 40 R
= 10 cm x 10 cm

BASICS
Jacquardtechnik
Seite 122
Offener Anschlag
Seite 121
Doppelmaschen
Seite 120

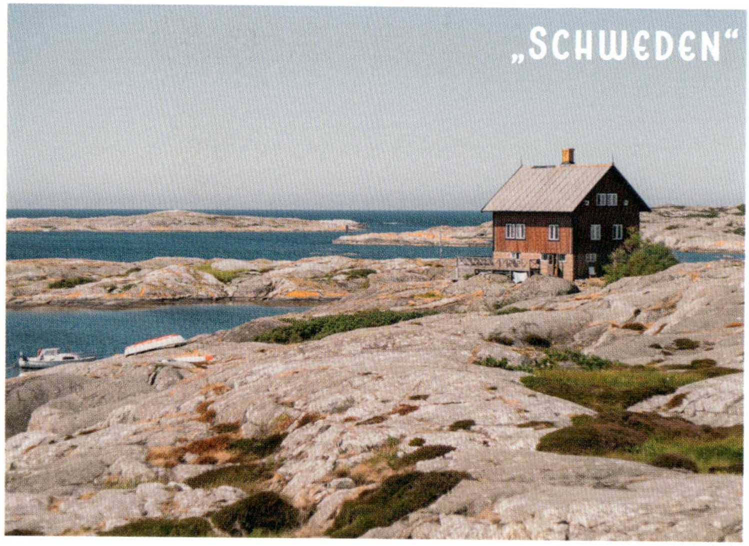

Schwedische Jacquardmuster sind häufig aufwändiger und detailreicher als die norwegischen. Besonders typisch ist die Kombination von Rot und Weiß. Unter den Mustern findet man oft Motive mit Vogelpaaren zusammen mit Herzen oder einem Reigen aus tanzenden Menschen.

SOHLENMUSTER, OBERFUSSMUSTER

Siehe Strickschriften auf Seite 41.

ANLEITUNG

Die Socke wird unterhalb der Spitze begonnen und entgegen der üblichen Strickrichtung gearbeitet. Aus dem Baumwollgarn eine Luftmaschenkette von ca. 80 Luftm häkeln und das Ende locker verknoten. Die Luftmaschenkette auf die Rückseite drehen. Mit dem Nadelspiel in Kirsche aus den Querfäden auf der Rückseite der Luftmaschenkette insgesamt 70 M aufnehmen und auf 4 Nd verteilen (18+17+18+17 M).
Zur Rd schließen und 1 Rd glatt re über alle M str.

FUSS

Nd 1: 18 M in Kirsche re str.

Nd 2 und 3: Im Oberfußmuster str (35 M).

Nd 4 und 1: Im Sohlenmuster str (35 M).

In dieser Mustereinteilung 52 Rd arbeiten.

Der Rd-Übergang befindet sich seitlich zwischen den Nd 1 und 2.

FERSE

Die Bumerang-Ferse in Kirsche über die M der Nd 1 und 4 arbeiten. Dazu die M der Nd 2, 3, 4 und 1 einmal re in Kirsche abstr und wenden.

Die 1. M als Doppelm abheben, die M der Nd 1 und 4 li str und wenden.

Hinr: Die 1. M als Doppelm abheben, alle M bis zur Doppelm re str und wenden.

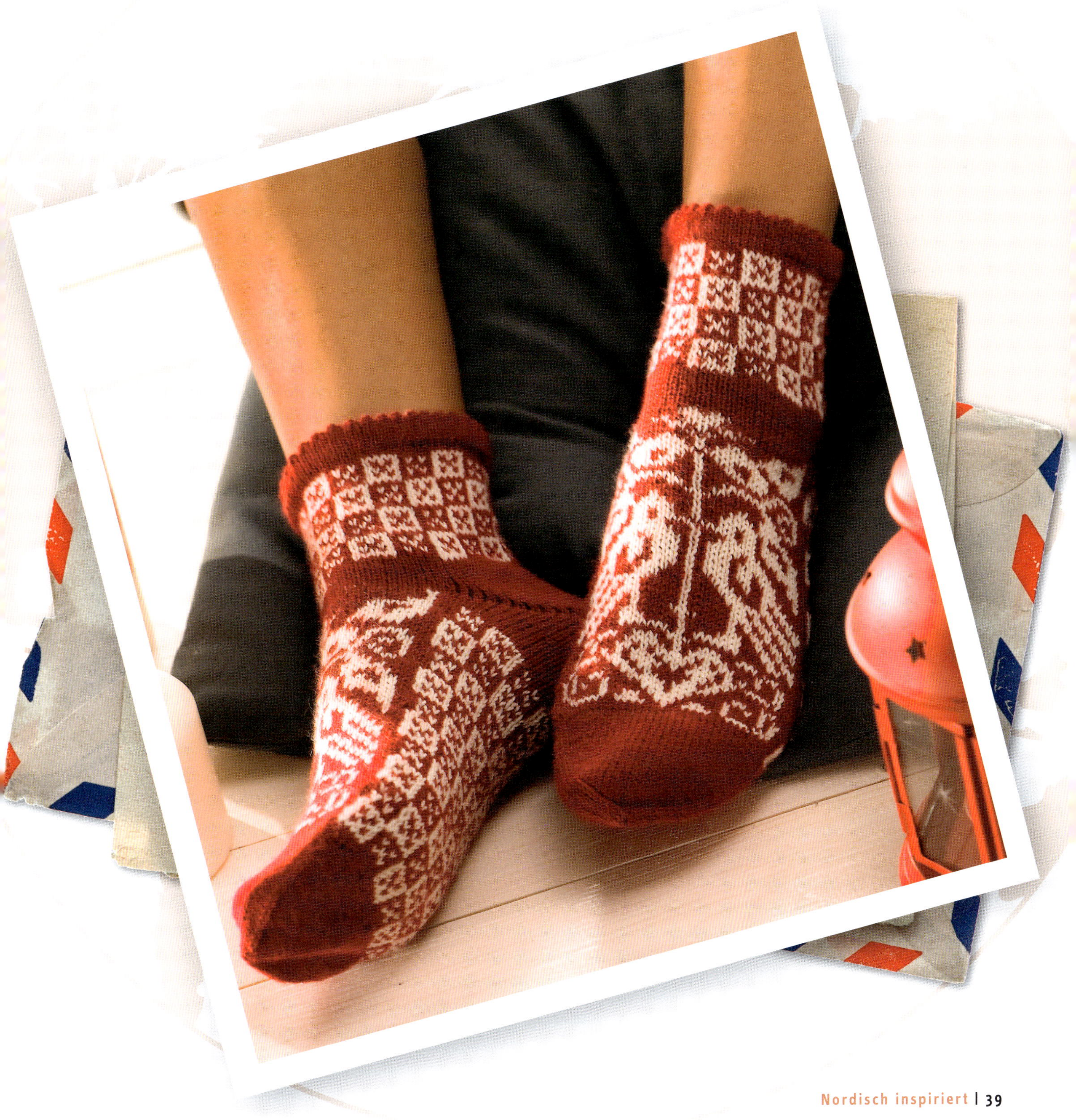

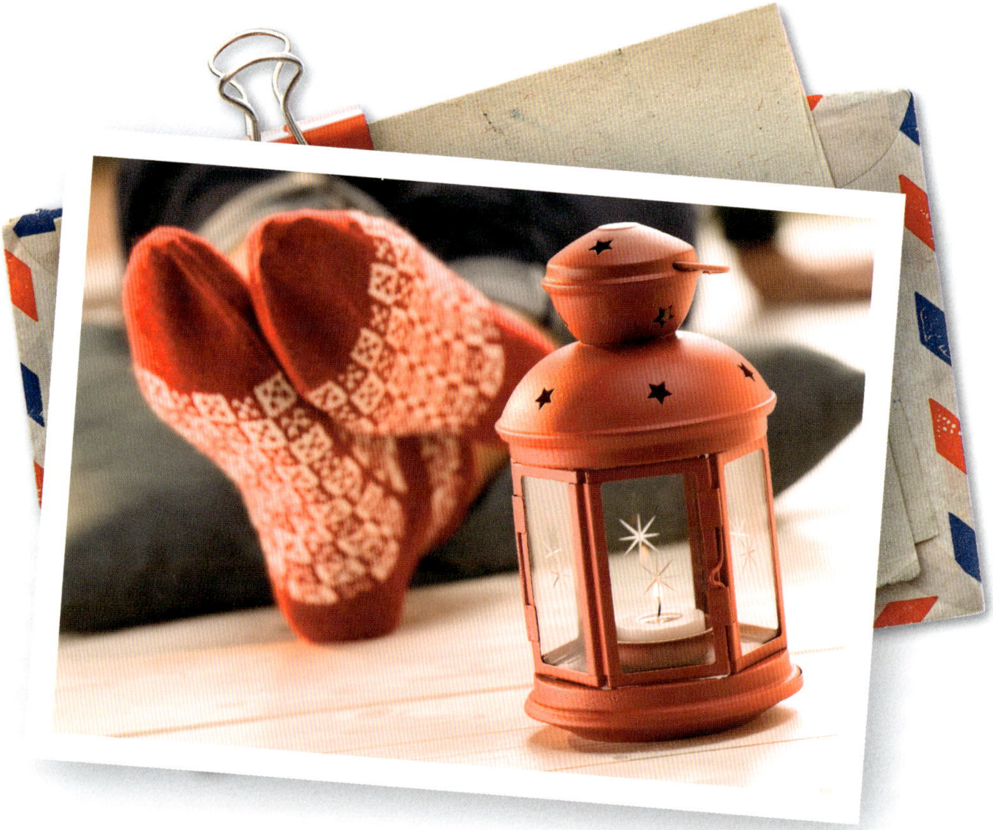

Rückr: Die 1. M als Doppelm abheben, alle M bis zur Doppelm li str und wenden.
Die letzten beiden R so lange wdh, bis sich auf beiden Nd jeweils 12 Doppelm befinden und in der Mitte noch 11 M liegen.

Über die M aller 4 Nd 2 Rd re M str, dabei gut darauf achten, die Doppelm jeweils als eine M zu str.

Für den unteren Teil der Bumerang-Ferse wieder nur über die 35 M der Nd 1 und 4 str. Dazu 24 M re str und wenden.
1 M als Doppelm abheben, 12 M li str und wenden.
Hinr: 1 M als Doppelm abheben, alle M bis einschließlich der Doppelm aus der unteren R re str, 1 weitere M re str und wenden.

Rückr: 1 M als Doppelm abheben, alle M bis einschließlich der Doppelm aus der unteren R li str, 1 weitere M li str und wenden.
Die letzten beiden R wdh, bis die beiden äußeren M als Doppelm vorliegen.

BEIN

Für das Bein in Rd über die M aller 4 Nd str (18+17+18+17 M).
5 Rd glatt re in Kirsche str, dabei in der 5. Rd nur die M der Nd 1, 2 und 3 str.
Mit Nd 4 beginnend 20 Rd im Sohlenmuster über alle 4 Nd arbeiten. Der Rd-Übergang befindet sich seitlich zwischen den Nd 3 und 4. Dann den Faden in Natur trennen.

7 Rd in Kirsche glatt re str.
1 Rd über alle Nd: * 2 M re zusammenstr, 1 U, ab * noch 34x wdh.
6 Rd in Kirsche glatt re str.
Alle M locker abketten, die Abkettkante nach innen so umschlagen, dass die Lochmuster-Rd die Bruchkante bildet. Die Abkettkante innen locker annähen.

SPITZE

Die Luftmaschenkette vorsichtig lösen und M für M mit dem Nadelspiel auffangen (18+17+18+17 M).
Die Spitze über alle M glatt re in Kirsche arbeiten.
Abnahme-Rd: Alle M re str, dabei auf Nd 1 und auf Nd 3 jeweils die zweit- und drittletzte M re zusammenstr und auf Nd 2 und auf Nd 4 die 2. und 3. M nacheinander abheben, wieder zurück auf die li Nd heben und re verschränkt zusammenstr.
Diese Abnahme-Rd noch einmal in jeder 4. Rd, 2x in jeder 3. Rd, 3x in jeder 2. Rd und 8x in jeder Rd wdh. Den Faden trennen, durch die restlichen 10 M ziehen und alle Fäden von innen gut vernähen.
Die **zweite Socke** ebenso arbeiten.

HINWEISE ZUM STRICKEN DER GRÖSSEN 36/37 UND 40/41

Für die Größe 36/37 nach Anleitung arbeiten, aber eine geringere Nadelstärke wählen, so dass sich eine Fußlänge von 18,5–19 cm ergibt.
Für die Größe 40/41 nach Anleitung arbeiten, aber vor der Bumerangferse noch 4 Rd glatt re str. Es ergibt sich eine Fußlänge von 20,5–21 cm.

OBERFUSSMUSTER

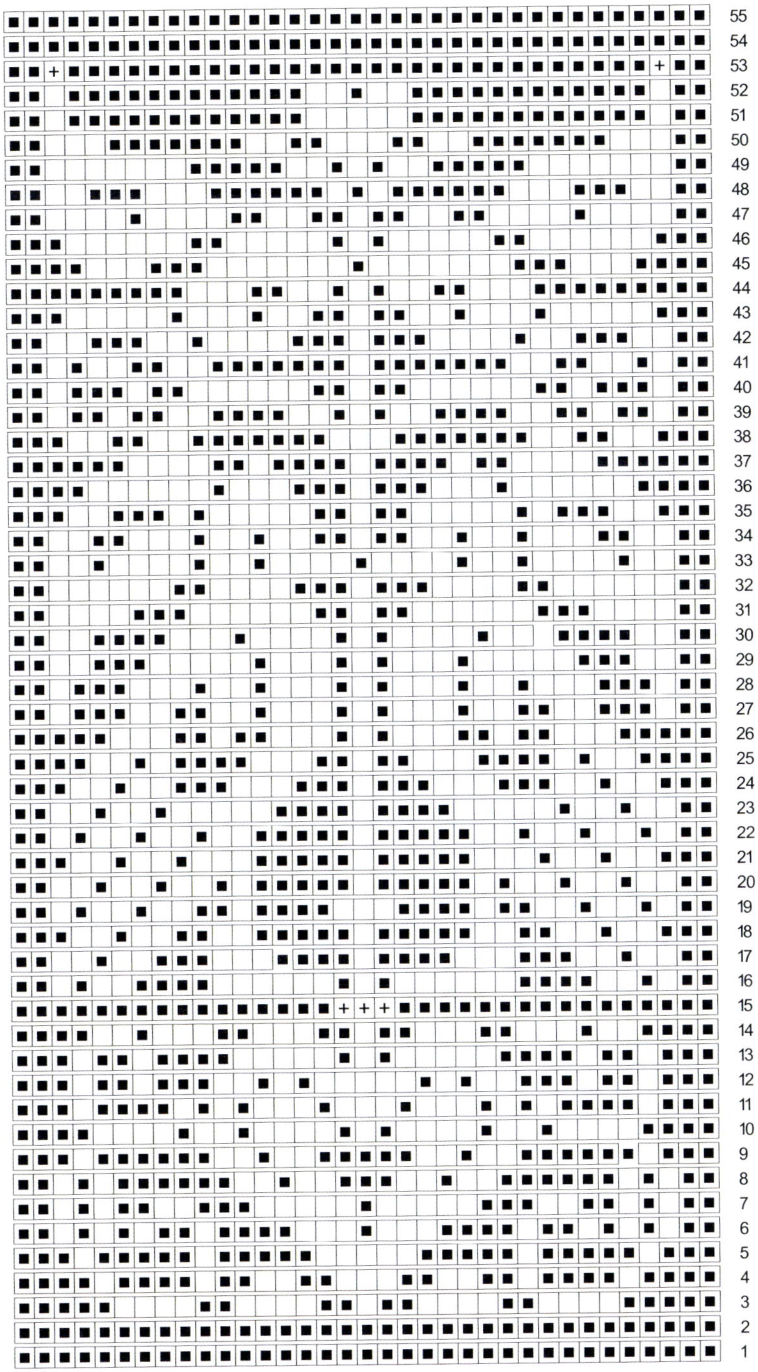

Motiv = 35 M

SOHLENMUSTER

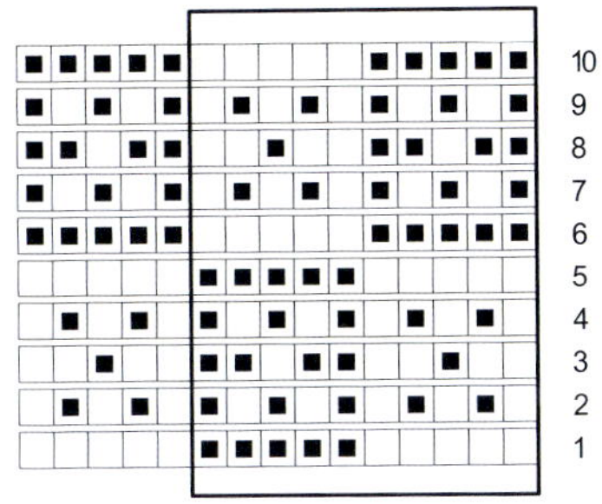

Rapport = 10 M

- ☐ 1 M re in Natur
- ■ 1 M re in Kirsche
- \+ 1 M re in Kirsche, später in Natur 1 M im Maschenstich aufsticken

Fernöstliches Flair

SCHWIERIGKEITSGRAD

GRÖSSE
38/39 zusätzliche Hinweise zum Stricken der Größen 36/37 und 40/41

MATERIAL
Regia 4-fädig: 100 g in Marine (Fb 0324) und 50 g in Natur (Fb 1992)

Nadelspiel 2–2,5 mm

Die Nadelstärke so wählen, dass die angegebene Maschenprobe erreicht wird!

Sticknadel mit Spitze

Pergamentpapier

Papierkosmetiktücher

Stecknadeln

feste Pappe

MASCHENPROBE
glatt re
30 M und 40 R
= 10 cm x 10 cm

STICKVORLAGE
auf Seite 44

BASICS
Doppelmaschen
Seite 120

Sashiko-Stickerei
Seite 127

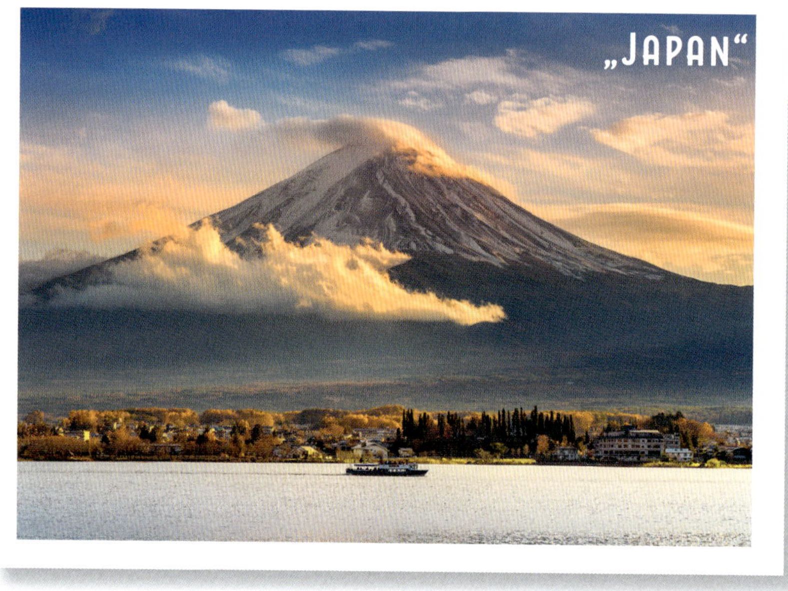

Ursprünglich entstand die Sashikostickerei beim Stopfen und Ausbessern dunkelblauer Fischerkleidung mit weißen Garnen. Die Sashikostickerei tritt nicht häufig in Kombination mit Stricktechniken auf, ist aber eine besonders hübsche traditionell japanische Art, auch Strickstoff zu besticken.

BÜNDCHENMUSTER

* 1 M re verschränkt, 1 M li, ab * stets wdh.

ANLEITUNG

60 M gleichmäßig auf 4 Nd verteilt in Marine anschlagen, zur Rd schließen und 15 Rd im Bündchenmuster str (15+15+15+15 M). Dann glatt re bis zu einer Schafthöhe von insgesamt 18 cm str.

FERSE

Die Bumerang-Ferse nur über die M der Nd 1 und 4 arbeiten. Dazu in der ersten Hinr alle M der Nd 1 re str und wenden.
Die 1. M als Doppelm abheben, die M der Nd 1 und 4 li str und wenden.

Hinr: Die 1. M als Doppelm abheben, alle M bis zur Doppelm re str und wenden.
Rückr: Die 1. M als Doppelm abheben, alle M bis zur Doppelm li str und wenden.
Die letzten beiden R so lange wdh, bis sich auf beiden Nd jeweils 10 Doppelm befinden und noch 10 M in der Mitte liegen.

Über die M aller 4 Nd 2 Rd re M str, dabei genau darauf achten, die Doppelm jeweils als eine M zu str.

Für den unteren Teil der Bumerang-Ferse wieder nur über die M der Nd 1 und 4 str. Dazu 21 M re str und wenden.
1 M als Doppelm abheben, 11 M li str und wenden.

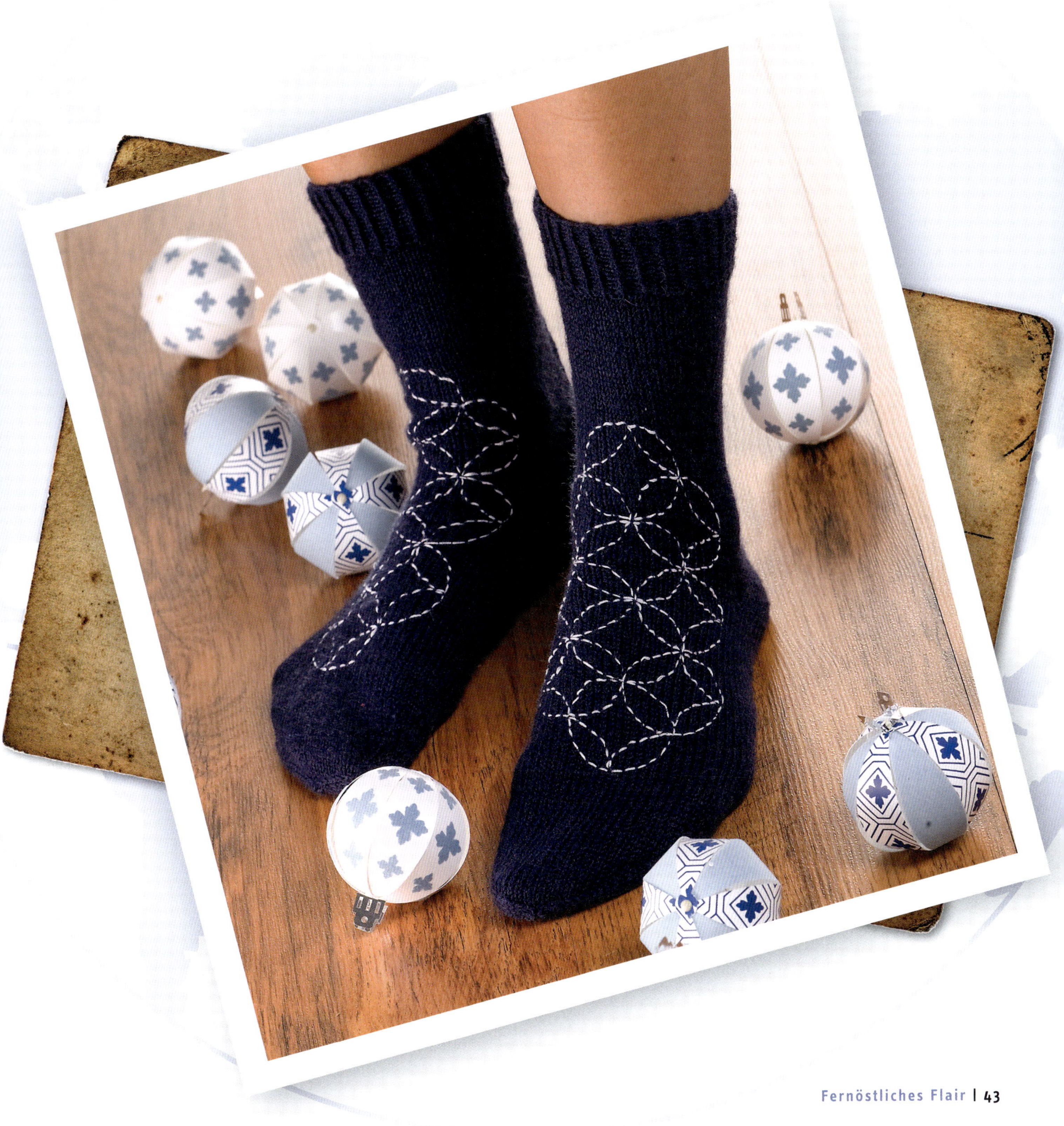

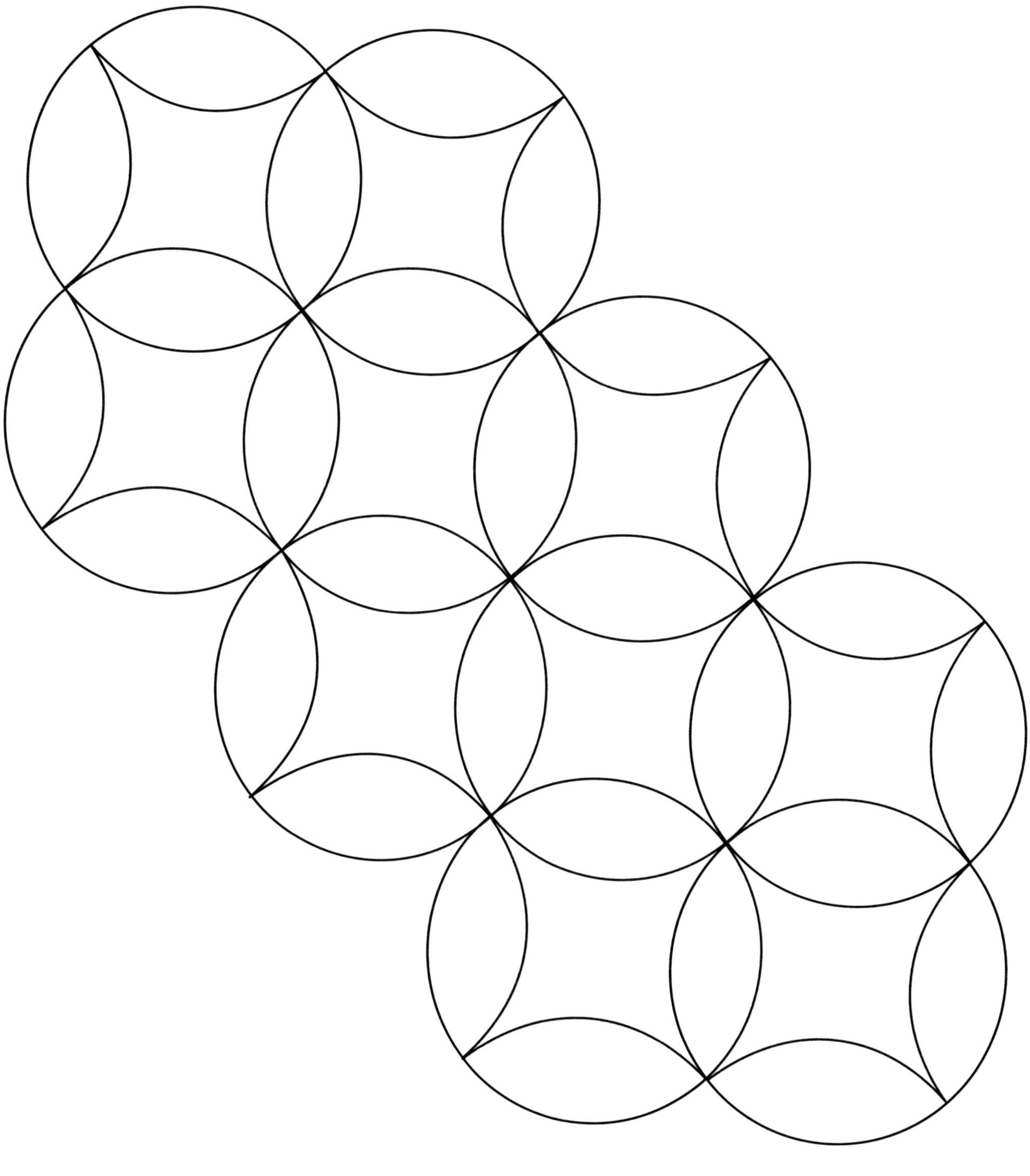

Hinr: 1 M als Doppelm abheben, alle M bis einschließlich der Doppelm aus der unteren R re str, 1 weitere M re str und wenden.
Rückr: 1 M als Doppelm abheben, alle M bis einschließlich der Doppelm aus der unteren R li str, 1 weitere M li str und wenden.
Die letzten beiden R wdh, bis die die beiden äußeren M als Doppelm vorliegen.

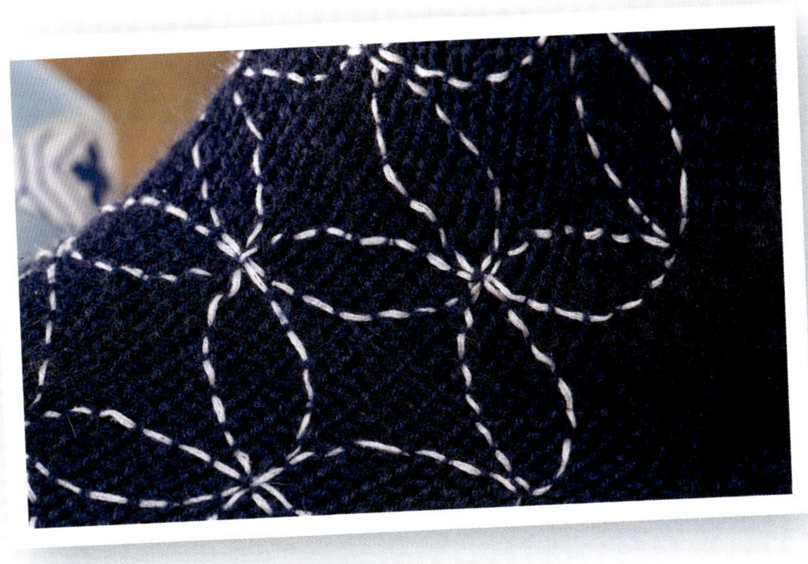

FUSS

Für den Fuß weiter glatt re in Rd über alle M str.

SPITZE

Bei einer Fußlänge von 19,5–20 cm die erste Abnahme-Rd der Bandspitze arbeiten:
Alle M re str, dabei auf Nd 1 und auf Nd 3 die zweit- und drittletzte M re zusammenstr und auf Nd 2 und auf Nd 4 die 2. und 3. M nacheinander wie zum Rechtsstr abheben, wieder zurück auf die li Nd heben und re verschränkt zusammenstr.
Diese Abnahme-Rd noch einmal in jeder 4. Rd, 2x in jeder 3. Rd, 3x in jeder 2. Rd und 6x in jeder Rd wdh. Den Faden trennen, durch die restlichen 8 M ziehen und von innen gut vernähen.

SASHIKO-STICKEREI

Aus festem Karton 2 Pappschablonen von 10 cm Breite und 30 cm Länge und einer Fußspitzenrundung an einer schmalen Seite zuschneiden und als Schutz vor dem Durchstechen in die Socke einlegen. Die Sashiko-Zeichnung mit Hilfe des Pergamentpapiers auf 2 Papierkosmetiktücher durchpausen. Je ein Papierkosmetiktuch auf einer Socke mit Stecknadeln feststecken. Die gezeichneten Linien mit kleinen Vorstichen in Natur nachsticken. Die Spitze der Sticknadel ermöglicht es dabei, in das Strickgarn einzustechen und die Linien so genauer aufzusticken. Das Papiertuch herauszupfen. Alle Fäden anschließend gut vernähen.
Die **zweite Socke** ebenso arbeiten.

HINWEISE ZUM STRICKEN DER GRÖSSEN 36/37 UND 40/41

Für die Größe 36/37 nach Anleitung arbeiten, dabei die Bandspitze nach einer Fußlänge von 18,5–19 cm beginnen.
Für die Größe 40/41 nach Anleitung arbeiten, dabei die Bandspitze nach einer Fußlänge von 20,5–21 cm beginnen.

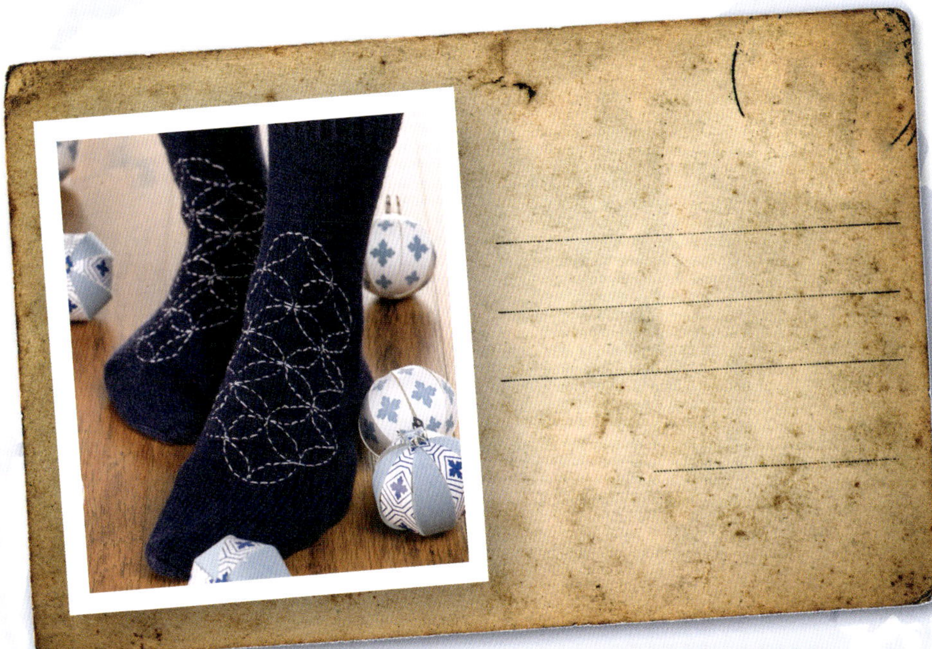

Fernweh spüren

SCHWIERIGKEITSGRAD

GRÖSSE
40/41
zusätzliche Hinweise zum Stricken der Größen 36/37 und 38/39

MATERIAL
Regia 4-fädig: 50 g in Natur (Fb 1992), 50 g in Anthrazit meliert (Fb 0522) und 50 g in Kürbis (Fb 1054)

Nadelspiel 2–2,25 mm

Die Nadelstärke so wählen, dass die angegebene Maschenprobe erreicht wird!

Sticknadel

MASCHENPROBE
im Jacquardmuster
36 M und 40 R
= 10 cm x 10 cm

BASICS
Jacquardtechnik
Seite 122

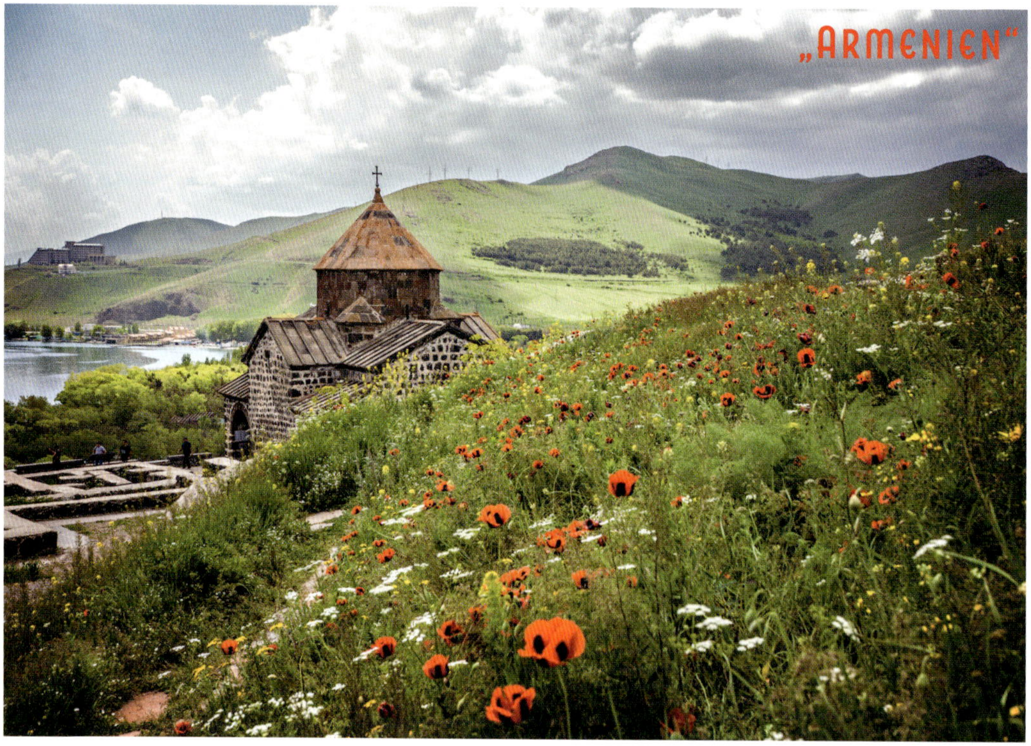

Die Armenier sind im Gebiet zwischen Ostanatolien und dem Südkaukasus heimisch. Als christliches Volk waren sie im Laufe der Jahrhunderte vielen Eroberungen und Verfolgungen ausgesetzt, unterhielten aber auch rege Kontakte zu europäischen Ländern. So ist es nicht verwunderlich, dass sich viele kulturelle Einflüsse, insbesondere der christlichen Symbolik finden.

BÜNDCHENMUSTER

* 1 M re verschränkt, 1 M li, ab * stets wdh.

FERSENWANDMUSTER

Hinr: 1 Randm, * 1 M abheben mit dem Faden HINTER der Arbeit, 1 M re, ab * stets wdh, 1 Randm.
Rückr: Alle M zwischen den Randm li str.
Die beiden R stets wdh.

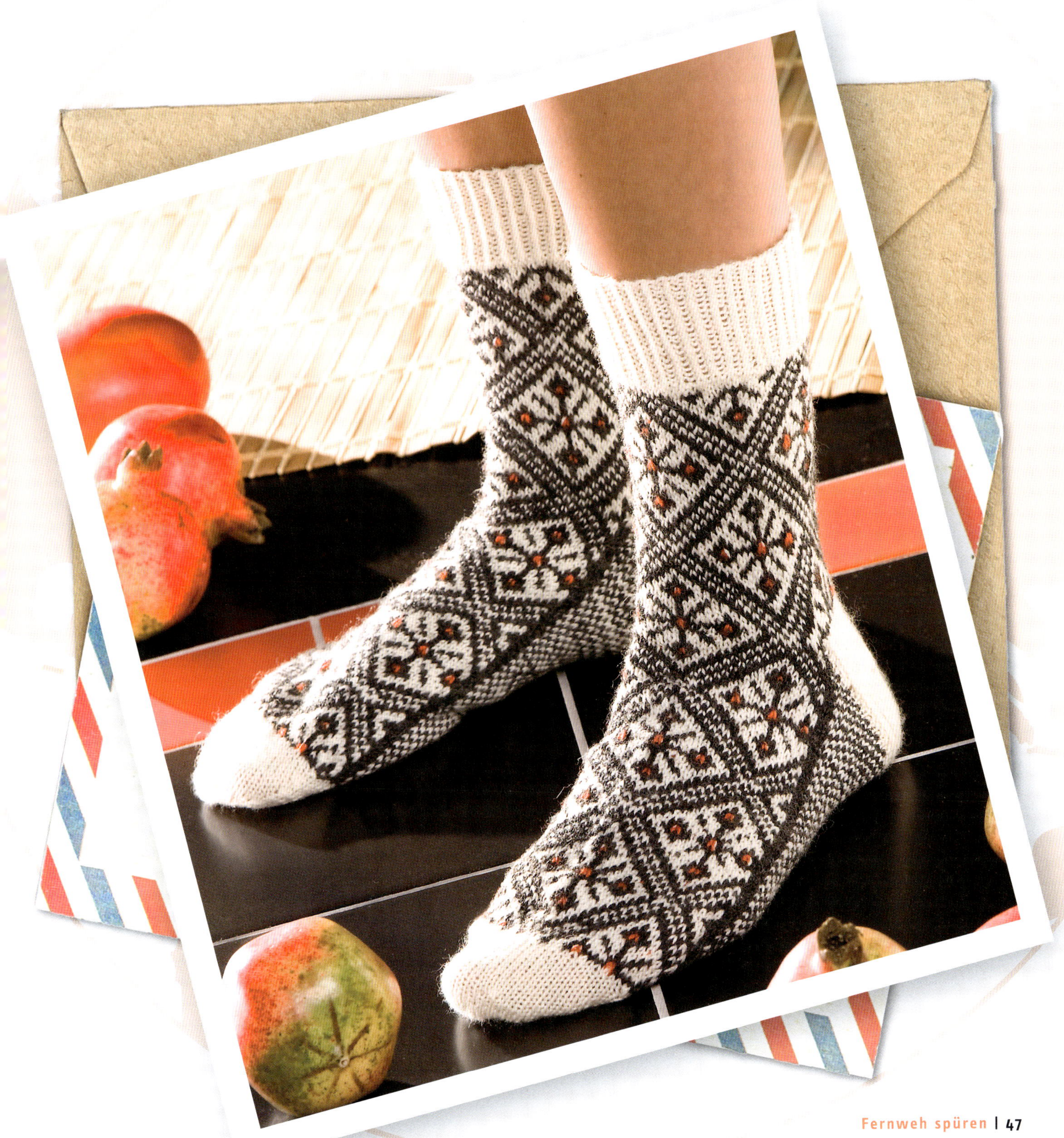

SOHLENMUSTER

Glatt re str, dabei die ersten 2 M stets in Anthrazit str, dann 1 M in Natur und 1 M in Anthrazit im Wechsel str, dabei die Fb in jeder Rd um 1 M versetzen, die letzten beiden M der Fersen-Nd stets in Anthrazit str. Im weiteren Verlauf das Sohlenmotiv nach Strickschrift in die Mitte der Sohle einstr.

BEIN- UND OBERFUSSMUSTER, SOHLENMOTIV

Siehe Strickschriften auf Seite 49 und Seite 51.

ANLEITUNG

In Natur 76 M gleichmäßig verteilt auf 4 Nd anschlagen (19+19+19+19 M), zur Rd schließen und 20 Rd im Bündchenmuster str.
Noch 1 Rd re M str, dabei 8x jeweils abwechselnd nach jeder 9. M und jeder 10 R je 1 M verschränkt aus dem Querfaden herausstr (21+21+21+21 M).

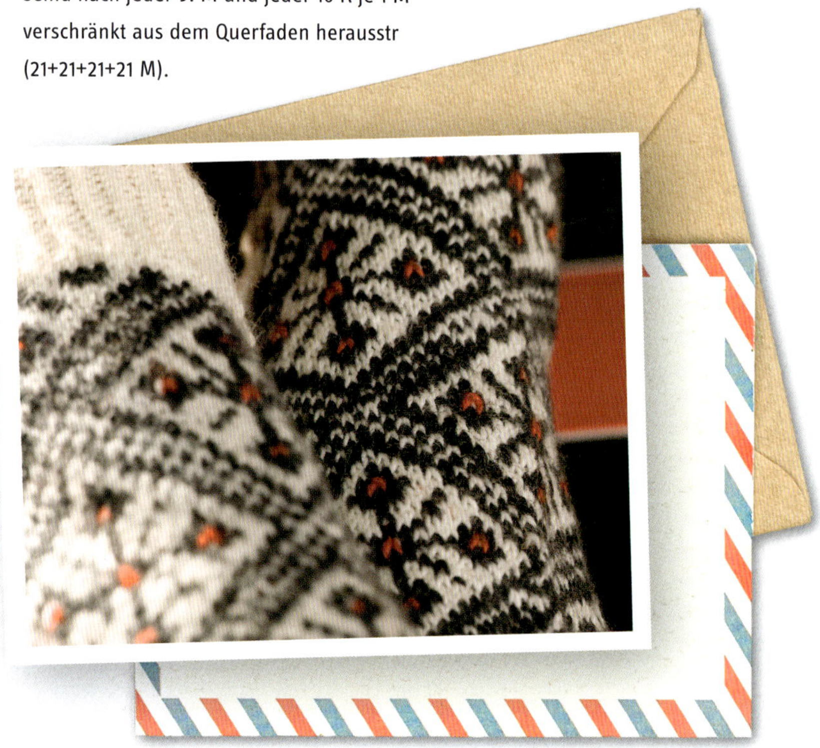

Weiter im Beinmuster str, dabei 3x den Rapport arbeiten (die M re und li des Rapportes sind nur für den Oberfuß eingezeichnet). Jeweils einen Mustersatz von je 28 M mit einer Spielnadel str, sodass sich die M nun nur noch auf 3 Spielnadeln verteilen (28+28+28 M).
42 Rd (einmal die 1.–28. Rd und noch einmal die 1.–14. Rd) nach Strickschrift arbeiten. Die Fäden trennen.

Die M wieder auf 4 Nd verteilen, ohne sie dabei zu str:
Nd 1: Vom Rd-Übergang (= Beginn Nd 1) ausgehend 20 M abheben.
Nd 2: Die folgenden 22 M abheben.
Nd 3: Die folgenden 21 M abheben.
Nd 4: Die folgenden 21 M abheben (20+22+21+21 M).

FERSE

Die Ferse in Natur arbeiten. Die M der Nd 1 und 4 auf einer Nd zusammenfassen, mit der ersten M der Nd 4 beginnen und die Ferse in Hin- und Rückr arbeiten.
1. R (Hinr): 1 Randm, 2 M re, * 2 M re zusammenstr, 6 M re, ab * 4x arbeiten, 2 M re zusammenstr, 3 M re, 1 Randm.
2. R (Rückr): Die M zwischen den Randm li str (36 M).
34 R im Fersenwandmuster str.

Für die Fersenrundung 19 M re, 2 M nacheinander wie zum Rechtsstr abheben, wieder zurück auf die li Nd heben und beide M re verschränkt zusammenstr, 1 M re str und wenden. Die 1. M abheben, 3 M li, 2 M li zusammenstr, 1 M li str und wenden.
Hinr: 1 M abheben, die M bis 1 M vor dem Gässchen re str, die M vor dem Gässchen und die M nach dem Gässchen wie zum Rechtsstr abheben, wieder zurück auf die li Nd heben und beide M re zusammenstr, noch 1 weitere M re str und wenden.
Rückr: 1 M abheben, die M bis 1 M vor dem Gässchen li str, die M vor dem Gässchen und die M nach dem Gässchen li zusammenstr, noch 1 weitere M li str und wenden.
Die letzten beiden R wdh, bis beide Reihenenden wieder erreicht sind und sich noch 20 M auf der Nd befinden.

Weiter in Rd str.
Nd 1: In Natur 20 Fersen-M re str, aus der Fersenwand 17 M auffassen.
Nd 2 und 3: Neu mit Anthrazit meliert ansetzen, nach der Strickschrift (15. Rd, 1 Rapport mit beidseitigem Musterrand für den Oberfuß) str, den Faden in Anthrazit meliert trennen.

BEIN- UND OBERFUSSMUSTER

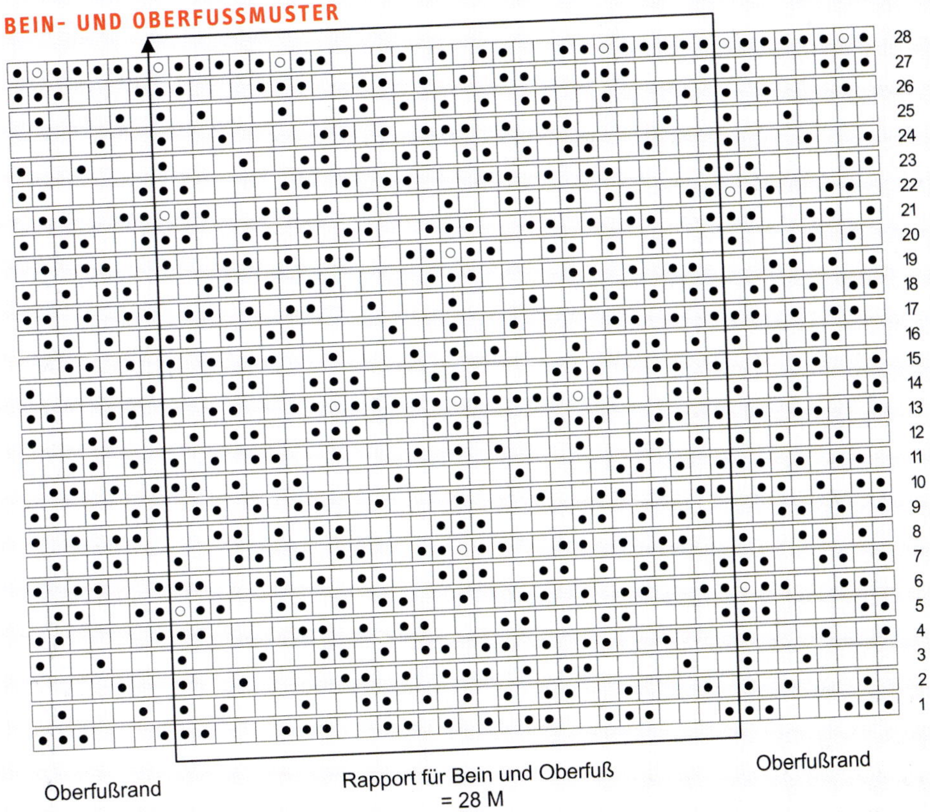

- ● = 1 M re in Anthrazit
- ◣ = in Anthrazit 2 M nacheinander wie zum Rechtsstr abheben, zurück auf die li Nd heben und re verschränkt zusammenstr; mit Nd 1 entsprechend die 2.- und 3.-letzte M re zusammenstr
- ☐ = 1 M re in Natur
- ○ = 1 M re in Natur str, später in Kürbis mit 1 M im Maschenstich übersticken

Nd 4: Aus der Fersenwand 17 M in Natur auffassen, noch 10 M von Nd 1 re abstr, 1 M aus dem Querfaden zwischen Nd 1 und Nd 4 herausstr (27+22+21+28 M). Den Faden trennen.

SPICKEL UND FUSS

Die M der Nd 4 und 1 auf eine Nd (eine Spiel- oder eine kurze Rundstrick-Nd) heben und an der 1. M der neuen Sohlen-Nd neu ansetzen. Der Rd-Übergang liegt nun zwischen der Nd 3 und der Sohlen-Nd.

Sohlen-Nd: Im Sohlenmuster str.

Nd 2 und 3: Im Oberfußmuster nach Strickschrift (16. Rd) str.

Mustereinteilung für den Spickel

Sohlen-Nd: Im Sohlenmuster str.

Nd 2 und 3: Im Oberfußmuster nach Strickschrift str.

In dieser Mustereinteilung 3 Rd str.

Abnahme-Rd:

Sohlen-Nd: Im Sohlenmuster str, dabei die 2. und 3. M nacheinander wie zum Rechtsstr abheben, wieder zurück auf die li Nd heben und beide M in Anthrazit meliert re zusammenstr und die zweit- und drittletzte M in Anthrazit meliert re zusammenstr.

Nd 2 und 3: Im Oberfußmuster nach Strickschrift str.

Diese 4 Rd insgesamt 3x arbeiten (49+22+21 M).

Das Sohlenmotiv nach Strickschrift in das Sohlenmuster einstr (die Strickschrift beschreibt auch die Fertigstellung des Spickels).

Sohlen-Nd: Nach Strickschrift für das Sohlenmotiv str, die M und Abnahmen nach der Mitte gegengleich ergänzen.

Nd 2 und 3: Nach Strickschrift (beginnend mit Rd 1).

In dieser Mustereinteilung 39 Rd arbeiten (43+22+21 M).

Weitere 12 Rd in der Mustereinteilung str, dabei für die Sohle die 38. und 39. Rd stets wdh.

ÜBERGANG ZUR SPITZE

Die Spitze glatt re in Natur arbeiten.

1. Rd: Re M str.

2. Rd: * 2 M re zusammenstr, 2 M re, ab * 21x arbeiten, enden mit 2 M re zusammenstr und die M der Sohlen-Nd wieder auf 2 Nd verteilen (16+16+16+16 M).

BANDSPITZE

Abnahme-Rd: Alle M re str, dabei auf Nd 1 und auf Nd 3 die zweit- und drittletzte M re zusammenstr und auf Nd 2 und auf Nd 4 die 2. und 3. M nacheinander wie zum Rechtstr abheben, wieder zurück auf die li Nd heben und re verschränkt zusammenstr.

Diese Abnahme-Rd noch einmal in jeder 4. Rd, 2x in jeder 3. Rd, 3x in jeder 2. Rd und 7x in jeder Rd wdh.

Den Faden trennen, durch die restlichen 8 M ziehen und von innen gut vernähen.

Die in den Strickschriften markierten M in Kürbis übersticken. Alle Fäden vernähen.

Die **zweite Socke** ebenso arbeiten.

HINWEISE ZUM STRICKEN DER GRÖSSEN 36/37 UND 38/39

Für Größe 36/37 mit Nadelstärke 2 mm nach Anleitung arbeiten, dabei nach den 39 Rd Oberfuß- und Sohlen-Motiv gleich die Bandspitze arbeiten.

Für die Größe 38/39 nach Anleitung arbeiten, aber nach den 39 Rd Oberfuß- und Sohlen-Motiv nur noch 6 Rd in der Mustereinteilung arbeiten und die Bandspitze bei einer Fußlänge von 19,5–20 cm beginnen.

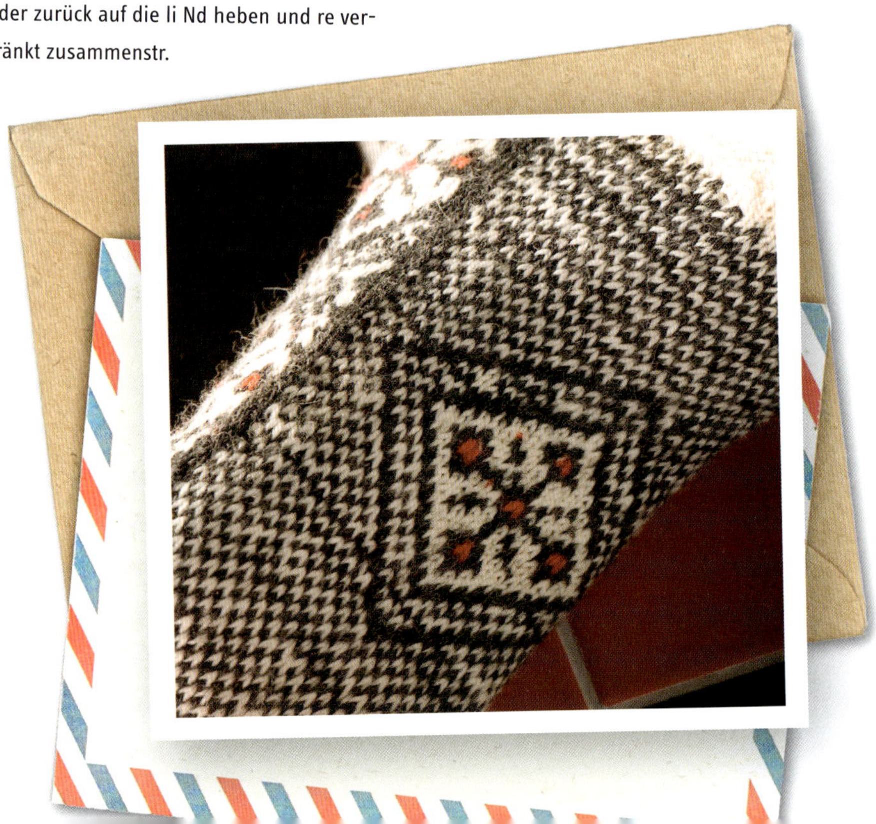

SOHLENMUSTER

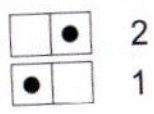

SOHLENMOTIV

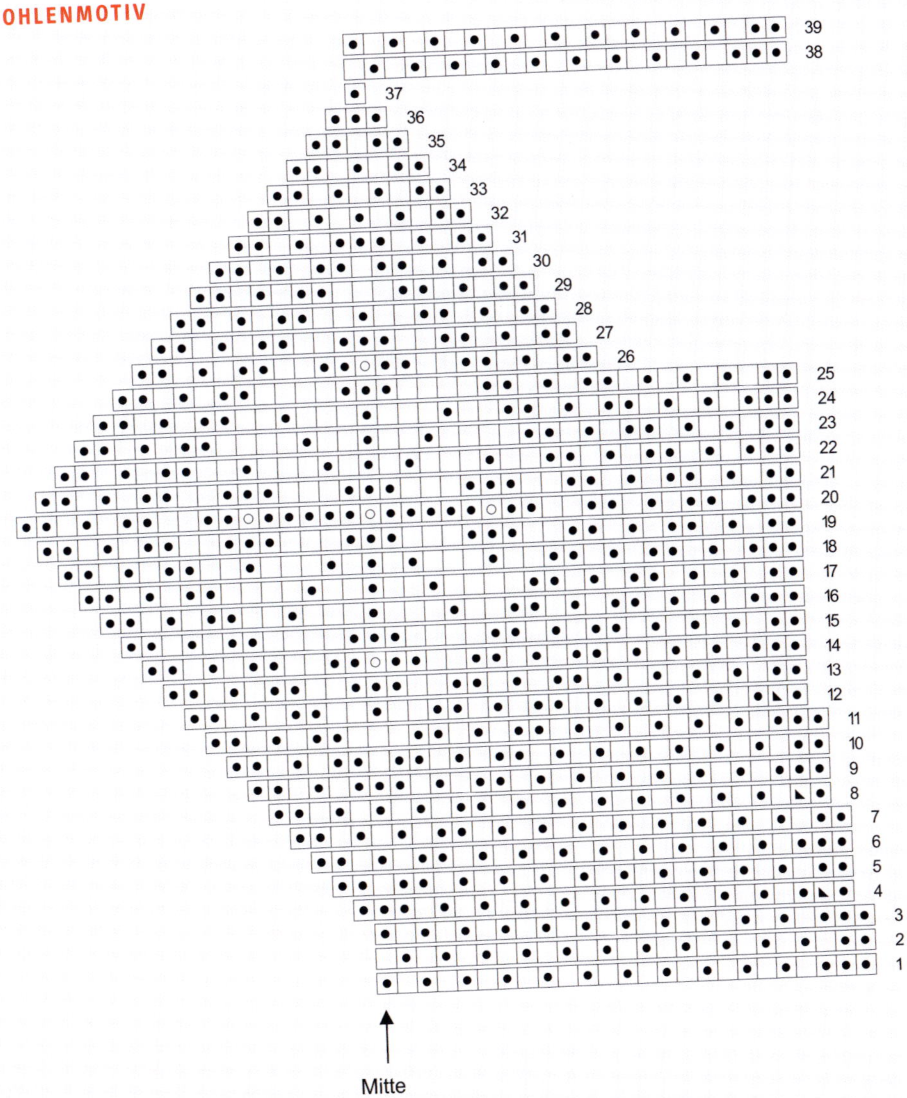

Fränkische Perlenkunst

SCHWIERIGKEITSGRAD

GRÖSSE
38/39
zusätzliche Hinweise zum Stricken der Größen 36/37 und 40/41

MATERIAL
Regia Silke: 100 g in Baby Blue (Fb 0052)

Nadelspiel 2,5–3 mm

Die Nadelstärke so wählen, dass die angegebene Maschenprobe erreicht wird!

Rocailles in Rainbow Blue, ø 2,6 mm, 17 g Döschen

dünne Nähnadel

Nähgarn

MASCHENPROBE
glatt
re 30 M und 40 R
= 10 cm x 10 cm

BASICS
Doppelmaschen
Seite 120

Einstricken von Perlen
Seite 124

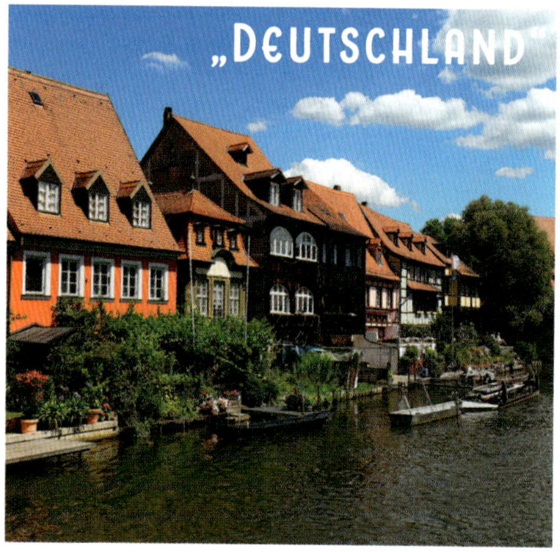

Die Perlenstrickerei galt schon zu ihrer Blütezeit im Biedermeier als spezielle Technik der Kunststrickerei. Sie verbreitete sich hauptsächlich dort, wo sich die Glasperlenindustrie durch geeignetes Gesteinsvorkommen ansiedelte. Neben Nürnberg waren auch Böhmen, das Fichtelgebirge und Venedig bekannt für ihre Glasperlen und ihre Perlenstrickerei. Beutel, Täschchen, Handstulpen und Socken wurden in aufwändiger Heimarbeit mit üppigen Perlenmustern gestrickt und über Händler als begehrte Raritäten verkauft. Zeitweilig gab es sogar Garne mit bereits aufgezogenen Perlen zu kaufen.

ZACKENMUSTER
Siehe Strickschrift auf Seite 54. In den Rückr alle M und U li str.

PFAU
Siehe Strickschrift auf Seite 54. Das Zählmuster für die re Socke von re nach li lesen, für die li Socke von li nach re.

ANLEITUNG

Vor dem Stricken 285 Rocailles mit Hilfe von Nähnadel und Nähgarn auf das Sockengarn fädeln.
80 M auf einer Nd anschlagen und 1 R re M str. In der folgenden R jeweils 20 M mit einer Spielnadel kraus re abstr und zur Rd schließen (20+20+20+20 M). 7 Rd im Zackenmuster arbeiten (15+15+15+15 M), 3 Rd glatt re str.

Für die re Socke in den folgenden 26 Rd das Pfauenmotiv mit den Nd 1 und 2 einstr. Die M der Nd 3 und 4 ohne eingestrickte Perlen glatt re str. Dabei die Perlen bei Bedarf immer wieder ein Stückchen weiter auf das Garn schieben.
Für die li Socke das Pfauenmotiv in die M der Nd 3 und 4 einstr, das Zählmuster dabei aber von li nach re lesen.
Noch 14 Rd glatt re str (15+15+15+15 M).

FERSE
Die 30 M der Nd 1 und 4 auf einer Nd zusammenfassen und über diese M eine Bumerang-Ferse str.
In der ersten Hinr alle M re str und wenden.
Die 1. M als Doppelm abheben, alle M li str und wenden.
Hinr: Die 1. M als Doppelm abheben, alle M bis zur Doppelm re str und wenden.
Rückr: Die 1. M als Doppelm abheben, alle M bis zur Doppelm li str und wenden.Die letzten beiden R so lange wdh, bis sich auf beiden Nd jeweils 10 Doppelm befinden und mittig nur noch 10 M liegen.
Über die M aller Nd 2 Rd re M str, dabei darauf achten, die Doppelm jeweils als eine M zu str.

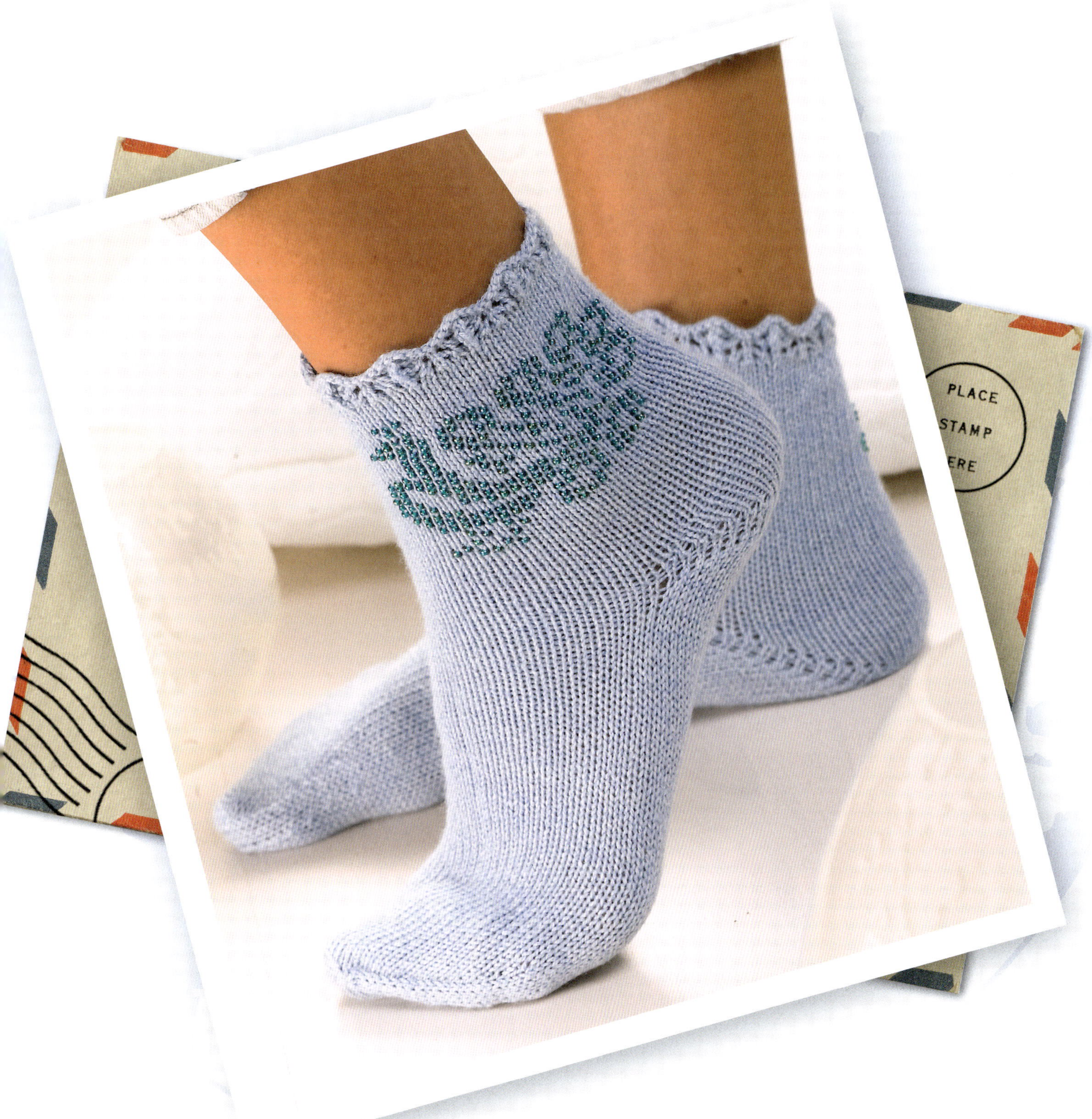
PLACE
STAMP

Für den unteren Teil der Bumerang-Ferse wieder nur über die zusammengefassten M der Nd 1 und 4 str. Dazu 21 M re str und wenden. 1 M als Doppelm abheben, 11 M li str und wenden.

Hinr: 1 M als Doppelm abheben, alle M bis einschließlich der Doppelm aus der unteren R re str, 1 weitere M re str und wenden.

Rückr: 1 M als Doppelm abheben, alle M bis einschließlich der Doppelm aus der unteren R li str, 1 weitere M li str und wenden.

Die letzten beiden R wdh bis die beiden äußeren M als Doppelm vorliegen.

Die M wieder auf 4 Nd verteilen (15+15+15+15 M). Für den Fuß weiter glatt re in Rd str.

SPITZE

Nach einer Fußlänge von 19,5–20 cm die erste **Abnahme-Rd** der Bandspitze arbeiten:

Alle M re str, dabei mit Nd 1 und mit Nd 3 die zweit- und drittletzte M re zusammenstr und mit Nd 2 und mit Nd 4 die 2. und 3. M nacheinander wie zum Rechtsstr abheben, wieder zurück auf die li Nd heben und beide M re zusammenstr.

Diese Abnahme-Rd noch einmal in jeder 4. Rd, 2x in jeder 3. Rd, 3x in jeder 2. Rd und 6x in jeder Rd wdh.

Den Faden trennen, durch die restlichen 8 M ziehen und von innen gut vernähen.

Die **zweite Socke** ebenso arbeiten.

HINWEISE ZUM STRICKEN DER GRÖSSEN 36/37 UND 40/41

Für die Größe 36/37 nach Anleitung arbeiten, aber die Bandspitze nach einer Fußlänge von 18,5–19 cm beginnen.

Für die Größe 40/41 nach Anleitung arbeiten, aber die Bandspitze nach einer Fußlänge von 20,5–21 cm beginnen.

ZACKENMUSTER

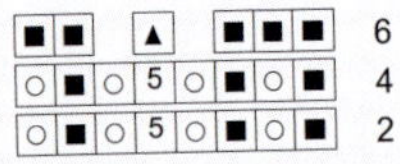

Der Rapport reduziert die M-Zahl von 8 auf 6 M

■ = 1 M glatt re, in der folgenden Rückr li str
○ = 1 U, in der folgenden Rückr li str
▲ = 3 M re zusammenstr: 2 M gleichzeitig wie zum Rechtsstr abh, 1 M re str, dann die abgehobenen M überziehen, in der folgenden Rückr li str
5 = 5 M re zusammenstr: 3 M gleichzeitig wie zum Rechtsstr abh, 2 M re zusammenstr, dann die abgehobene M überziehen, in der folgenden Rückr li str

PFAU

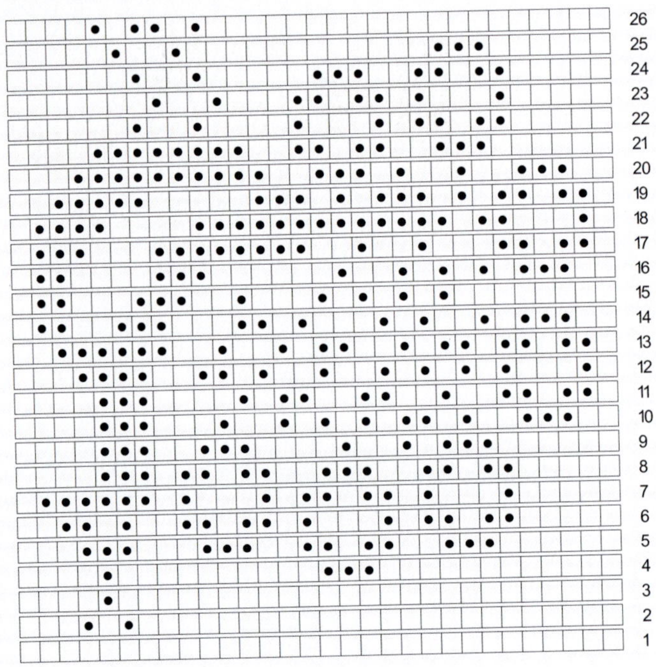

Rapport = 28 M (285 Rocailles pro Motiv)

□ = 1 M glatt re
• = 1 M glatt re mit einer eingestr Rocaille-Perle

Metropole der Mode

SCHWIERIGKEITSGRAD

GRÖSSE
38–40

MATERIAL
Regia 4-fädig: 100 g in Color Green Stripes Color (Fb 3708)

2 (oder 4) Rundstricknadeln 2–2,5 mm, 60 cm lang

Nadelspiel 2–2,5 mm

Die Nadelstärke so wählen, dass die angegebene Maschenprobe erreicht wird!

Häkelnadel

Stick- oder Wollnadel ohne Spitze

2 Maschenmarkierer

Häkelnadel 3 mm

etwas stärkeres (Baumwoll-)Garn in einer Kontrastfarbe

Tesafilm

MASCHENPROBE
glatt re 30 M und 40 R = 10 cm x 10 cm

BASICS
Offener Anschlag
Seite 121
Maschenstich
Seite 125

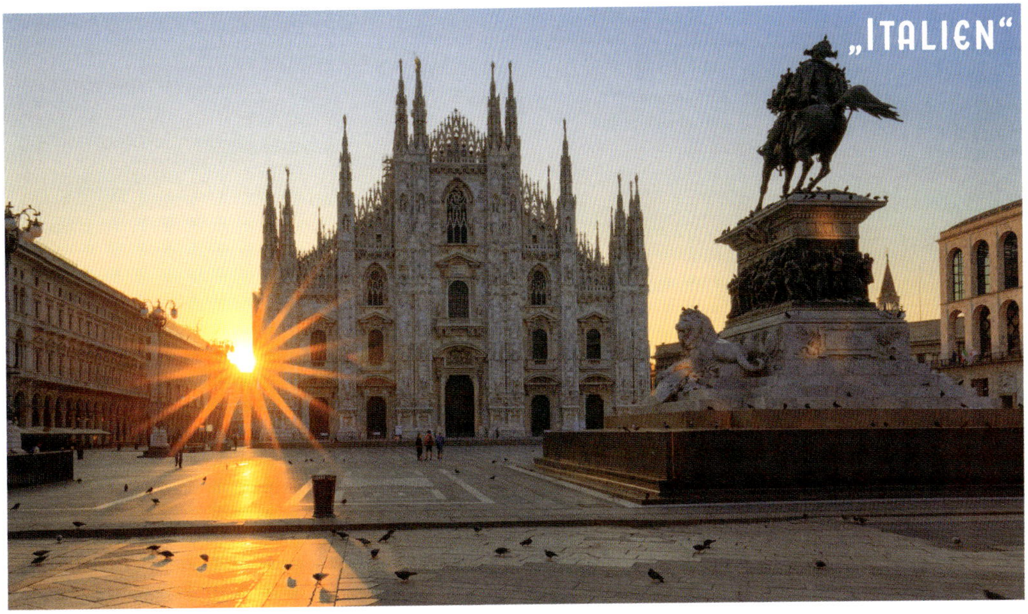

In Italien lockerte sich die regelmäßige Kachelstruktur der von Spanien kommenden Jacquards. Es finden sich mehr Einzelmotive, die nicht mehr nur für den liturgischen Bedarf erstellt wurden. Mit lebensfroher Farbenpracht kamen nun auch Blumenjacquards auf, es wurden aber auch gerne bunte Strukturmuster gearbeitet.
Die heute in der Modewelt sehr beliebten Muster im Stil von Missoni sind in vielen Farben gemustert und geben einen guten Eindruck der Farbigkeit wieder.

BÜNDCHENMUSTER
* 2 M re, 2 M li, ab * stets wdh.

ZUNAHME
1 M re verschränkt aus dem Querfaden herausstr

RANDMASCHEN
Aus dem Baumwollgarn 2 ca. 40 cm lange Fäden schneiden und an einem Ende eng mit Tesafilm umkleben. Alternativ 2 weitere Rundstricknadeln verwenden.
Am Ende jeder R vor der letzten M 1 M re verschränkt aus dem Querfaden zunehmen, die letzte M im Muster str. Nach dem Wenden die erste M auf dem mit Klebestreifen präparierten Hilfsfaden oder auf einer separate Rundstricknadel stilllegen.

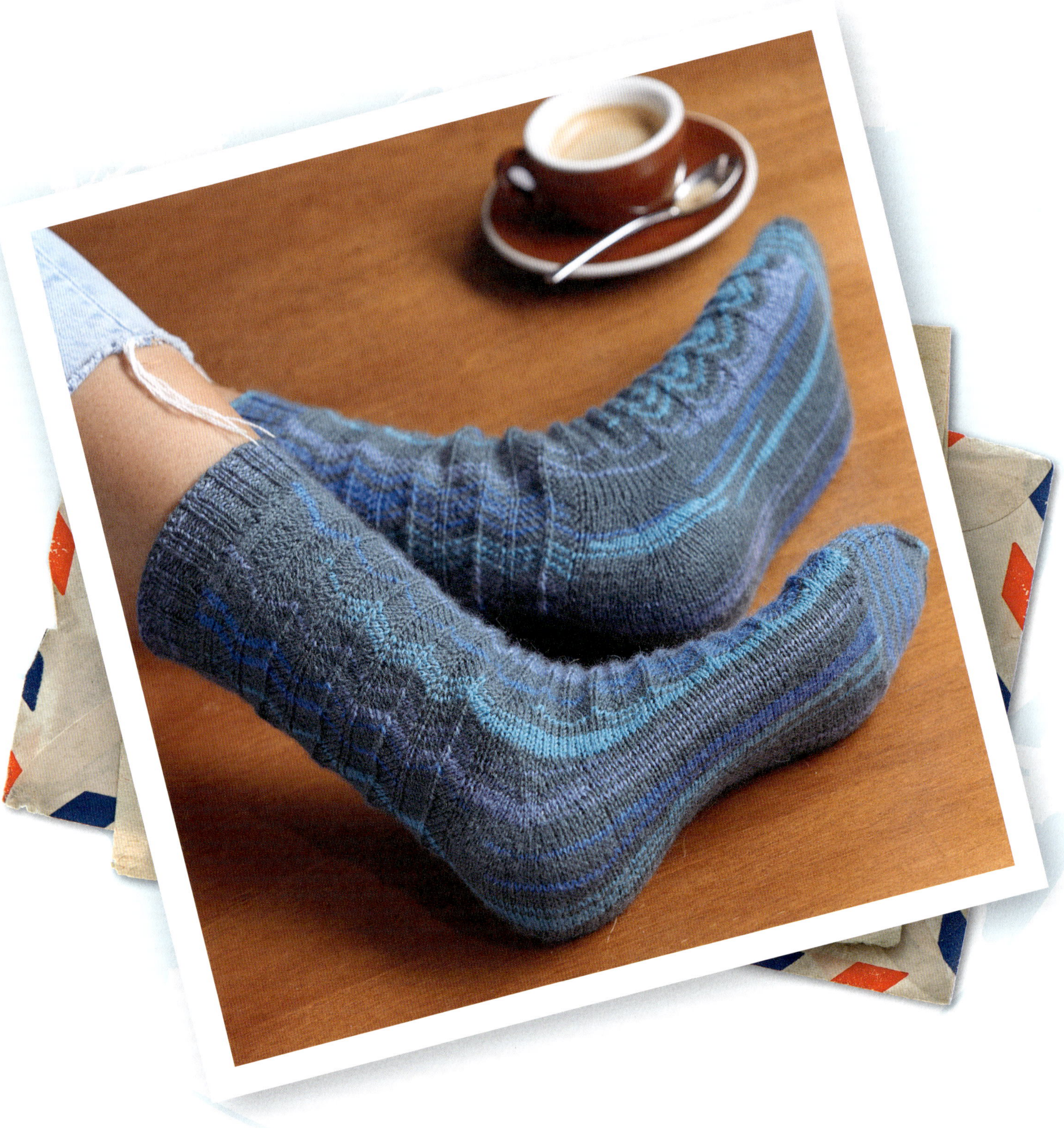

ZICK-ZACK-MUSTER, ZICK-ZACK-ABNAHME, ZICK-ZACK-ZUNAHME

Siehe Strickschrift auf Seite 59. Es sind die Hinr gezeichnet, in den Rückr alle M li str, Umschläge li verschränkt str.

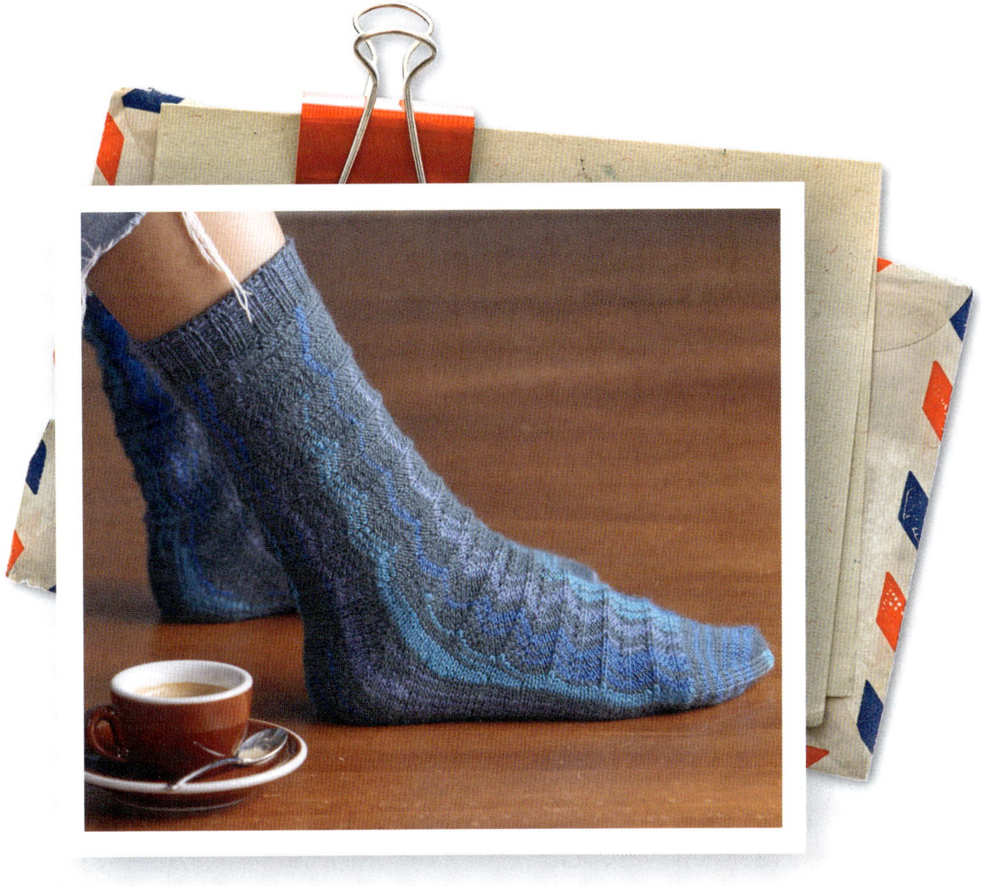

ANLEITUNG

Die Socke wird zunächst quergestrickt. Alle Randm auf die beschriebene Art arbeiten, um später saubere Übergänge zur Spitze und zum Bündchen zu erhalten.

Mit dem Hilfsgarn eine Luftmaschenkette von 120 M häkeln und den Faden locker verknoten. Mit dem Sockengarn aus den querliegenden Rippen auf der Rückseite der Luftmaschenkette jeweils eine neue M herausstr, bis sich 111 M auf der Rundstricknadel befinden.

1 R li M str.

40 R im Zick-Zack-Muster arbeiten, dabei die Randm wie beschrieben auf den Hilfsfäden auffassen. Auf jedem Hilfsfaden befinden sich 20 Randm.

In der folgenden R die M-Zahl für die glatt re gestrickte Sohle reduzieren: 54 M nach Muster str (die letzte M ist die doppelte Abn des Rapports), über die folgenden M Zick-Zack-Abnahmen str (= 100 M).

1 Rückr li M str, dabei alle Umschläge verschränkt abstr.

SPICKEL 1

49 M im Zick-Zack-Muster str, 1 Maschenmarkierer auf die Nd hängen, 25 M re str, wenden, die 1. M als Doppelm abheben und die Rückr bis zum Reihenende str.

Noch 4x alle M bis zur Markierung nach Muster str, dann beim ersten Mal noch weitere 20 M, beim 2. Mal 15 M, beim 3. Mal 10, beim 4. Mal 5 M re str, wenden, die 1. M als Doppelm abheben und die Rückr bis zum Reihenende str.

FERSE

In allen folgenden Rückr alle M li, alle Umschläge verschränkt abstr.

1. Fersen-R (Hinr): Die M bis zur Markierung im Muster str, 3 M re, 1 Zunahme, 3 M re, 1 Zunahme, 3 M re, einen 2. Maschenmarkierer einhängen, die restlichen M bis zum Reihenende re str (= 2 Zunahmen).

3. Fersen-R (Hinr): Die M bis zur Markierung im Muster str, 4 M glatt re str, 1 Zunahme, 3 M re, 1 Zunahme, 4 M glatt re (Markierung), mit einer Doppelm wenden, bis zur nächsten Markierung li str, mit einer Doppelm wenden, bis zum Reihenende re str (= 2 Zunahmen).

5. Fersen-R (Hinr): Die M bis zur Markierung im Muster str, die folgenden M glatt re str, dabei vor und nach den mittleren 3 M zwischen den Markierungen je 1 M zunehmen und die restlichen M bis zum Reihenende re str (= 2 Zunahmen).

7. Fersen-R (Hinr): Die M bis zur Markierung im Muster str, die folgenden M glatt re str, dabei vor und nach den mittleren 3 M zwischen den Markierungen je 1 M zunehmen, bis zur 2. Markierung str, mit einer Doppelm wenden, bis zur nächsten Markierung str, mit einer Doppelm wenden und bis zum Reihenende re str (= 2 Zunahmen).

Die 1.–8. Fersen-R einmal arbeiten, dann die 5.–8. Fersen-R noch 2x wdh (16 Fersenzunahmen in 16 R = 116 M).

8 R ohne Zunahmen über alle M str, dabei in den Hinr bis zur 1. Markierung im Zick-Zack-Muster, alle folgenden Fersen- und Sohlen-M glatt re. In den Rückr weiterhin alle M li, alle Umschläge verschränkt abstr.

25. Fersen-R (Hinr): Die M bis zur ersten Markierung im Muster str, 10 M re, 2 M re zusammenstr, 1 M re, 2 M re überzogen zusammenstr, 10 M bis zur Markierung re, mit einer Doppelm wenden, bis zur zweiten Markierung li str, mit einer Doppelm wenden und alle M bis zum Reihenende re str (2 Abnahmen).

27. Fersen-R (Hinr): Die M bis zur ersten Markierung im Muster str, 9 M re, 2 M re zusammenstr, 1 M re, 2 M re überzogen zusammenstr und alle M bis zum Reihenende re str (2 Abnahmen).

29. Fersen-R (Hinr): Die M bis zur ersten Markierung im Muster str, die M bis zur ersten Abnahmestelle re, 2 M re zusammenstr, 1 M re, 2 M re überzogen zusammenstr, die M bis zur zweiten Markierung re, mit einer Doppelm wenden, bis zur nächsten Markierung li str, mit einer Doppelm wenden und alle M bis zum Reihenende re str (2 Abnahmen).

31. Fersen-R (Hinr): Die M bis zur ersten Markierung im Muster str, die M bis zur ersten Abnahmestelle re, 2 M re zusammenstr, 1 M re, 2 M re überzogen zusammenstr und alle M bis zum Reihenende re str (2 Abnahmen).

Die 25.–32. Fersen-R einmal arbeiten, dann die 29.–32. Fersen-R noch 2x wdh (16 Fersenabnahmen in 16 R = 100 M).

SPICKEL 2

Alle M bis zur ersten Markierung im Muster str, 5 M re str, mit einer Doppelm wenden und die Rückr bis zum Reihenende li str.

Noch 4x alle M bis zur ersten Markierung im Muster str, dann beim ersten Mal noch weitere 10 M, beim 2. Mal 15 M, beim 3. Mal 20 M, beim 4. Mal 25 M re str, mit einer Doppelm wenden und die Rückr bis zum Reihenende li str. Sobald dabei die zweite Markierung erreicht wird, kann sie entfernt werden.

In der folgenden Hinr die 49 M bis zur Markierung im Muster str, die Markierung entfernen, und über die folgenden M die Zick-Zack-Zunahmen arbeiten (= 111 M).

In der folgenden Rückr alle M li und alle Umschläge li verschränkt abstr. Das Faden in einer Länge von ca. 80 cm abtrennen.

Die Luftmaschenkette vorsichtig lösen und die freiwerdenden M sofort auf einer zweiten Rundstrick-Nd auffangen. Beide Nd parallel halten und die offenen M mit Hilfe einer stumpfen Sticknadel im Maschenstich schließen.

BÜNDCHEN

Die stillgelegten 52 Randm für das Bündchen vom Hilfsfaden oder der separaten Rundstricknadel gleichmäßig verteilt auf ein Nadelspiel heben (13+13+13+13 M).

1 Rd re M str, dabei die querliegende Schlinge vor jeder M mit auf die Nd heben und M und aufgenommene Schlinge re zusammenstr und gleichzeitig 12x nach jeder 4. M eine M rechts verschränkt aus der M zwischen 2 Randm herausstr (16+16+16+16 M).

15 Rd im Bündchenmuster str, dann alle M locker abketten.

SPITZE

Die 42 Randm für die Spitze vom Hilfsfaden auffassen und auf ein Nadelspiel verteilen (11+10+11+10 M).

Den Faden an Nd 1 in der unteren Mitte ansetzen.

In der ersten Rd zu jeder M die Schlinge der übergezogenen M aus der unteren R mit auf die Nd heben und re zusammenstr, dabei gleichzeitig:

Nd 1 und 3: 1 M re, 1 M re verschränkt aus dem Querfaden herausstr, * 2 M re, 1 M re verschränkt aus dem Querfaden herausstr, ab * 5x arbeiten.

Nd 2 und 4: * 2 M re, 1 M re verschränkt aus dem Querfaden herausstr, ab * 5x arbeiten (17+15+17+15 M).

1 Rd re M str, dabei die M zu je 16 M pro Nd verteilen (16+16+16+16 M).

Abnahme-Rd: Alle M re str, dabei auf den Nd 1 und 3 die zweit- und drittletzte M re zusammenstr und die letzte M glatt re str, und auf den Nd 2 und 4 die 1. M glatt re str, die 2. und 3. M nacheinander wie zum Rechtsstr abheben, wieder zurück auf die li Nd heben und beide M re zusammenstr (15+15+15+15 M).

Die Abnahme-Rd noch einmal in jeder 4. Rd, 2x in jeder 3. Rd, 3x in jeder 2. Rd und 7x in jeder Rd wdh. Den Faden trennen, durch die restlichen 8 M ziehen und alle Fäden von innen gut vernähen.

Die **zweite Socke** ebenso arbeiten.

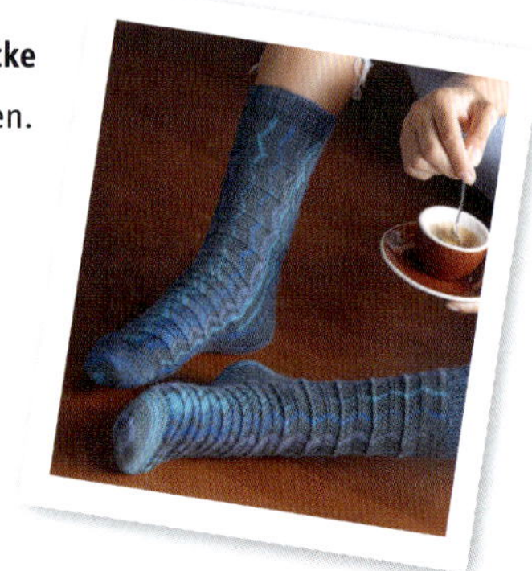

ZICK-ZACK-MUSTER

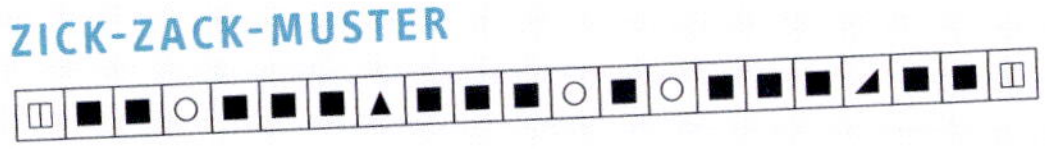

Rapport = 10 M

ZICK-ZACK-ABNAHMEN

reduziert den Rapport von 10 auf 8 Maschen

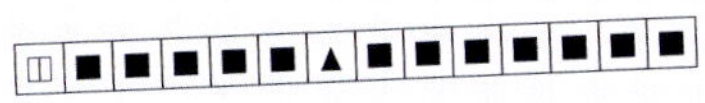

Rapport 5x arbeiten

ZICK-ZACK-ZUNAHMEN

erhöht den Rapport von 8 auf 10 Maschen

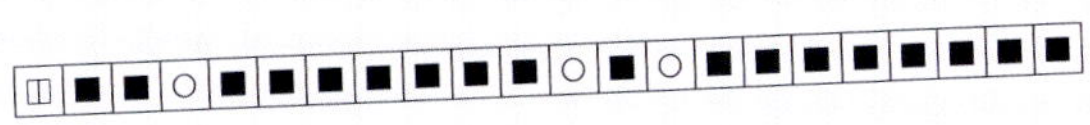

Rapport 5x arbeiten

■ = 1 M glatt re
◫ = 1 Randm
○ = 1 U
▲ = 2 M gleichzeitig wie zum Rechtsstr abheben, 2 M re stricken, die abgehobenen M überziehen
◢ = 2 M re zusammenstr (rechtsgeneigte Abnahme)

Brüsseler Spitze

SCHWIERIGKEITSGRAD

GRÖSSE
38/39
zusätzliche Hinweise zum Stricken der Größen 36/37 und 40/41

MATERIAL
Regia Silk 4-fädig: 100 g in Natur (Fb 0002)

Nadelspiel 2–2,5 mm

Die Nadelstärke so wählen, dass die angegebene Maschenprobe erreicht wird!

Hilfsnadel, z. B. Spielnadel 2 mm

66 Rocailles, ø 2,6 mm, Klar mit Silbereinzug

MASCHENPROBE
im Ajourmuster
32 M und 40 R
= 10 cm x 10 cm

BASICS
Einstricken von Perlen
Seite 124
Rechts- und linksgeneigte Abnahmen
Seite 121
Doppelmaschen
Seite 120

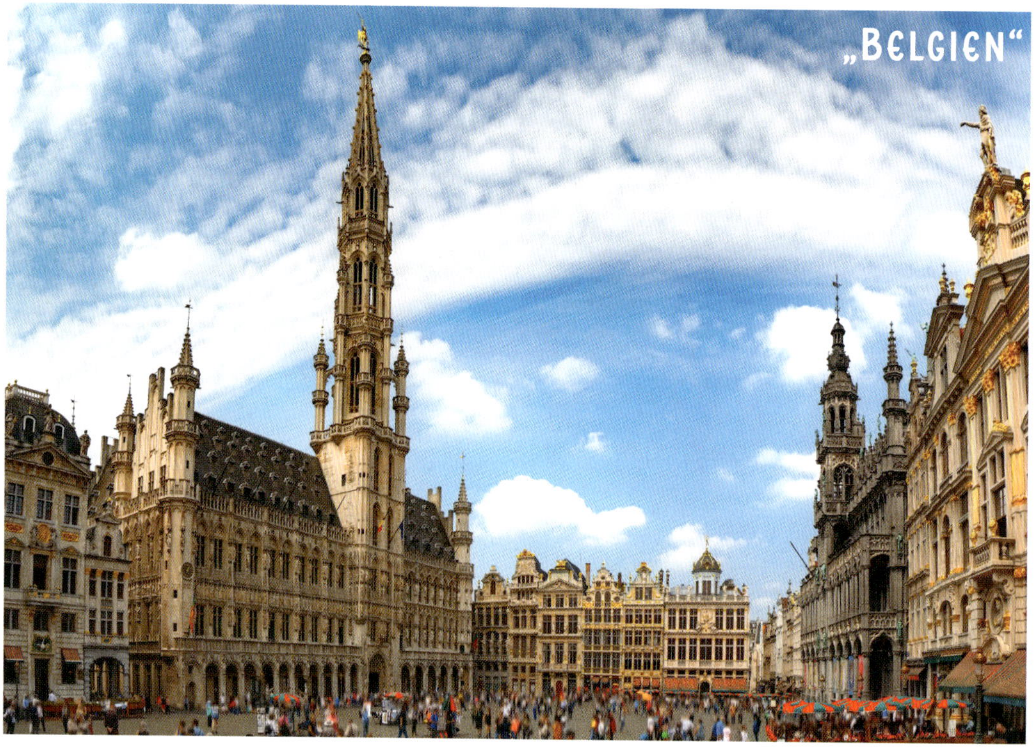

Während in der flämischen Region rund um Brüssel Spitzen geklöppelt werden, war durch den französischen Einfluss das Spitzenstricken in der Wallonie weit verbreitet. Die zarten Farben und die transparente Optik eignen sich hervorragend für romantische und feminine Socken.

BEINMUSTER

Siehe Strickschrift auf Seite 63.

ANLEITUNG

ROCAILLESBÜNDCHEN

33 Rocailles auf das Sockengarn auffädeln und ein Stückchen auf das Garn schieben. 66 M gleichmäßig verteilt auf 4 Nd anschlagen (16+17+16+17 M) und zur Rd schließen. 7 Rd re M str, 1 Rd li und 3 Rd re M str.

Die Rocailles in der folgenden Rd mit einarbeiten:
12. Rd: * 1 Rocaille auf dem Arbeitsfaden an die Nd heranholen, 1 M re str, die Rocaille dabei mit durch die Schlinge ziehen, 1 M re, ab * noch 32x wdh.

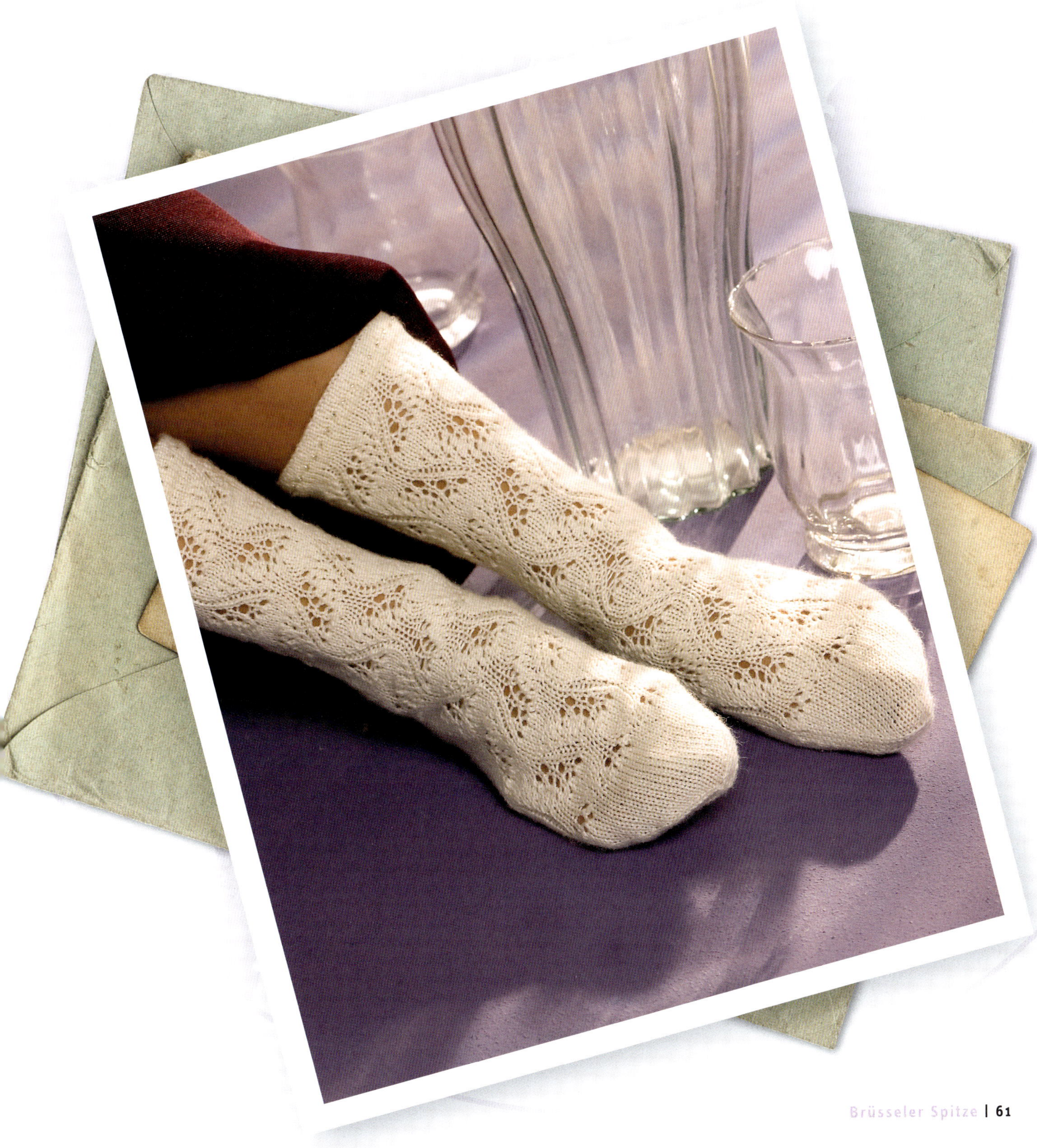

13. Rd: * 1 M re verschränkt, 1 M re str, ab * stets wdh.
2 weitere Rd re M str.

Die Anschlagkante nach innen hochschlagen mit der Rd aus linken M als Bruchkante.
Mit der Hilfsnd die ersten 16 Schlingen der Anschlagkante auffassen, Hilfsnd und 1. Spielnadel parallel halten und jeweils eine M mit ihrer Anschlagschlinge re zusammenstr. Auf diese Weise alle 66 Anschlagschlingen mit den M verbinden.

Weiter nach Strickschrift arbeiten. Zur besseren Übersicht die M nun auf 3 Spielnadeln verteilen (22+22+22 M).

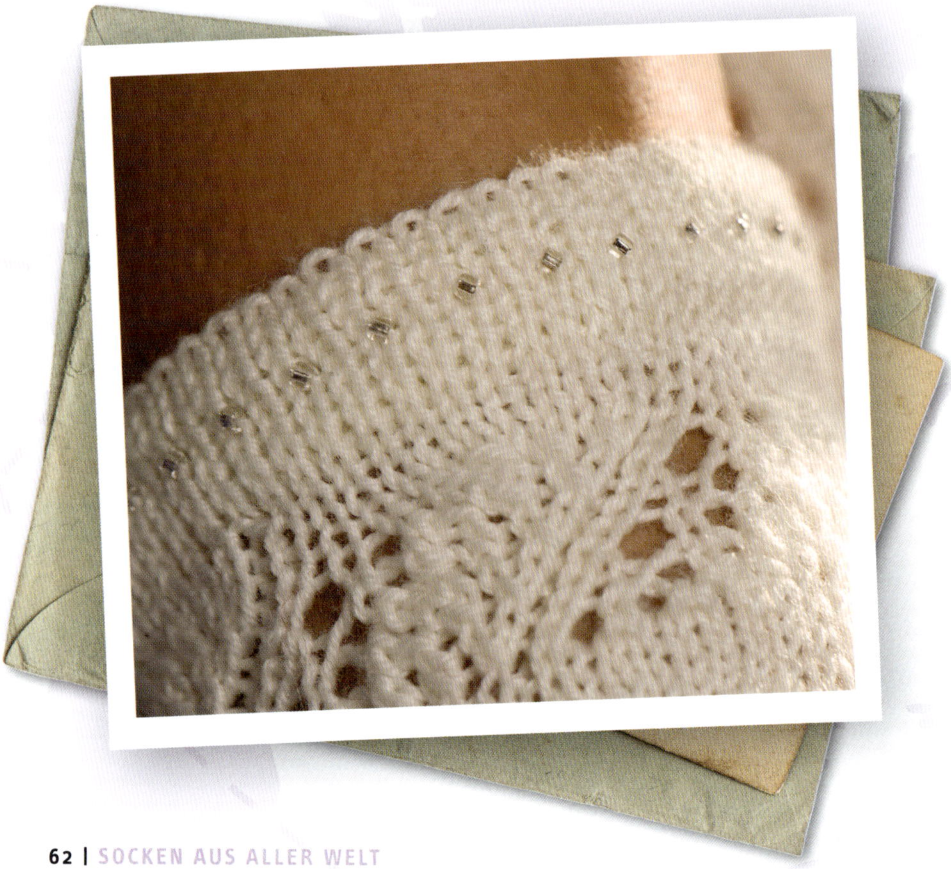

56 Rd nach Strickschrift arbeiten (2x die 1.–28. Rd).

ERHÖHUNG DER BUMERANG-FERSE

Die M wieder auf 4 Nd verteilen und die Ferse platzieren:
Nd 1: 21 M re.
Nd 2: 17 M nach Strickschrift (Rd 1).
Nd 3: 17 M nach Strickschrift (16 M nach Rapport und 1 M li).
Nd 4: 11 M re, noch 5 M von Nd 1 re (16+17+17+16 M).
In dieser Einteilung (Nd 1 und 4 glatt re, Nd 2 und 3 nach Strickschrift) 8 Rd arbeiten.

FERSE

Die Bumerang-Ferse nur über die M der Nd 1 und 4 arbeiten. Dazu in der ersten Hinr alle M der Nd 1 re str und wenden.
Die 1. M als Doppelm abheben, die M der Nd 1 und 4 li str und wenden.
Hinr: Die 1. M als Doppelm abheben, alle M bis zur Doppelm re str und wenden.
Rückr: Die 1. M als Doppelm abheben, alle M bis zur Doppelm li str und wenden.
Die letzten beiden R so lange wdh, bis sich auf beiden Nd jeweils 11 Doppelm befinden und mittig noch 10 M liegen.

Über die M aller 4 Nd 2 Rd str, mit Nd 1 und 4 glatt re, mit Nd 2 und 3 im Beinmuster (9. und 10. Rd) str, dabei darauf achten, die Doppelm jeweils als eine M zu str.

Für den unteren Teil der Bumerang-Ferse wieder nur über die M der Nd 1 und 4 str.
Dazu 22 M re str und wenden.
1 M als Doppelm abheben, 11 M li str und wenden.
Hinr: 1 M als Doppelm abheben, alle M bis einschließlich der Doppelm aus der unteren R re str, 1 weitere M re str und wenden.
Rückr: 1 M als Doppelm abheben, alle M bis einschließlich der Doppelm aus der unteren R li str, 1 weitere M li str und wenden.
Die letzten beiden R wdh, bis die beiden äußeren M als Doppelm vorliegen.

Für den Fuß weiter in Rd über die M aller 4 Nd str, die M der Nd 1 und 4 (Sohle) glatt re, die M der Nd 2 und 3 (Oberfuß) im Beinmuster.
Bei einer Fußlänge von 19,5–20 cm nach einer geraden Rd der Strickschrift 1 Rd re M str, dabei die 2. und 3. M von Nd 2 re zusammenstr

und die zweit- und drittletzte M von Nd 3 wie zum Rechtsstr abheben, wieder zurück auf die li Nd heben und re verschränkt zusammenstr (16+16+16+16 M).

SPITZE

Abnahme-Rd: Alle M re str, dabei mit Nd 1 und mit Nd 3 die zweit- und drittletzte M re zusammenstr und mit Nd 2 und mit Nd 4 die 2. und 3. M nacheinander wie zum Rechtsstr abheben, wieder zurück auf die li Nd heben und re verschränkt zusammenstr.

Diese Abnahme-Rd noch einmal in jeder 4. Rd, 2x in jeder 3. Rd, 3x in jeder 2. Rd und 7x in jeder Rd wdh. Den Faden trennen, durch die restlichen 8 M ziehen und von innen gut vernähen.

Die **zweite Socke** ebenso arbeiten.

HINWEISE ZUM STRICKEN DER ANDEREN GRÖSSEN

Für die Größe 36/37 ein 4-fädiges Schurwoll-Sockengarn ohne Seiden- oder Baumwollanteil und eine kleinere Nadelstärke wählen. Nach Anleitung arbeiten, dabei die Bandspitze nach einer Fußlänge von 18,5–19 cm nach einer geraden Rd beginnen.

Für die Größe 40/41 nach Anleitung arbeiten, dabei die Bandspitze nach einer Fußlänge von 20,5–21 cm nach einer geraden Rd beginnen.

BEINMUSTER

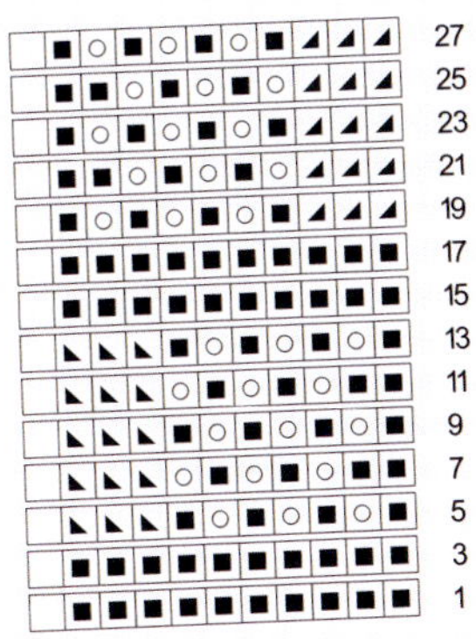

Rapport = 11 M

■ = 1 M re, in der folgenden Rückr li str
□ = 1 M li, in der folgenden Rückr re str
○ = 1 U, in der folgenden Rückr li str
◢ = 2 M re zusammenstr (rechtsgeneigte Abnahme), in der folgenden Rückr li str
◣ = 2 M nacheinander wie zum Rechtsstr abheben, zurück auf die li Nd heben und re verschränkt zusammenstr (linksgeneigte Abnahme), in der folgenden Rückr li str

Im Trachtenlook

SCHWIERIGKEITSGRAD

GRÖSSE
38/39
zusätzliche Hinweise zum Stricken der Größen 36/37 und 40/41

MATERIAL
Regia 4-fädig: 100 g in Natur (Fb 1992), 50 g in Kirsche (Fb 2002) und 50 g in Tanne (Fb 0327)

Nadelspiel 2,5–3 mm

Die Nadelstärke so wählen, dass die angegebene Maschenprobe erreicht wird!

Häkelnadel 3 mm

ca. 2 m kontrastfarbenes Baumwollgarn in passender Stärke

MASCHENPROBE
im Ajourmuster
30 M und 40 R
= 10 cm x 10 cm

BASICS
Doppelmaschen
Seite 120
Rechts- und linksgeneigte Abnahmen
Seite 121
Offener Anschlag
Seite 121

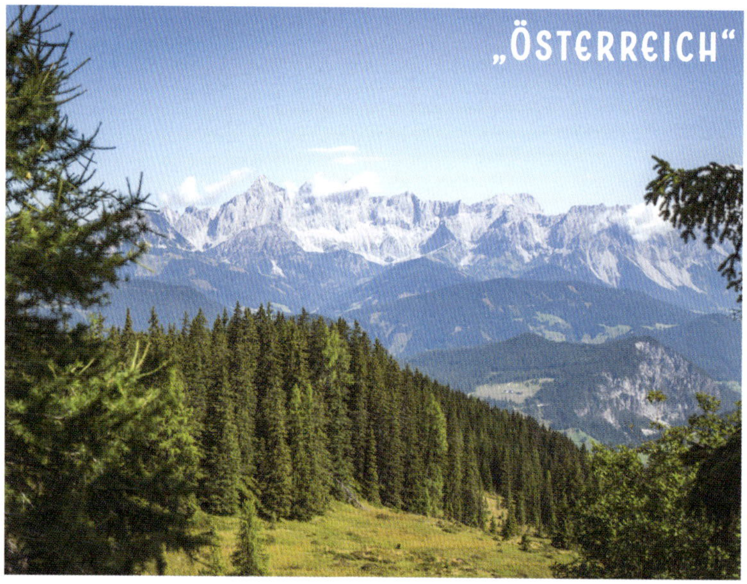

Während die Region um Wien sehr berühmt wurde für ihre Spitzenstrickerei, entwickelten sich in der alpenländischen Gegend aus der alltäglichen Notwendigkeit warmer, robuster Kleidung Muster aus dem täglichen Leben wie Blumen, Tannen, Tiere und Menschen in den typischen Farben Natur, Rot und Dunkelgrün.

BÜNDCHENMUSTER
* 1 M re verschränkt, 1 M li, ab * wdh.

AJOURMUSTER
Siehe Strickschrift auf Seite 67.
Die M und Umschläge in allen geraden Rd re str.

TULPENMUSTER 1, TULPENMUSTER 2
Siehe Strickschriften auf Seite 67.

ANLEITUNG

Die Socke wird unterhalb der Spitze begonnen und entgegen der üblichen Strickrichtung gearbeitet. Aus dem Baumwollgarn eine Luftm-Kette von ca. 70 Luftmaschen häkeln und das Ende locker verknoten. Die Luftm-Kette auf die Rückseite drehen. Mit dem Nadelspiel und dem Sockengarn in Natur aus den Querfäden auf der Rückseite der Luftm insgesamt 60 M aufnehmen und gleichmäßig auf 4 Nd verteilen (15+15+15+15 M). Zur Rd schließen und 1 Rd glatt re über alle M str.

Die M der Nd 1 und 4 für die Sohle glatt re, die M der Nd 2 und 3 im Ajourmuster str.
In dieser Mustereinteilung 40 Rd arbeiten (2x die 1.–20. Rd des Ajourmusters).

FERSE
Über die M der Nd 1 und 4 eine Bumerang-Ferse str. Dafür die M der Nd 1 re str und wenden. Die 1. M als Doppelm abheben, die M der Nd 1 und 4 li str und wenden (30 M).

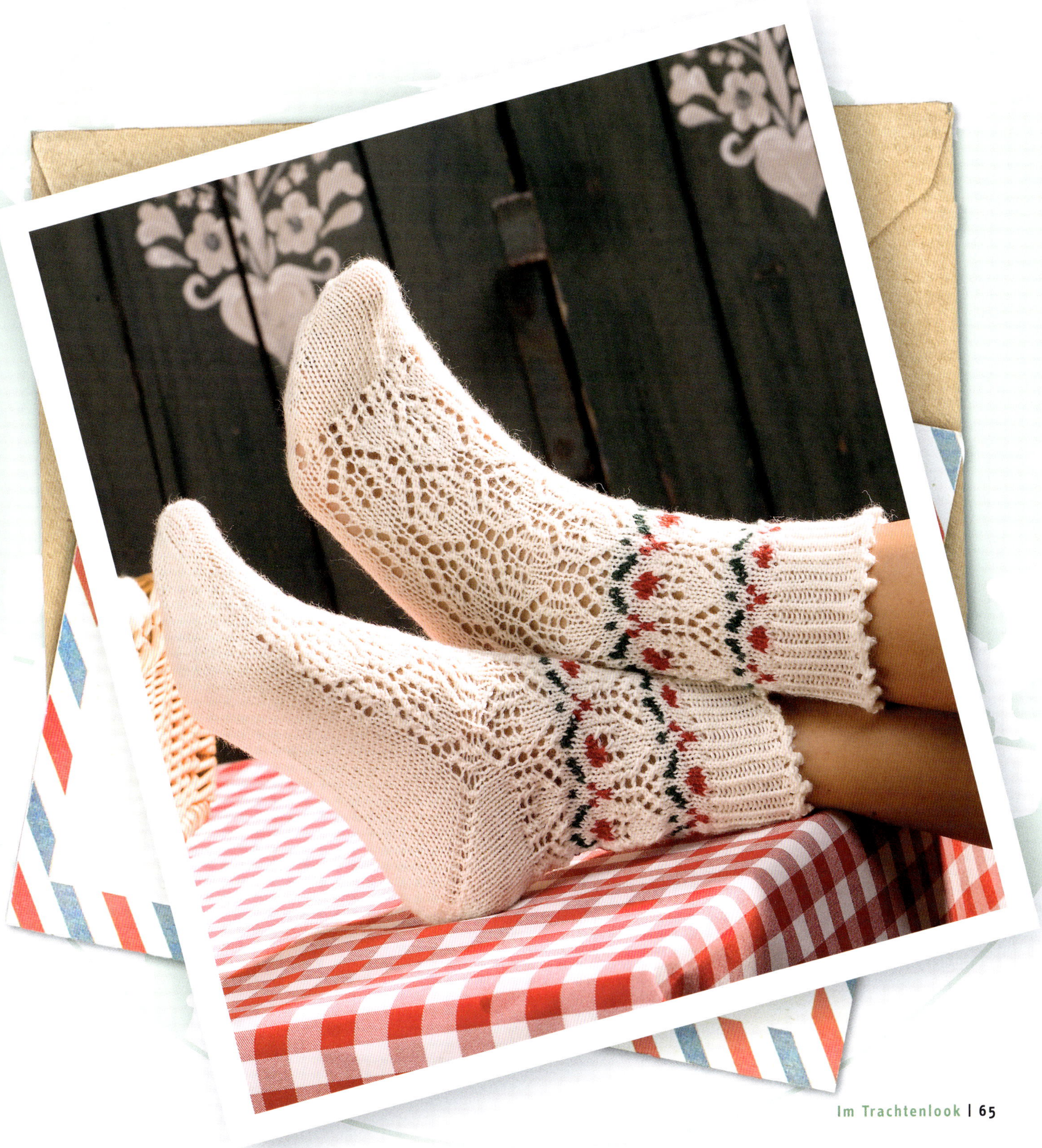

Hinr: Die 1. M als Doppelm abheben, alle M bis zur Doppelm re str und wenden.
Rückr: Die 1. M als Doppelm abheben, alle M bis zur Doppelm li str und wenden.
Die letzten beiden R so oft wdh, bis sich auf beiden Nd jeweils 10 Doppelm befinden und mittig noch 10 M liegen.
Dann 2 Rd über die M aller 4 Nd str, die Fersen-M und Doppelm glatt re str, die M der Nd 2 und 3 weiter im Ajourmuster str (1. und 2. Rd).

Für den unteren Teil der Bumerang-Ferse wieder nur über die zusammengefassten M der Nd 1 und 4 str. Dazu 21 M re str und wenden.
1 M als Doppelm abheben, 11 M li str und wenden.
Hinr: 1 M als Doppelm abheben, alle M bis einschließlich der Doppelm aus der unteren R re str, 1 weitere M re str und wenden.
Rückr: 1 M als Doppelm abheben, alle M bis einschließlich der Doppelm aus der unteren R li str, 1 weitere M li str und wenden.
Die letzten beiden R wdh, bis die beiden äußeren M als Doppelm vorliegen.

Nach der Ferse wieder in Rd für den Schaft str, dabei die M der Nd 2 und 3 weiter im Ajourmuster, die M der Nd 1 und 4 noch über 8 Rd glatt re str, um die Bumerang-Ferse optisch zu erhöhen.
Die 11.–20. Rd des Ajourmusters über die M aller 4 Nd arbeiten.

10 Rd im Tulpenmuster 1 arbeiten.
Die 1.–10. Rd des Ajourmusters str.
10 Rd im Tulpenmuster 2 arbeiten.
1 Rd glatt re str.
4 cm im Bündchenmuster arbeiten.

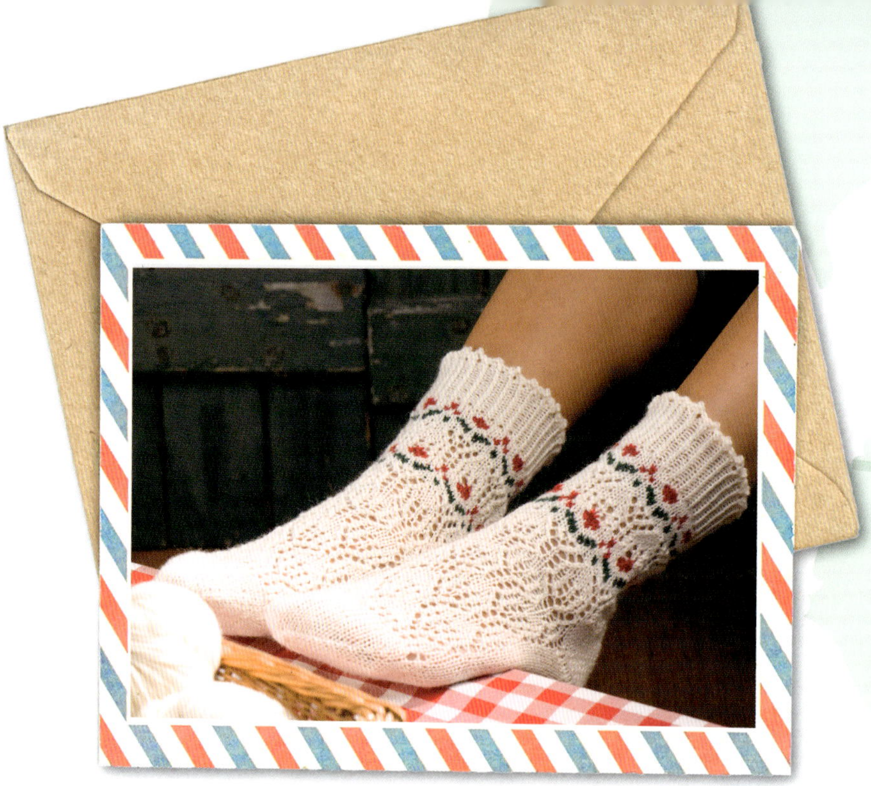

Die M des Bündchens zur besseren Elastizität abhäkeln und gleichzeitig Picots einarbeiten: Mit der Häkelnadel in die 1. M einstechen, 1 feste M häkeln, * 3 Luftm, in die 1. der 3 Luftm einstechen und eine Kettm häkeln, die 3 folgenden M mit je einer festen M abhäkeln.
Ab * wdh.

BANDSPITZE

Die Luftmaschenkette an der Fußspitze vorsichtig lösen und M für M mit dem Nadelspiel auffangen (15+15+15+15 M).
Die Spitze glatt re in Natur arbeiten.
Abnahme-Rd:
Nd 1 und 3: Glatt re str, dabei die zweit- und drittletzte M re zusammenstr.
Nd 2 und 4: Glatt re str, dabei die 2. und 3. M nacheinander wie zum Rechtsstr abheben, wieder zurück auf die li Nd heben und beide M re zusammenstr.
Diese Abnahme-Rd noch einmal in der 4. Rd, 2x in jeder 3. Rd, 3x in jeder 2. Rd und 6x in jeder Rd wdh.
Den Faden trennen, durch die restlichen 8 M ziehen und alle Fäden von innen gut vernähen.
Die **zweite Socke** ebenso arbeiten.

HINWEISE ZUM STRICKEN DER GRÖSSEN 36/37 UND 40/41

Für die Größe 36/37 nicht zu locker str, eventuell eine kleinere Nadelstärke wählen und die Bandspitze nach einer Fußlänge von 18,5–19 cm und 34 Rd Ajourmuster arbeiten.
Für die Größe 40/41 die Bandspitze nach einer Fußlänge von 20,5–21 cm und 44 Rd Ajourmuster beginnen.

AJOURMUSTER

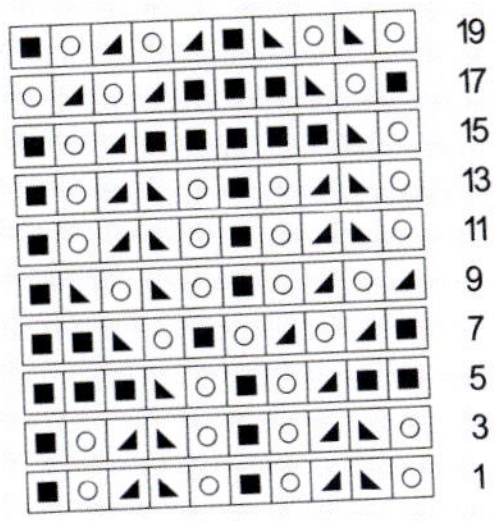

Rapport = 10 M

■ = 1 M glatt re
○ = 1 Umschlag
◢ = 2 M re zusammenstr (rechtsgeneigte Abnahme)
◣ = 2 M nacheinander wie zum Rechtsstr abheben, wieder zurück auf die li Nd heben und beide re zusammenstr (linksgeneigte Abnahme)

TULPENMUSTER 1

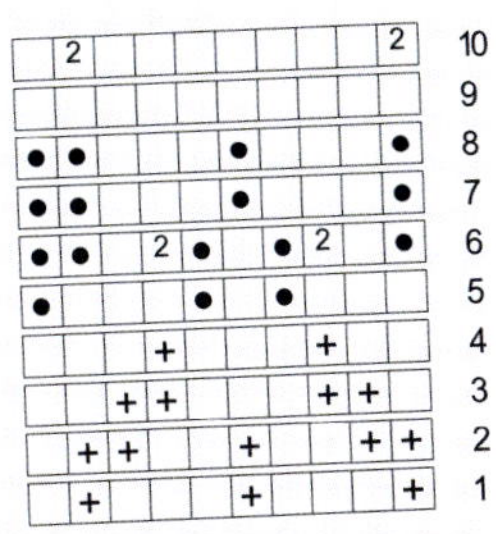

Rapport = 10 M

TULPENMUSTER 2

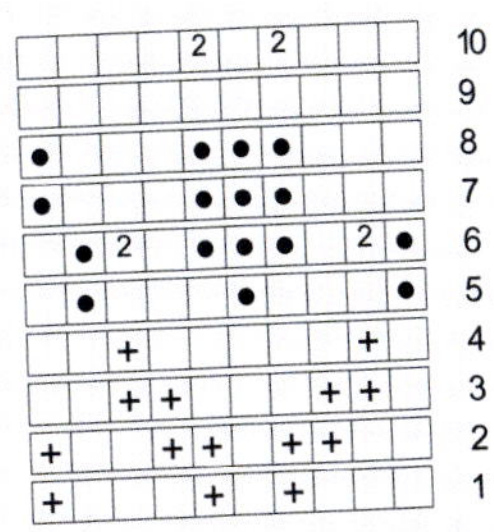

Rapport = 10 M

□ = in Natur 1 M rechts in Natur
2 = in Natur 1 M rechts 2 R tiefergestochen
● = in Kirsche 1 M rechts
+ = in Tanne 1 M rechts

IM KLASSISCHEN KELIM-STIL

SCHWIERIGKEITSGRAD

GRÖSSE
38–40

Regia 4-fädig: 50 g in Natur (Fb 1992), je 50 g (oder Reste) in Hochrot (2054), Fuchsia (Fb 1051), Dunkelbraun (Fb 2903), Loden (Fb 1994), in Aubergine (Fb 1055) und Fuchs (Fb 2748) und

Regia 4-fädig Color: 100 g (oder Reste) in Blue Stripes Color (Fb 3707)

Nadelspiel 2–2,5 mm,

alternativ 2 Rundstricknadeln, 60 cm lang

Die Nadelstärke so wählen, dass die angegebene Maschenprobe erreicht wird!

Sticknadel mit Spitze

Häkelnadel

2 Hilfsfäden aus etwas stärkerem (Baumwoll-) Garn

MASCHENPROBE
im Jacquardmuster
36 M und 40 R
= 10 cm x 10 cm

BASICS
Jacquardtechnik Seite 122
Offener Anschlag Seite 121
Baltisches Flechtband Seite 125

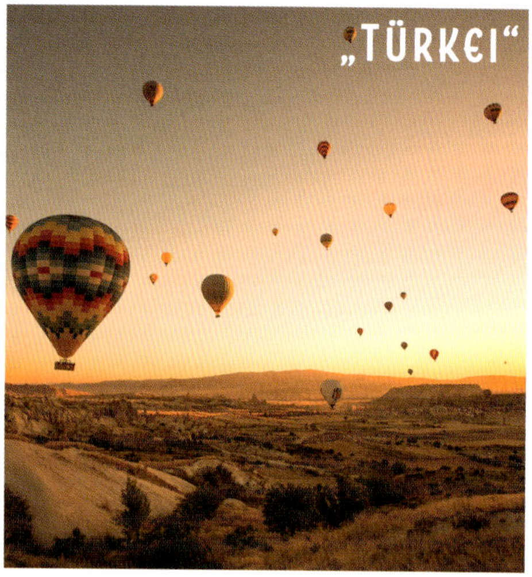

Traditionelle türkische Strickmuster schöpfen eine große Farbpalette aus. Für die üppige Farbenpracht wird oft mit 6 oder 8 Farben gearbeitet. Kombinierte Muster aus Streifen, Rauten, Sternen und Kachelmustern, häufig noch bestickt und mit wechselnder Grundfarbe machen solche Designs zu kleinen Kunstwerken. In der Türkei werden Socken an der Spitze begonnen und zum Bündchen hoch gestrickt. Die letzten Fäden wurden oft gar nicht vernäht, sondern blieben einfach außen sichtbar hängen. Im Laufe der Zeit wurden diese Fädchen durch immer schmuckvollere Bändchen, Kordeln oder Zöpfe ersetzt und häufig mit Quasten und Perlen verziert.

BEINMUSTER, FERSENMUSTER

Siehe Strickschriften auf Seite 71 und 72.
Die Anleitung beschreibt die Farbfolge.

OBERFUSS UND SOHLE

Siehe Strickschrift. Sind keine separaten Sohlen-Maschen notiert, werden sie gestrickt wie die Oberfußmaschen. Ab der 44. Rd (= Fußspitze) die beiden Fäden jeweils beim Nadelübergang von Sohle und Oberfuß miteinander verdrehen, damit die Spitze nicht zu eng wird. Die Anleitung beschreibt die Farbfolge.

Aus dem Color-Garn werden Farbstreifen in Olive, Türkis und Mittelblau verwendet.

Tipp: Für die Streifenfolge lassen sich sehr gut Garnreste aufbrauchen. Alternativ bietet sich auch ein gestreifte Garn oder ein Garn mit Farbverlauf als Kontrastfarbe an, bei dem der Faden dann nicht getrennt werden muss.

ANLEITUNG

78 M in Hochrot auf 4 Nd verteilt anschlagen und zur Rd schließen (20+19+20+19 M).

Für das Flechtband:

1. Rd: Abwechselnd 1 M re in Hochrot und 1 M re in Natur re str. Den Faden in Hochrot trennen.

2. Rd: Beide Fäden vor die Arbeit legen, 1 M re in Aubergine str, den Faden wieder vor die Arbeit legen, * den Faden in Natur von re unter dem gerade gestrickten Faden in Aubergine hervorholen, 1 M in Natur re str, den Faden wieder vor die Arbeit legen, den Faden in Aubergine von re unter dem gerade gestrickten Faden in Natur hervorholen, 1 M in Aubergine re str und den Faden wieder vor die Arbeit legen, ab * stets wdh.

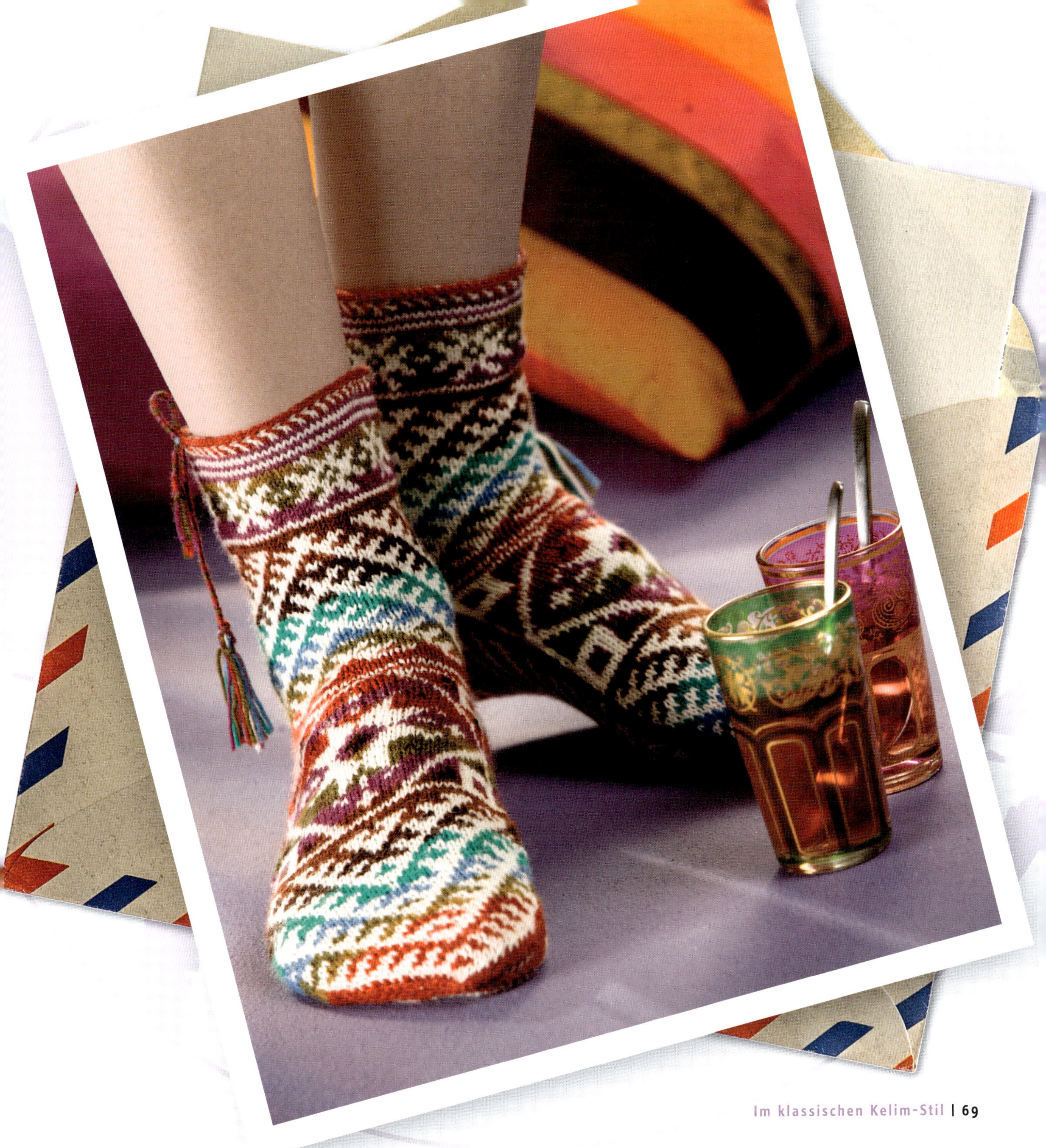

Es ist hilfreich, die beiden Knäuel etwa 1 m weit auseinander zu legen und die Verdrehungen der Fäden immer wieder in Richtung der Knäuel zu verschieben. Nach der 3. Rd haben sich beide Garne wieder entwirrt.

3. Rd: * 1 M re in Aubergine, den Faden in Natur von re über den gerade gestrickten Faden in Aubergine legen und 1 M in Natur re str, den Faden in Aubergine von re über den gerade gestrickten Faden in Natur legen, ab * stets wdh.

53 Rd im Beinmuster arbeiten, dabei die 19.–26. Rd 3x arbeiten.

Farbfolge: 3 Rd in Aubergine (1.–3. Rd), 3 Rd in Olive aus Regia Color (5.–7. Rd), 4 Rd Rd in Loden (8.–11. Rd), 2 Rd in Fuchsia (12.–13. Rd), 4 Rd in Aubergine (14.–17. Rd), 5 Rd in Fuchs (18.–23. Rd), 6 Rd in Dunkelbraun (24.–29. Rd), 6 Rd in Türkis aus Regia Color (30.–35. Rd), 6 Rd in Blau aus Regia Color (36.–41. Rd), 4 Rd in Olive aus Regia Color (42.–45. Rd), 5 Rd in Hochrot (46.–50. Rd), 3 Rd in Fuchsia (51.–53. Rd). Die Fäden trennen.

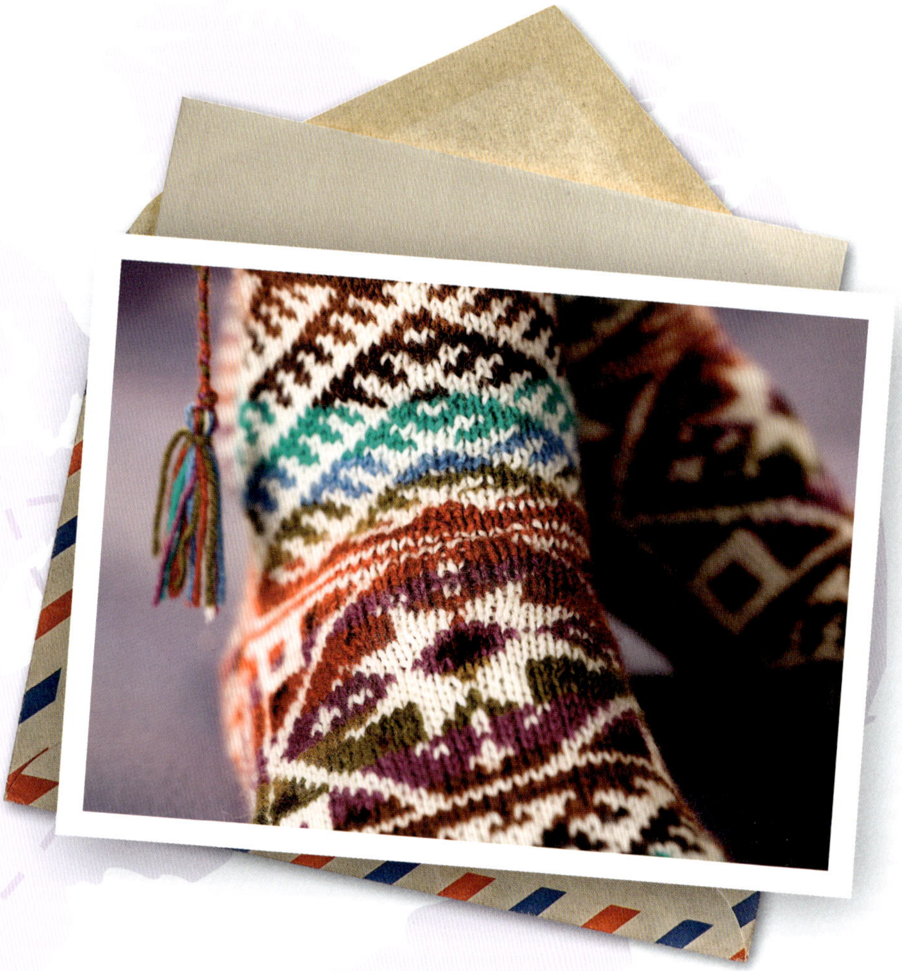

FUSS UND SPITZE

Die M der Nd 4 und 1 auf einen Hilfsfaden ziehen und zum nachträglichen Einstr der Ferse stilllegen.

Mit dem 2. Hilfsfaden eine Luftmaschenkette von 50 M häkeln und das Ende leicht verknoten.

Aus den Querrippen der Rückseite jeweils 39 M in Natur herausstr.

72 Rd im Muster Oberfuß und Sohle nach Strickschrift arbeiten, die 1. Rd der Sohle ist mit dem Auffassen der M in Natur bereits gearbeitet worden.

Weicht das Muster der Sohle von dem des Oberfußes ab, ist es in der Strickschrift extra notiert. Wird auf beiden Seiten das gleiche Muster gearbeitet, ist dieses nur einmal abgebildet und wird 2x pro Rd gestrickt.

Der Rd-Übergang befindet sich nun seitlich zwischen den Nd 3 und 4.

Farbfolge: 4 Rd in Hochrot (1.–4. Rd), 4 Rd in Aubergine (5.–8.Rd), 4 Rd in Fuchs (9.–12. Rd), 4 Rd in Aubergine (13.–16. Rd), 2 Rd in Olive aus Regia Color (17.–18. Rd), 4 Rd in Loden (19.–22. Rd), 4 Rd in Aubergine (23.–26. Rd), 7 Rd in Fuchs (27.–33. Rd), 6 Rd in Dunkelbraun (34.–39. Rd), 5 Rd in Türkis aus Regia Color (40.–44. Rd), 4 Rd in Blau aus Regia Color (45.–48. Rd), 4 Rd in Olive aus Regia Color (49.–52. Rd), 18 Rd in Hochrot (53.–70. Rd).

Nach der 70. Rd die Fäden trennen, den Faden in Hochrot durch die restlichen 10 M ziehen und von innen gut vernähen.

Die Socke auf li ziehen und alle übrigen innenliegenden Fäden gründlich vernähen.

Darauf achten, nicht die beiden Enden des Kontrastfadens zu vernähen.

FERSE

Die Luftmaschenkette lösen und 39 Fersen-M auf 2 Spielnadeln auffangen.

Die 39 stillgelegten Fersen-M ebenfalls auf 2 Spielnadeln verteilen.

Mit Natur und Hochrot am Beginn der Nd 4 neu ansetzen und in Rd im Fersenmuster str, dabei in der ersten Rd zu Beginn der Nd 4 und 2 und am Ende der Nd 1 und 3 je eine M verschränkt aus dem Querfaden herausstr (41 Sohlen-M und 41 Oberfuß-M).

28 Rd im Fersenmuster arbeiten.

Farbfolge: 4 Rd in Hochrot (1.–4. Rd), 4 Rd in Aubergine (5.–8. Rd), 4 Rd in Dunkelbraun (9.–12. Rd), 2 Rd in Fuchs (11.–12. Rd), 2 Rd in Fuchsia (13.–14. Rd), 4 Rd in Aubergine (15.–18. Rd), 10 Rd in Hochrot (19.–28. Rd).

Die Fäden trennen, den Faden in Hochrot durch die letzten 10 M ziehen und auf der Innenseite vernähen.

Alle losen Fäden gut vernähen.

Die **zweite Socke** ebenso arbeiten.

STICKEREI UND QUASTEN

In Dunkelbraun einen etwa 80 cm langen Faden abschneiden und damit die zusätzlichen Farbakzente auf dem Oberfuß im Maschenstich aufsticken.

Aus je einem Faden in Hochrot, Aubergine, Türkis, Blau, Olive und Fuchs 2 jeweils 15 cm lange Zöpfe flechten, beide Enden verknoten. Zwei kleine Quasten aus jeweils 30 Fäden aus allen verwendeten Farben von 10 cm Länge arbeiten und an die Zöpfchen annähen. Die fertigen Bändchen am seitlichen Anschlagrand annähen.

BEINMUSTER

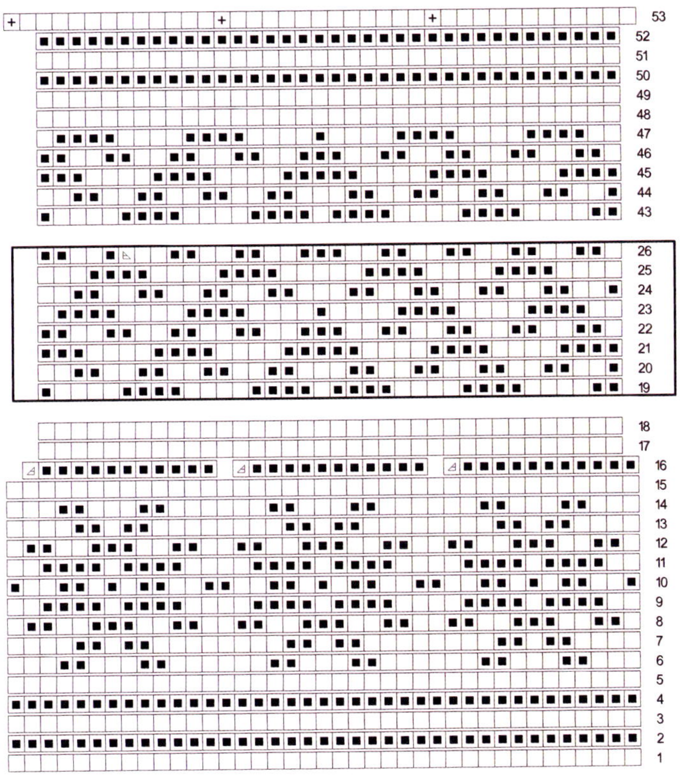

3x arbeiten

Rapport = 39 M, in der Mitte = 36 M

FERSENMUSTER

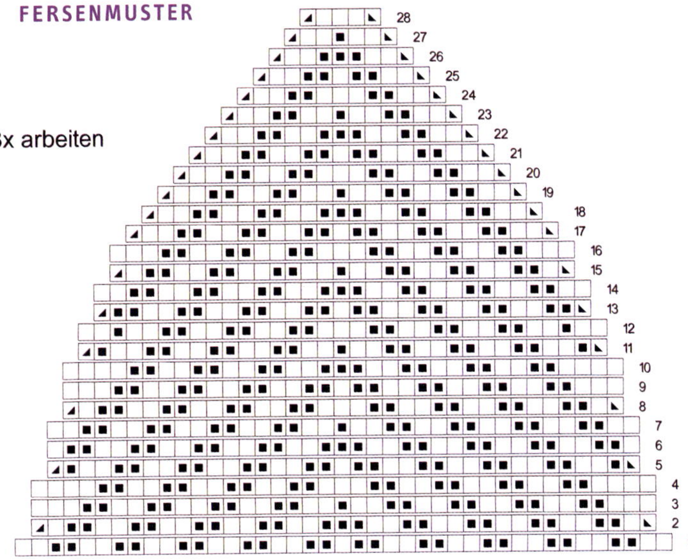

Der Rapport reduziert die M-Zahl von 41 auf 5

■ = in Natur 1 M re
□ = in der Farbfolge 1 M re
○ = in der Farbfolge 1 M re str und später mit Mocca im Maschenstich übersticken
◺ = in Natur 2 M re zusammenstr (rechtsgeneigte Abnahme)
◢ = in der Farbfolge 2 M re zusammenstr (rechtsgeneigte Abnahme)
◣ = in der Farbfolge 2 M nacheinander wie zum Rechtsstr abheben, wieder zurück auf die li Nadel heben und in der Kontrastfarbe re zusammenstr

OBERFUSS UND SOHLE

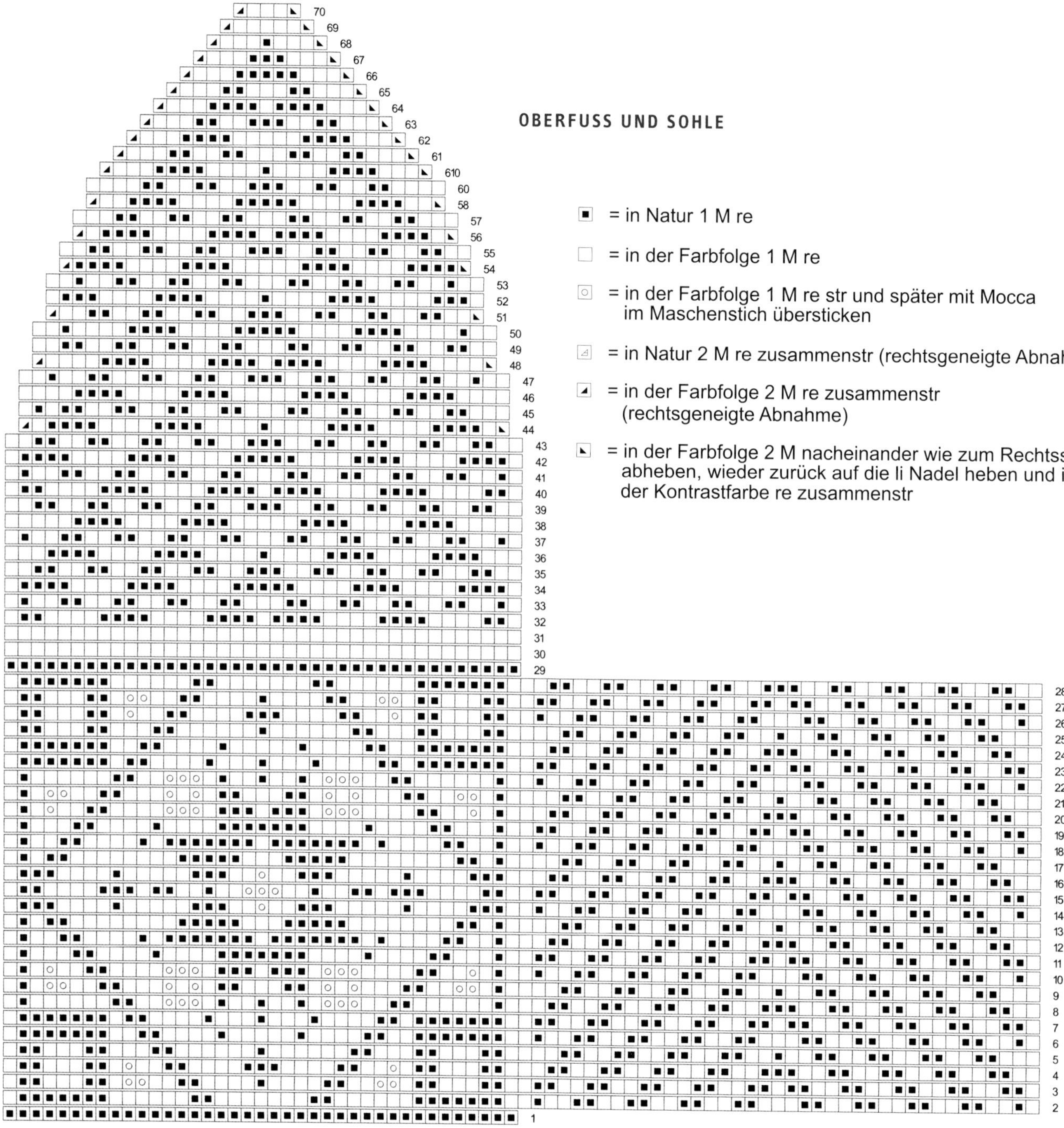

Oberfuß = 39 M

Sohle = 39 M

■ = in Natur 1 M re

□ = in der Farbfolge 1 M re

○ = in der Farbfolge 1 M re str und später mit Mocca im Maschenstich übersticken

◿ = in Natur 2 M re zusammenstr (rechtsgeneigte Abnahme)

◢ = in der Farbfolge 2 M re zusammenstr (rechtsgeneigte Abnahme)

◣ = in der Farbfolge 2 M nacheinander wie zum Rechtsstr abheben, wieder zurück auf die li Nadel heben und in der Kontrastfarbe re zusammenstr

Route 66

SCHWIERIGKEITSGRAD

GRÖSSE
38/39
zusätzliche Hinweise zum Stricken der Größen 36/37 und 40/41

MATERIAL
Regia 4-fädig: 50 g in Marine (Fb 0324) und 50 g in Hell-Kamel meliert (Fb 0017)

Nadelspiel 2,5–3 mm

Die Nadelstärke so wählen, dass die angegebene Maschenprobe erreicht wird!

MASCHENPROBE
im Jacquardmuster
34 M und 40 R
= 10 cm x 10 cm

BASICS
Jacquardtechnik
Seite 122

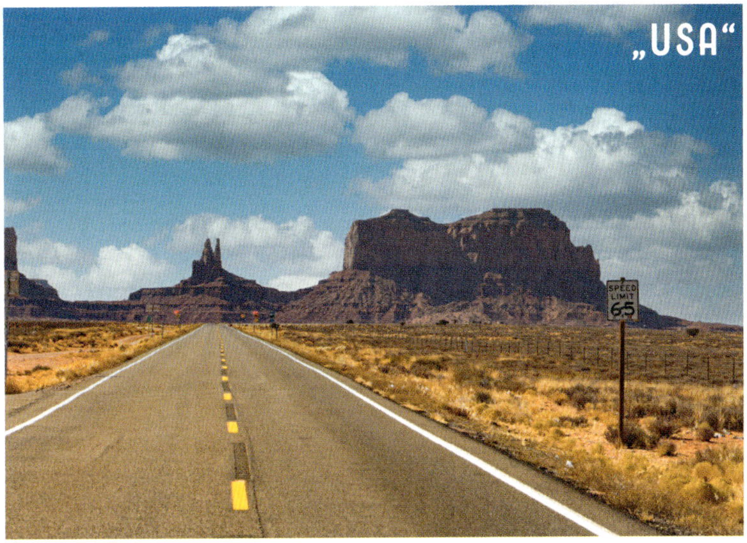

Die unterschiedlichsten Stricktechniken und Muster wurden von den Siedlern nach Amerika mitgebracht und verbreiteten sich rasch. So ist es nicht verwunderlich, dass sich nahezu jede Technik in den heutigen USA finden lässt. Auch Patchwork- und Quiltmuster wurden gerne in Jacquardtechnik umgesetzt.

BÜNDCHENMUSTER

* 2 M re, 2 M li, ab * stets wdh.

FERSENWANDMUSTER

Hinr: 1 Randm, * 1 M abheben mit dem Faden hinter der Arbeit, 1 M re, ab * stets wdh, 1 Randm.
Rückr: Alle M zwischen den Randm li str.

PATCHWÜRFELMUSTER

Siehe Strickschrift auf Seite 75.
Am Bein nur den Rapport von 8 M in der Rd wdh. Am Oberfuß

ANLEITUNG

64 M in Hell-Kamel meliert gleichmäßig verteilt auf 4 Nd anschlagen, zur Rd schließen und 12 Rd im Bündchenmuster arbeiten (16+16+16+16 M).
1 Rd re M str, dabei mit allen 4 Nd 8x nach jeder 8. M je eine M re verschränkt aus dem Querfaden herausstr (18+18+18+18 M).
42 Rd im Patchwürfelmuster arbeiten (3x die 1.–14. Rd).
Beide Fäden trennen.

FERSE

Mit Nd 1 noch 2 M von Nd 2 abheben, mit Nd 3 noch 2 M von Nd 4 abheben (20+16+20+16 M).

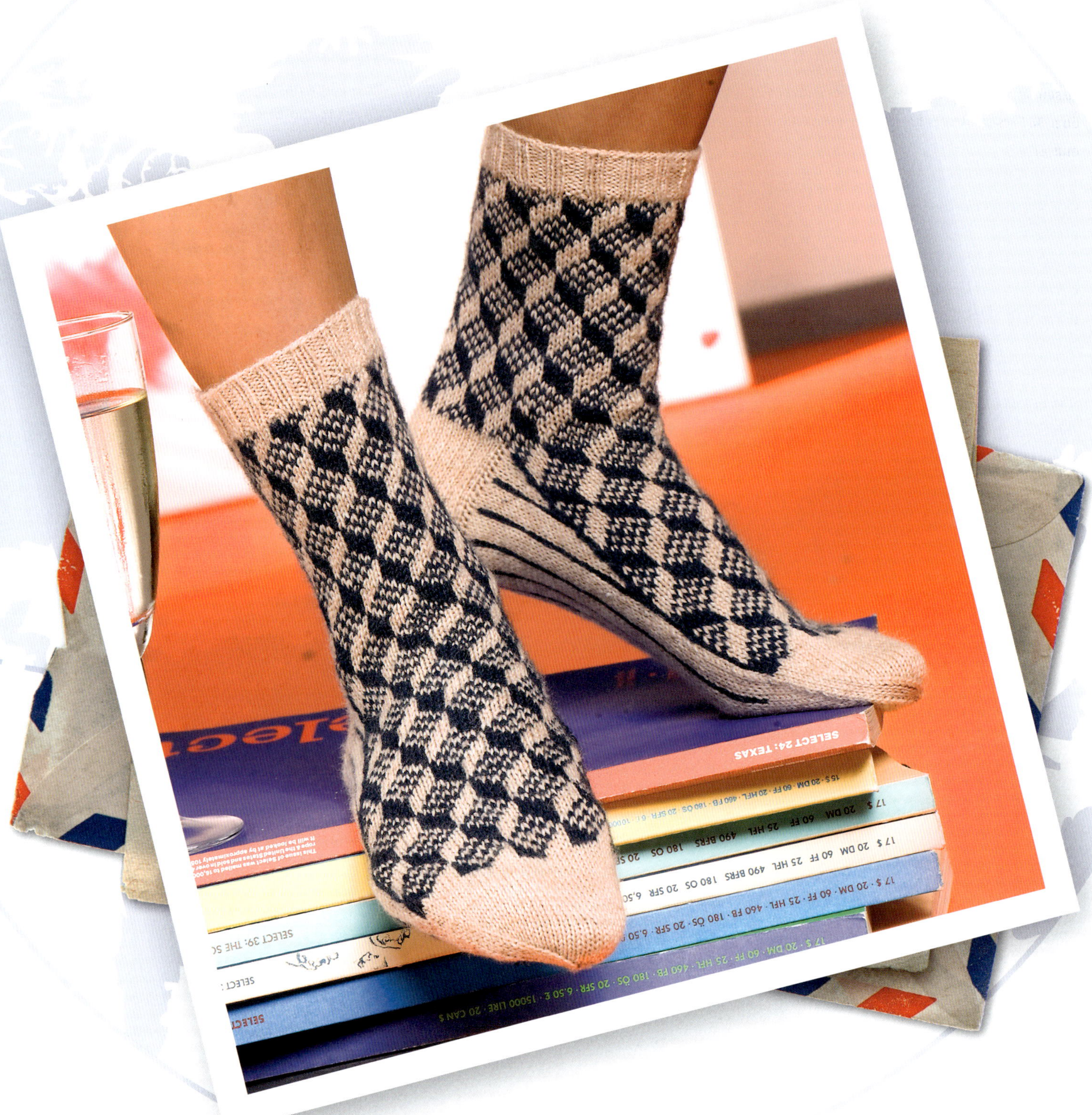
SELECT 24: TEXAS

Die M der Nd 4 und 1 auf einer Nd zusammenfassen, in Hell-Kamel meliert eine Fersenwand über 36 Fersen-M 36 R hoch im Fersenwandmuster str.

Die Fersen-Rundung glatt re in verkürzten R arbeiten. Dafür in der folgenden Hinr 19 M re str, 2 M nacheinander wie zum Rechtsstr abheben, wieder zurück auf die li Nd heben und beide M re verschränkt zusammenstr, 1 weitere M re str und wenden.
1 M abheben, 3 M li str, 2 M li zusammenstr, noch 1 weitere M li str und wenden.
Hinr: 1 M abheben, die M bis 1 M vor dem Gässchen re str, die M vor dem Gässchen und die M nach dem Gässchen nacheinander wie zum Rechtsstr abheben, zurück auf die li Nd heben und beide M re zusammenstr, noch 1 weitere M re str und wenden.
Rückr: 1 M abheben, die M bis 1 M vor dem Gässchen li str, die M vor dem Gässchen und die M nach dem Gässchen li zusammenstr, noch 1 weitere M li str und wenden.
Die letzten beiden R wdh, bis beide Reihenenden wieder erreicht sind und sich noch 20 M auf der Nd befinden.

Wieder in Rd str:
Nd 1: 20 Fersen-M re str, aus der Fersenwand 18 M auffassen.
Nd 2 und 3: 36 M im Patchwürfelmuster str (8. Rd), dazu neu mit Marine ansetzen. Den Faden in Marine nach Nd 3 wieder trennen.
Nd 4: 18 M aus der Fersenwand auffassen und noch 10 M der Nd 1 re abstr (28+16+20+28 M).

Nd 1: 2 M re in Hell-Kamel meliert, * 1 M re in Marine, 4 M re in Hell-Kamel meliert, ab * noch 4x wdh, 1 M re in Marine.
Nd 2 und 3: Im Patchwürfelmuster str.
Nd 4: * 1 M re in Marine, 4 M re in Hell-Kamel meliert, ab * noch 4x wdh, 1 M re in Marine, 2 M re in Hell-Kamel meliert str (28+16+20+27 M).
2 Rd in dieser Mustereinteilung arbeiten, dabei mit Nd 1 und 4 die M in der Fb der unteren Rd str.

Abnahme-Rd:
Nd 1: Bis zu den letzten beiden M alle M in der Fb der unteren Rd str, 2 M in Marine re zusammenstr.
Nd 2 und 3: Im Patchwürfelmuster str.
Nd 4: 2 M nacheinander wie zum Rechtsstr abheben, zurück auf die li Nd heben und in Marine re zusammenstr, die übrigen M in der Fb der unteren Rd str.

Die letzten 3 Rd insgesamt 10x arbeiten (18+16+20+18 M).
In der Mustereinteilung ohne weitere Abnahmen bis zu einer Fußlänge von 19,5–20 cm inklusive Ferse arbeiten.

SPITZE

Den Faden in Marine trennen, die ersten 2 M der Nd 3 auf Nd 2 heben und ein Bandspitze in Hell-Kamel meliert arbeiten (18+18+18+18 M).

Abnahme-Rd: Alle M re str, dabei auf Nd 1 und auf Nd 3 die zweit- und drittletzte M re zusammenstr und auf Nd 2 und auf Nd 4 die 2. und 3. M nacheinander wie zum Rechtsstr abheben, wieder zurück auf die li Nd heben und beide M re zusammenstr.
Diese Abnahme-Rd noch einmal in jeder 4. Rd, 2x in jeder 3. Rd, 3x in jeder 2. Rd und 9x in jeder Rd wdh.
Den Faden trennen, durch die restlichen 8 M ziehen und von innen gut vernähen.
Die **zweite Socke** ebenso arbeiten.

HINWEISE ZUM STRICKEN DER GRÖSSEN 36/37 UND 40/41

Für die Größe 36/37 nach Anleitung arbeiten, dabei die Bandspitze nach einer Fußlänge von 18,5–19 cm beginnen.
Für die Größe 40/41 nach Anleitung arbeiten, dabei die Bandspitze nach einer Fußlänge von 20,5–21 cm beginnen.

PATCHWÜRFELMUSTER

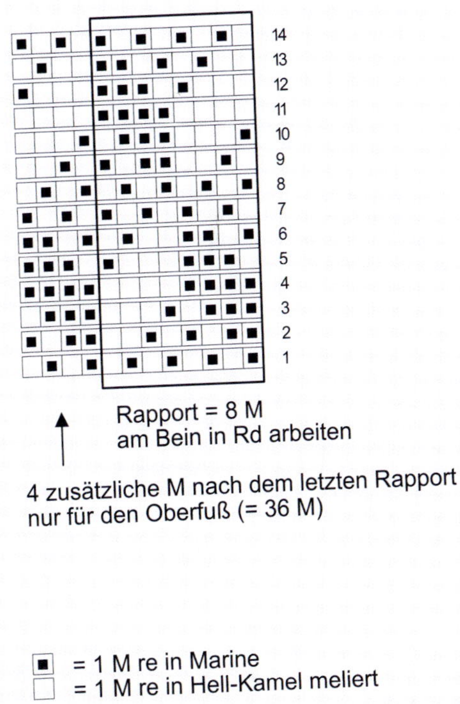

In den Highlands

SCHWIERIGKEITSGRAD

GRÖSSE
38/39
zusätzliche Hinweise zum Stricken der Größen 36/37 und 40/41

MATERIAL
Regia 4-fädig: 50 g in Anthrazit meliert (Fb 0522), 50 g in Blatt (Fb 2082) und 50 g oder Rest in Natur (Fb 1992)

Nadelspiel 2,5–3 mm

Die Nadelstärke so wählen, dass die angegebene Maschenprobe erreicht wird!

Sticknadel ohne Spitze

MASCHENPROBE
glatt re
32 M und 40 R
= 10 cm x 10 cm

BASICS
Doppelmaschen
Seite 120

Das Argylemuster wird auf das Tartanmuster des Campbell Clans zurückgeführt, eine der einflussreichsten Adelsfamilien Schottlands, die in der Region Argyll beheimatet war. Es ist eines der beliebtesten Muster in der Modewelt, wohl auch, weil es viele Spielmöglichkeiten in der Farbwahl lässt.
Als Strickmuster wird das Argylemuster traditionell in Intarsientechnik gearbeitet. Socken müssen dazu später mit einer Naht geschlossen werden. Die Technik der verkürzten Reihen erlaubt es aber, Argylemuster auch ohne Naht in Strümpfe und Socken einzustricken.

BÜNDCHENMUSTER
* 1 M re verschränkt, 1 M li, ab * stets wdh.

FERSENWANDMUSTER
Hinr: 1 Randm, * 1 M abheben mit dem Faden hinter der Arbeit, 1 M re, ab * stets wdh, 1 Randm.
Rückr: Alle M zwischen den Randm li str.
Die beiden R stets wdh.

OBERE RAUTENHÄLFTE
34 M (die M von 2 Nd) in der angegebenen Fb re str, dabei die M auf einer Nd zusammenfassen und wenden. Die erste M als Doppelm abheben, die restlichen M li str und wenden.

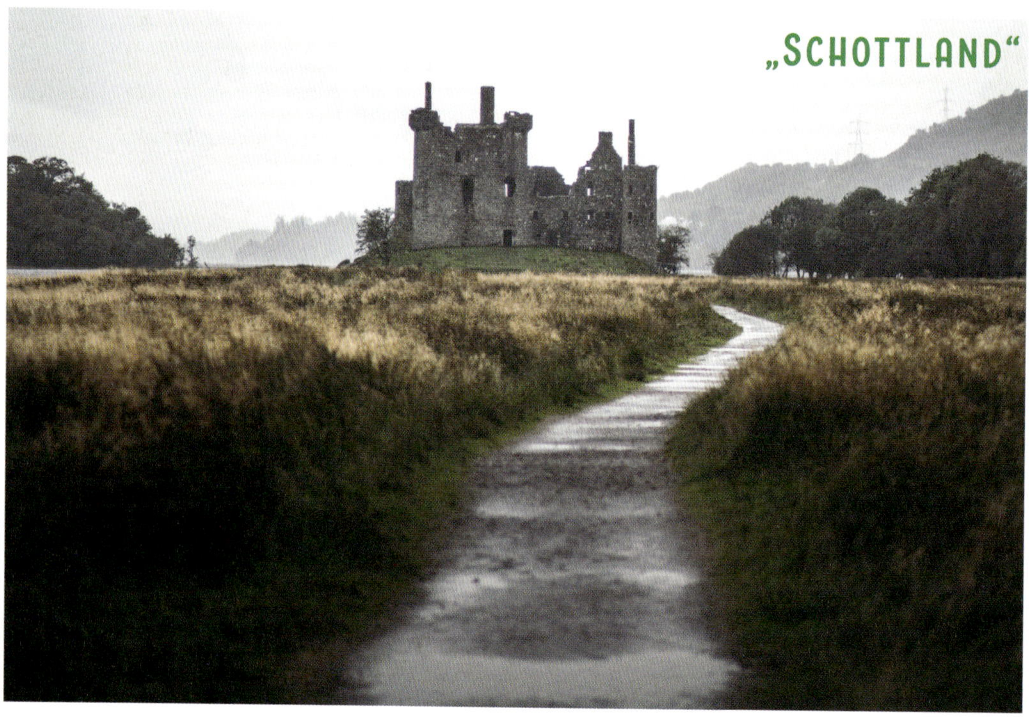

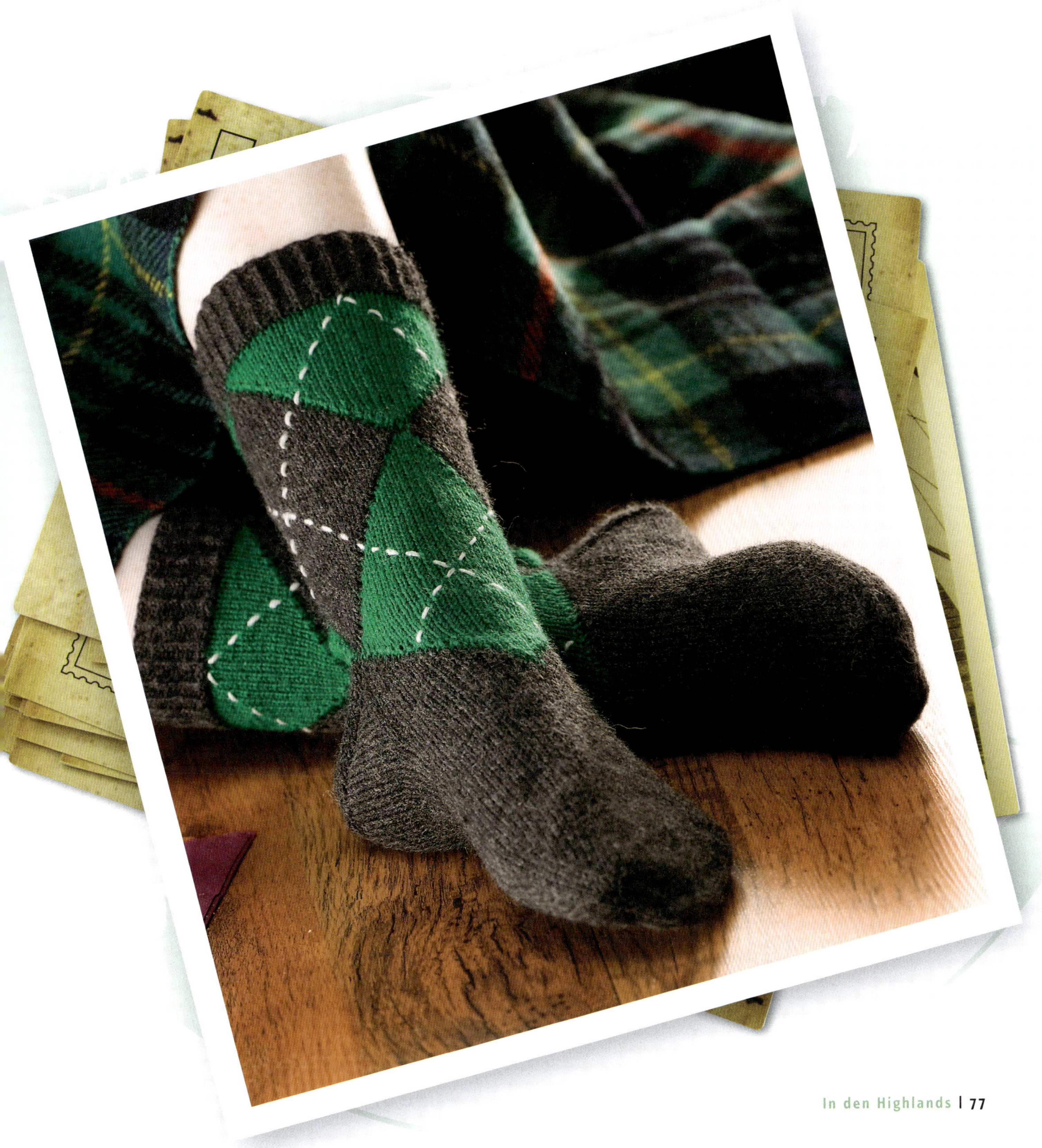

Hinr: 1 M als Doppelm abheben, alle M bis zur Doppelm re str und wenden.

Rückr: 1 M als Doppelm abheben, die M bis zur Doppelm li str und wenden.

Die beiden R so lange wdh, bis alle M als Doppelm vorliegen.

UNTERE RAUTENHÄLFTE

1 M re str und wenden.

Die erste M als Doppelm abheben, 1 M li str und wenden.

Hinr: Alle M einschließlich der Doppelm re str, 1 weitere M re str und wenden.

Rückr: Alle M einschließlich der Doppelm li str, 1 weitere M li str und wenden.

Die beiden R so lange wdh bis die beiden äußeren M von 2 Spielnadeln als Doppelm vorliegen.

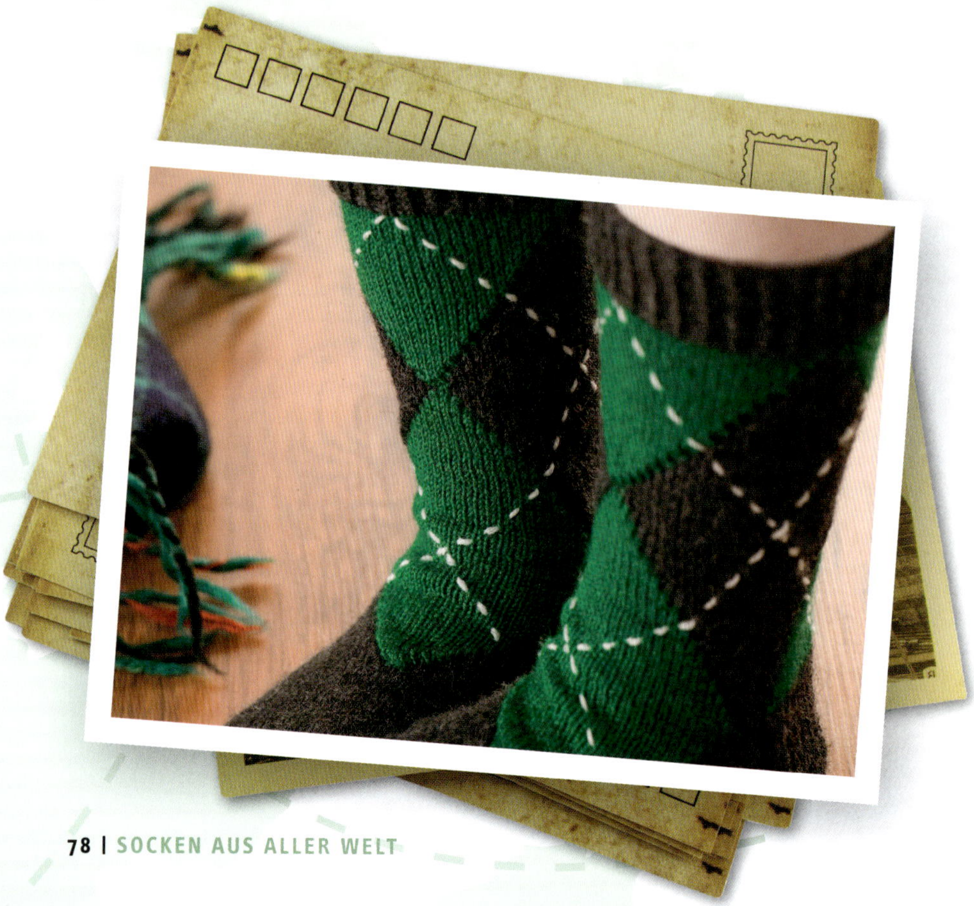

ANLEITUNG

68 M in Anthrazit meliert gleichmäßig auf 4 Nd verteilt anschlagen, zur Rd schließen und 14 Rd im Bündchenmuster str (17+17+17+17 M).

Nd 1 und 2: In Blatt eine obere Rautenhälfte arbeiten. Den Faden trennen.

Nd 3 und 4: In Blatt eine obere Rautenhälfte arbeiten.

Über die 4 Rautenseiten der Nd 3, 4, 1 und 2, die noch als Doppelm vorliegen, 1 Rd re M in Blatt str. Dabei darauf achten, jede Doppelm als eine M zu str! Den Faden trennen.

Nd 4 und 1: In Anthrazit meliert zunächst eine untere Rautenhälfte, dann eine obere Rautenhälfte arbeiten. Den Faden trennen.

Nd 2 und 3: In Anthrazit meliert zunächst eine untere Rautenhälfte, dann eine obere Rautenhälfte arbeiten.

Über die 4 Rautenseiten, die alle noch als Doppelm vorliegen, 1 Rd re M in Anthrazit meliert str. Den Faden trennen.

Nd 1 und 2: In Blatt zunächst eine untere Rautenhälfte, dann eine obere Rautenhälfte arbeiten. In einer weiteren Hinr alle Doppelm als re M abstr. Den Faden trennen.

Nd 3 und 4: In Blatt eine untere Rautenhälfte arbeiten.

FERSE

Die Ferse und den Rest der Socke in Anthrazit meliert arbeiten. Dazu über die 34 M der Nd 3 und 4 eine Fersenwand im Fersenwandmuster von 34 R str.

Für die Fersen-Rundung in der folgenden Hinr 19 M re str, 2 M nacheinander wie zum Rechtsstr abheben, wieder zurück auf die li Nd heben und beide M re verschränkt zusammenstr, 1 M re str und wenden.

Die 1. M abheben, 5 M li str, 2 M li zusammenstr und 1 weitere M li str.

Hinr: 1 M abheben, die M bis 1 M vor dem Gässchen re str, die M vor dem Gässchen und die M nach dem Gässchen wie zum Rechtsstr abheben, wieder zurück auf die li Nd heben und beide M re zusammenstr, noch 1 weitere M re str und wenden.

Rückr: 1 M abheben, die M bis 1 M vor dem Gässchen li str, die M vor dem Gässchen und

die M nach dem Gässchen li zusammenstr, noch 1 weitere M li str und wenden.
Die beiden R wdh, bis beide Reihenenden erreicht sind und sich noch 20 M auf der Nd befinden. Den Faden in Anthrazit meliert trennen.

Hinr:

Nd 3: 17 M aus der re Seite der Fersenwand auffassen, 10 Fersen-M re str.

Nd 4: 10 Fersen-M re str, 17 M aus der linken Seite der Fersenwand auffassen.

Nd 1: 1 M re str, wenden, die 1. M als Doppelm abheben.

Rückr:

Nd 4 und 3: Alle M li str.

Nd 2: 1 M li str, wenden, die 1. M als Doppelm abheben (17+17+27+27 M).

SPICKEL

Hinr:

Nd 3 und 4: 1 M re, 2 M nacheinander wie zum Rechtsstr abheben, wieder zurück auf die li Nd heben und beide M re verschränkt zusammenstr, alle M bis auf die letzten 3 von Nd 4 re str, 2 M re zusammenstr, 1 M re str.

Nd 1: Alle M bis einschließlich der Doppelm re str, 1 weitere M re str und wenden. Die erste M als Doppelm abheben und alle M der Nd 1 li str.

Rückr:

Nd 4 und 3: Alle M li str.

Nd 2: Alle M bis einschließlich der Doppelm li str, noch 1 M darüber hinaus li str und wenden. Die erste M als Doppelm abheben und alle M re str.

Die beiden R noch 9x wdh (17+17+17+17 M).

FUSS

Hinr:

Nd 3 und 4: Alle M re str.

Nd 1: Alle M bis einschließlich der Doppelm re str, 1 M darüber hinaus re str und wenden. Die erste M als Doppelm abheben und alle M li str.

Rückr:

Nd 4 und 3: Alle M li str.

Nd 2: Alle M bis einschließlich der Doppelm li str, noch 1 M darüber hinaus li str und wenden. Die erste M als Doppelm abheben und alle M re str.

Die beiden R wdh, bis die beiden Doppelm am Nadelübergang zwischen den Nd 1 und 2 direkt nebeneinander liegen.

Bis zu einer Fußlänge von 19,5–20 cm weiter glatt re in Rd über alle M str, in der ersten Rd die beiden Doppelm jeweils als eine M abstr (17+17+17+17 M).

SPITZE

Abnahme-Rd: Alle M re str, dabei auf Nd 1 und auf Nd 3 die zweit- und drittletzte M re zusammenstr und auf Nd 2 und auf Nd 4 die 2. und 3. M nacheinander wie zum Rechtsstr abheben, wieder zurück auf die li Nd heben und beide M re zusammenstr.

Diese Abnahme-Rd noch einmal in jeder 4. Rd, 2x in jeder 3. Rd, 3x in jeder 2. Rd und 8x in jeder Rd wdh.

Den Faden trennen, durch die restlichen 8 M ziehen und von innen gut vernähen.

Die **zweite Socke** ebenso arbeiten.

STICKEREI

In Natur diagonale Streifen durch die Mitte der Rauten im Vorstich aufsticken, dabei jeweils über 2 gestrickte M sticken.

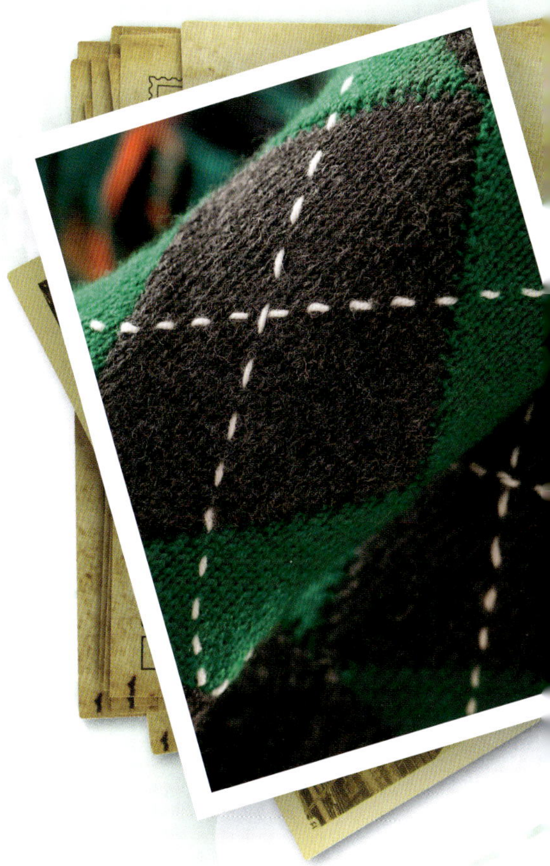

HINWEISE ZUM STRICKEN DER GRÖSSEN 36/37 UND 40/41

Für die Größe 36/37 eine kleinere Nadelstärke wählen, nach Anleitung str und die Bandspitze nach einer Fußlänge von 18,5–19 cm arbeiten.

Für die Größe 40/41 nach Anleitung arbeiten, dabei die Bandspitze nach einer Fußlänge von 20,5–21 cm beginnen.

Bestrickender Mustermix

SCHWIERIGKEITS-GRAD

GRÖSSE
38/39
zusätzliche Hinweise zum Stricken der Größen 36/37 und 40/41

MATERIAL
Regia Silk 4-fädig: 100 g in Kamel meliert (Fb 0020)

Nadelspiel
2 mm–2,5 mm

Die Nadelstärke so wählen, dass die angegebene Maschenprobe erreicht wird!

MASCHENPROBE
glatt re
32 M und 40 R
= 10 cm x 10 cm

BASICS
Doppelmaschen
Seite 120
Maschenstich
Seite 125

Die Britischen Inseln zeigen die wohl größte Vielfalt an Strickmustern. Sei es durch kriegerische Kontakte oder friedliche Handelsbeziehungen, in England trafen die Stricktechniken fast aller westeuropäischen Länder und Nordafrikas zusammen. Dort flossen sie in die ansässige Strickkultur ein und es entstand ein reicher Schatz an ausdrucksstarken Mustern in allen Techniken.
Neben dem typisch irischen Lebensbaummotiv finden sich hier Zopfmuster, Lochmusterreihen und Strukturmusterrauten aus rechten und linken Maschen in Kombination.

BÜNDCHENMUSTER
* 1 M re verschränkt, 1 M li, ab * stets wdh.

BEINMUSTER, ÜBERGANG ZUR FERSE, OBERFUSSMUSTER
Siehe Strickschriften auf Seite 83.

Rechts-Links-Strukturmuster bei Socken ziemlich fest stricken, damit sie am Fuß gut sichtbar bleiben.

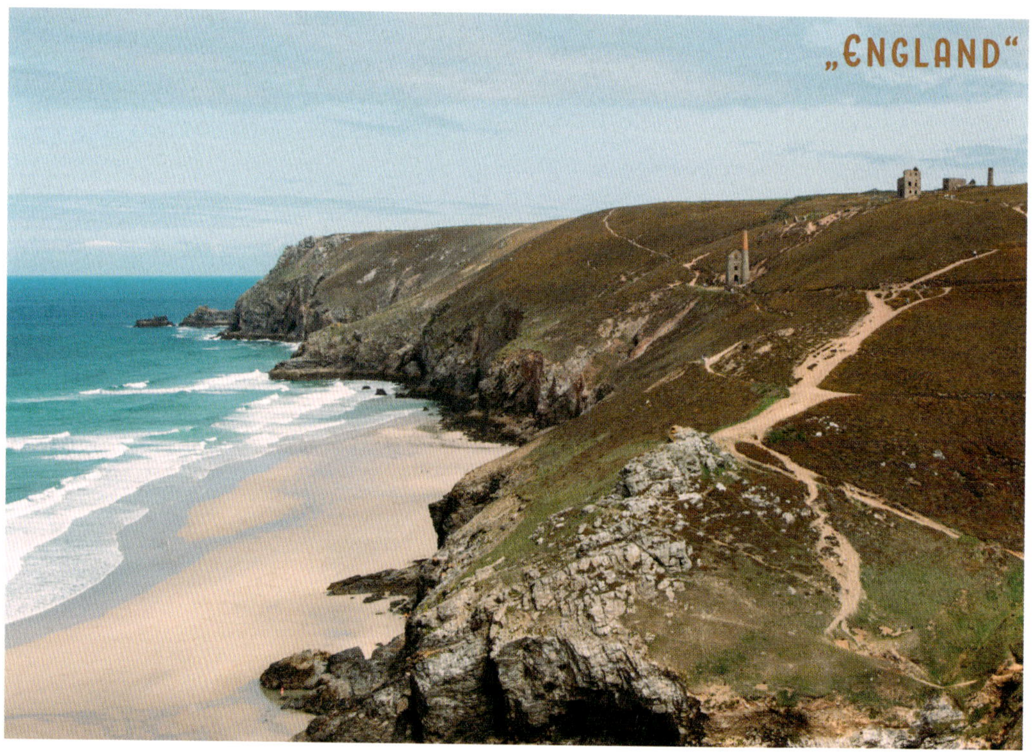

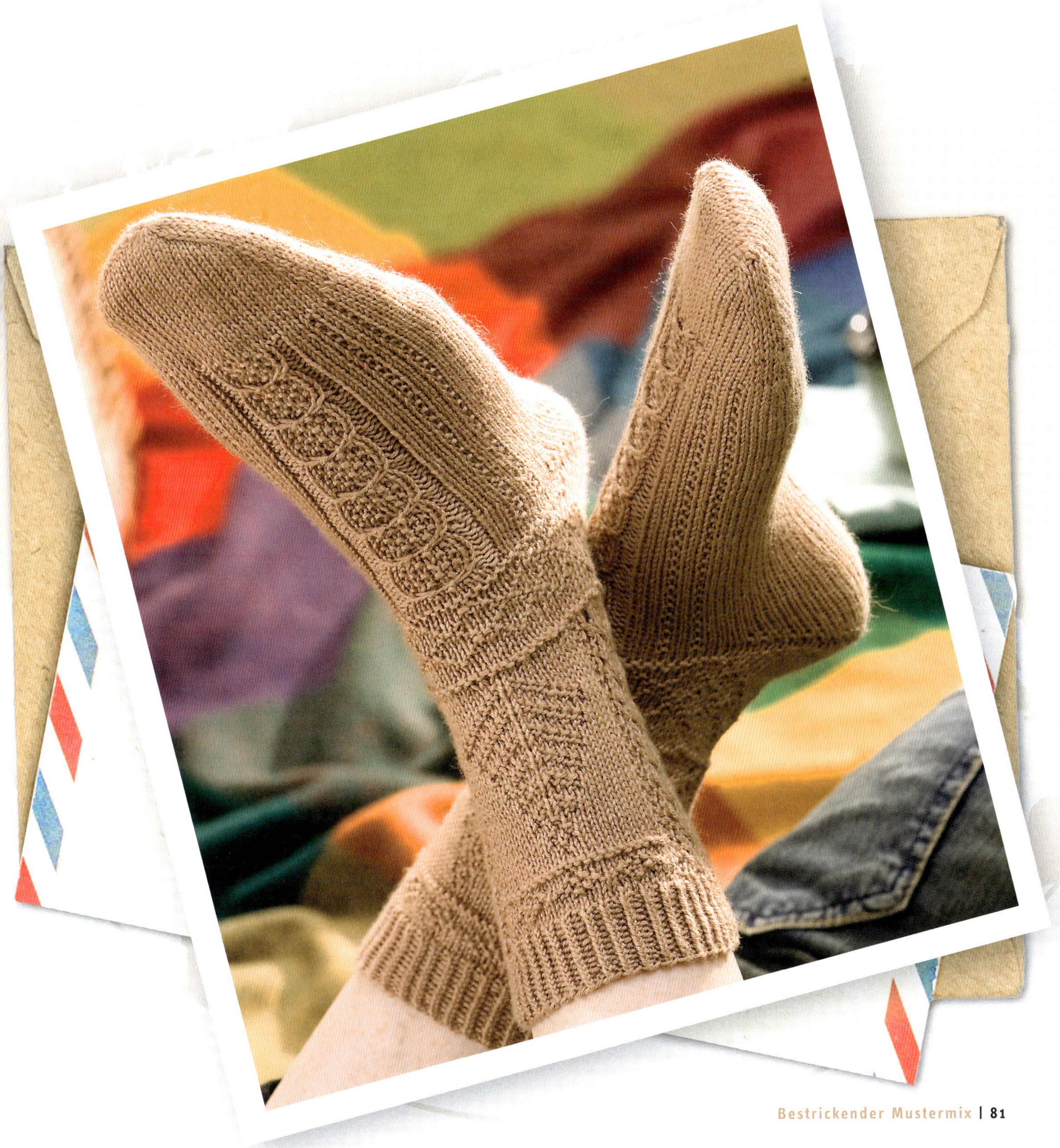

ANLEITUNG

74 M auf 4 Nd verteilt anschlagen und zur Rd schließen (19+18+19+18 M). 12 Rd im Bündchenmuster arbeiten.

42 Rd im Beinmuster str (17+16+17+16 M).

1 Rd li M str.

1 Rd re M str.

2 Rd glatt re str.

Die 47.–56. Rd als Übergang zur Ferse str.

1 Rd re M str.

Die M der Nd 1 und 2 li str.

FERSE

Die 33 M der Nd 3 und 4 re str, noch 1 M von Nd 1 re abstr und wenden (16+16+17+17 M).

Die 1. M als Doppelm abheben, alle M li str und wenden.

Hinr: Die 1. M als Doppelm abheben, alle M bis zur Doppelm re str und wenden.

Rückr: Die 1. M als Doppelm abheben, alle M bis zur Doppelm li str und wenden.

Die letzten beiden R so oft wdh, bis sich auf beiden Nd jeweils 11 Doppelm befinden und in der Mitte noch 12 M liegen.

Über die M aller 4 Nd str:

Nd 4: Alle M und Doppelm re str.

Nd 1 und 2: Alle M li str.

Nd 3: Alle M und Doppelm re str.

1 weitere Rd re über die M aller 4 Nd str (16+16+17+17 M).

Für den unteren Teil der Bumerang-Ferse wieder nur über die zusammengefassten M der Nd 3 und Nd 4 str. Dazu 24 M re str und wenden. 1 M als Doppelm abheben, 13 M li str und wenden.

Hinr: 1 M als Doppelm abheben, alle M bis einschließlich der Doppelm aus der unteren R re str, 1 weitere M re str und wenden.

Rückr: 1 M als Doppelm abheben, alle M bis einschließlich der Doppelm aus der unteren R li str, 1 weitere M li str und wenden.

Die letzten beiden R wdh, bis die beiden äußeren M als Doppelm vorliegen.

FUSS

Für den Fuß weiter in Rd str.

Nd 1 und 2: Im Oberfußmuster, beginnend mit Rd 1 str.

Nd 3 und 4: Re M str.

In dieser Mustereinteilung bis zu einer Fußlänge von 19,5–20 cm str.

SPITZE

Eine vorbereitende Rd zur Bandspitze arbeiten:

Nd 1 und Nd 2: Jeweils 16 M re str.

Nd 3: 1 M re, 2 M nacheinander wie zum Rechtsstr abheben, wieder zurück auf die li Nd heben und beide M re verschränkt zusammenstr, die restlichen 14 M re str.

Nd 4: 14 M re str, 2 M re zusammenstr, 1 M re str (16+16+16+16 M).

In der folgenden Rd die erste Abnahme-Rd der Bandspitze arbeiten:

Alle M re str, dabei auf Nd 1 und auf Nd 3 die 2. und 3. M nacheinander wie zum Rechtsstr abheben, wieder zurück auf die li Nd heben und beide M re zusammenstr, und auf Nd 2 und auf Nd 4 die zweit- und drittletzte M re zusammenstr.

Diese Abnahme-Rd noch einmal in jeder 4. Rd, 2x in jeder 3. Rd, 3x in jeder 2. Rd und 7x in jeder Rd wdh. Den Faden trennen, durch die restlichen 8 M ziehen und von innen gut vernähen.

Die **zweite Socke** ebenso arbeiten.

HINWEISE ZUM STRICKEN DER GRÖSSEN 36/37 UND 40/41

Für die Größe 36/37 nicht zu locker str, eventuell eine kleinere Nadelstärke und besser ein 4-fädiges Schurwoll-Sockengarn ohne Seiden- oder Baumwollanteil wählen. Die Bandspitze nach einer Fußlänge von 18,5–19 cm arbeiten.

Für die Größe 40/41 nach Anleitung arbeiten, die Bandspitze nach einer Fußlänge von 20,5–21 cm str.

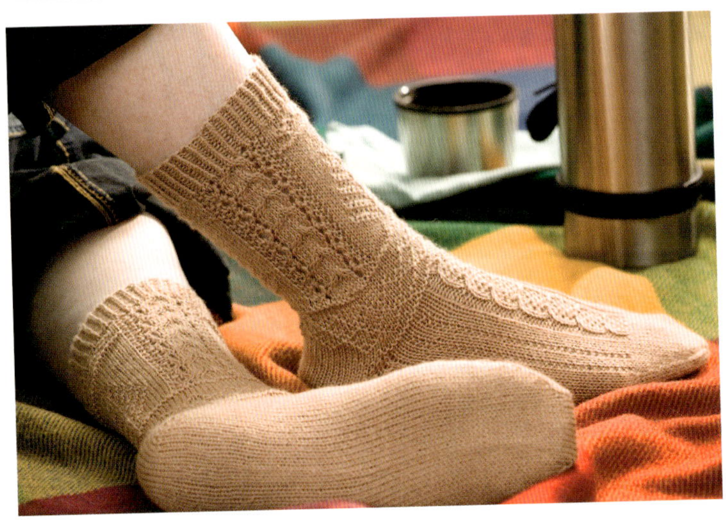

BEINMUSTER

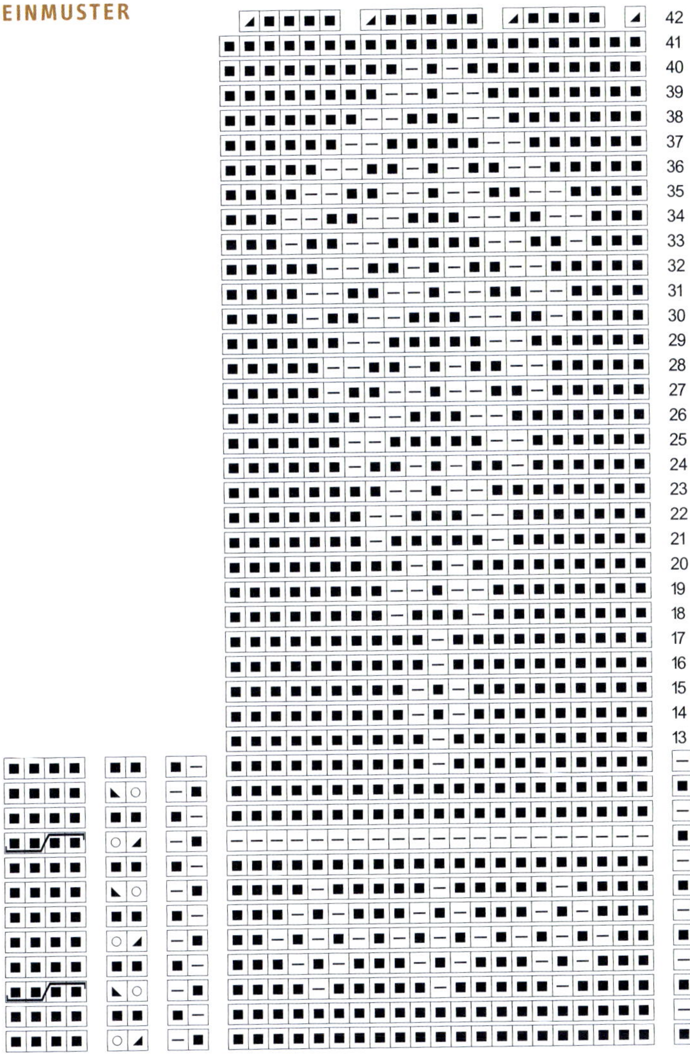

Rapport = 37 M

OBERFUSSMUSTER

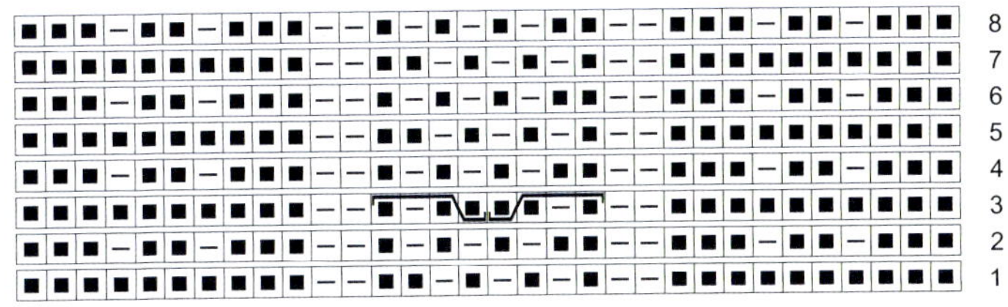

Rapport = 32 M

ÜBERGANG ZUR FERSE

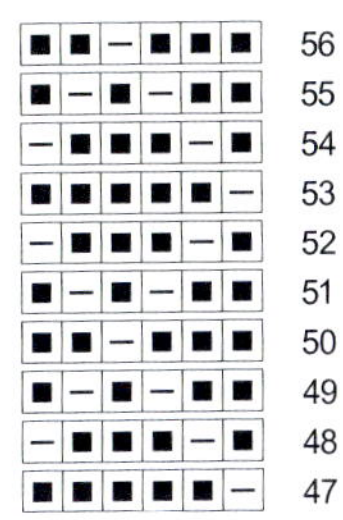

Rapport = 6 M

■ = 1 M re

– = 1 M li

◢ = 2 M re zusammenstr (rechtsgeneigte Abnahme)

◣ = 2 M nacheinander wie zum Rechtsstr abheben, wieder zurück auf die li Nd heben und beide M rechts verschränkt zusammenstr (linksgeneigte Abnahme)

○ = 1 Umschlag

= 1 M auf einer Hilfsnadel VOR die Arbeit legen, 1 M re, 1 M li, 1 M re str, dann die M der Hilfsnadel re str

= 3 M auf einer Hilfsnadel HINTER die Arbeit legen, 1 M re, dann die 3 M der Hilfsnadel 1 M re, 1 M li, 1 M re str

= 2 M auf einer Hilfsnadel VOR die Arbeit legen, 2 M re str, dann die beiden M der Hilfsnadel re str

= 2 M auf einer Hilfsnadel HINTER die Arbeit legen, 2 M re str, dann die beiden M der Hilfsnadel re str

Auf den Aran-Inseln

SCHWIERIGKEITSGRAD

GRÖSSE
38/39
zusätzliche Hinweise zum Stricken der Größen 36/37 und 40/41

MATERIAL
Regia 4-fädig: 100 g in Fuchsia (Fb 1051)

Nadelspiel 2–2,5 mm

Die Nadelstärke so wählen, dass die angegebene Maschenprobe erreicht wird!

Spielnadel als Hilfsnadel

MASCHENPROBE
Im Zugmaschenmuster
34 M und 40 R
bei glatt re
30 M und 42 R
= 10 cm x 10 cm

BASICS
Verschränkte Maschen verzopfen Seite 126

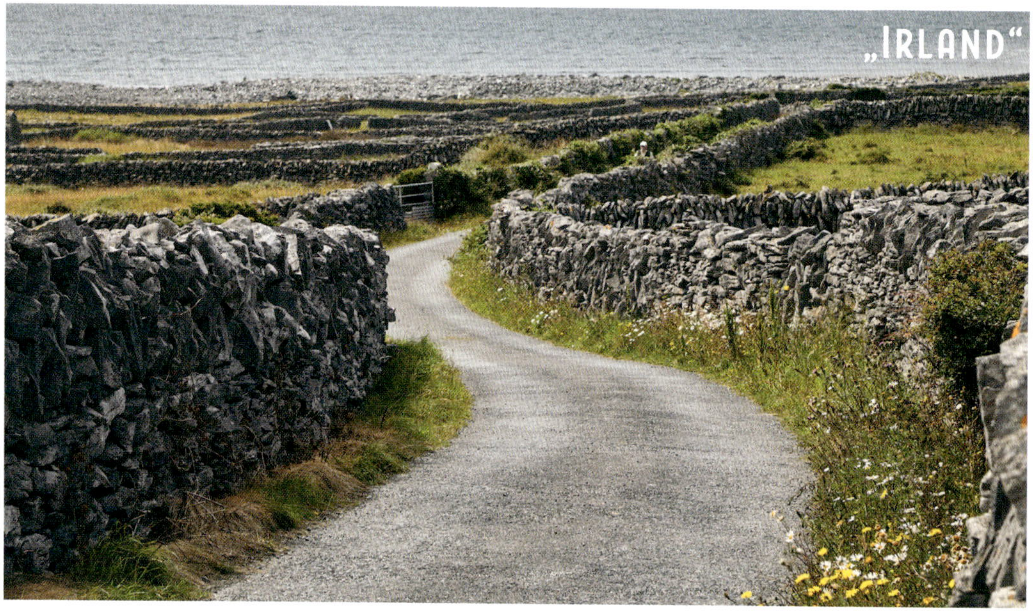

Die Aran-Inseln wurden durch ihre auffallend plastischen und komplizierten Zopfmuster der Fischerpulloverbekannt. Art und Anordnung der einzelnen Muster in Kombination mit Rhomben oder Noppen gab Auskunft darüber, zu welcher Familie der Träger gehörte. Die ursprünglichen Aran-Pullover wurden zusätzlich noch mit Initialen bestickt, um einen auf See verunglückten Fischer notfalls leichter identifizieren zu können. So kam jeder Aran-Pullover einer Art Personalausweis gleich.

FERSENWANDMUSTER

Hinr: Re M str.

Rückr: 3 M re, 30 M li, 3 M re.

Die beiden R stets wdh.

BEINMUSTER

Siehe Strickschrift auf Seite 87.

Ab Rd 22 die M in allen ungeraden R str, wie sie erscheinen, wenn nichts anderes angegeben ist. Dabei auf glatt re und re verschränkt achten!

OBERFUSSMUSTER

Siehe Strickschrift auf Seite 87. Die M in allen geraden R str, wie sie erscheinen. Dabei auf glatt re und re verschränkt achten!

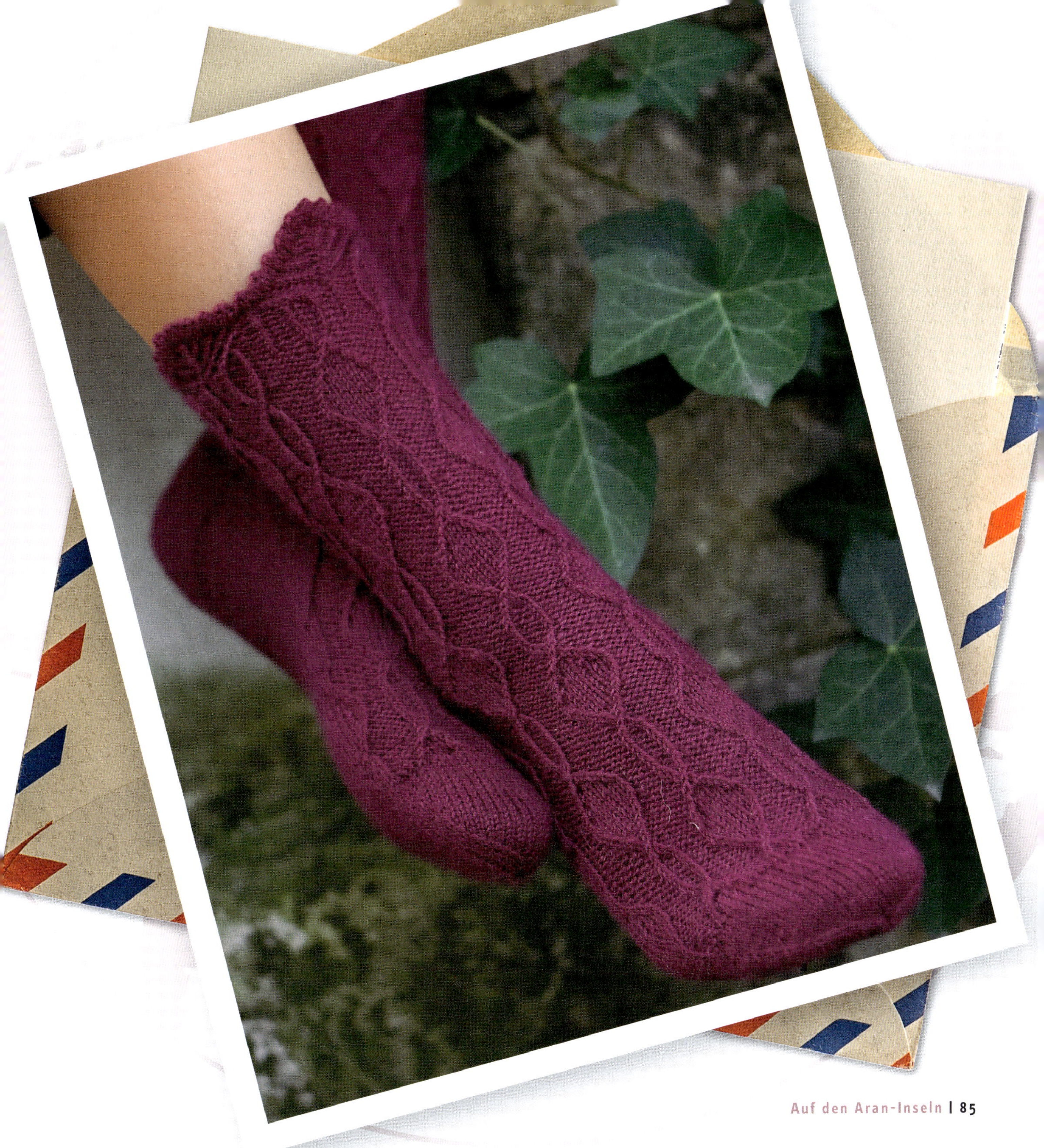

ANLEITUNG

72 M gleichmäßig auf 4 Nd verteilt anschlagen und zur Rd schließen (18+18+18+18 M).
7 Rd im Beinmuster str, die Anschlagkante so nach innen umschlagen, dass die Lochmuster-Rd die Bruchkante bildet. Mit der Hilfsnd die ersten 18 Schlingen der Anschlagkante auffassen, Hilfsnd und 1. Spielnadel parallelhalten und jeweils eine M mit ihrer Anschlagschlinge re zusammenstr. Auf diese Weise alle 72 Anschlagschlingen mit den M verbinden.
Die 9.- 20. Rd im Beinmuster str.
Mit Nd 4 noch 1 M li von Nd 1 abstr (17+18+18+19 M).
In der 21. Rd auch mit Nd 1, 2 und 3 jeweils noch 1 M von der jeweils folgenden Nd abstr (18+18+18+18 M).
Einmal die 22.-49. Rd, dann noch einmal die 22.-42. Rd des Beinmusters arbeiten.

Um die Ferse so zu platzieren, dass das Oberfußmuster einen wellenförmigen Rand bildet, das Nadelspiel in der folgenden Rd (43. Rd nach Strickschrift) um 4 M rotieren:
Nd 1: 14 M im Beinmuster abstr.
Nd 2: Die restlichen 4 M von Nd 1 und 14 M im Beinmuster abstr.
Nd 3: Die restlichen 4 M von Nd 2 und 14 M im Beinmuster abstr.

FERSE

Die restlichen 4 M von Nd 3, 18 M von Nd 4 und 14 M von Nd 1 auf einer Nd zusammenfassen und für die Fersenwand 36 R im Fersenwandmuster arbeiten (= 36 Fersen-M).

Für die Fersenrundung in der folgenden Hinr 19 M re str, 2 M nacheinander wie zum Rechtsstr abheben, zurück auf die li Nd nehmen und beide M re zusammenstr, noch eine M re str und wenden.
Die 1. M abheben, 3 M li str, 2 M li zusammenstr, 1 M li str und wenden.
Hinr: 1 M abheben, die M bis 1 M vor dem Gässchen re str, die M vor dem Gässchen und die M nach dem Gässchen wie zum Rechtsstr abheben und re zusammenstr, noch 1 weitere M re str und wenden.
Rückr: 1 M abheben, die M bis 1 M vor dem Gässchen li str, die M vor dem Gässchen und die M nach dem Gässchen li zusammenstr, noch 1 weitere M li str und wenden.
Die letzten beiden R wdh, bis beide Reihenenden wieder erreicht sind und sich noch 20 M auf der Nd befinden.

Wieder in Rd str:
Nd 1: 20 Fersen-M re str, aus der Fersenwand 18 M auffassen.
Nd 2 und 3: Rd 1 des Oberfußmusters str.
Nd 4: 18 M aus der Fersenwand auffassen und noch 10 M der Nd 1 re abstr (28+18+18+28 M).

FUSS

Den Fuß weiter in Rd str:
Nd 1: Alle M re str.
Nd 2 und 3: Im Oberfußmuster str.
Nd 4: Alle M re str.
In dieser Mustereinteilung 2 Rd str.

Abnahme-Rd: Mit Nd 1 die M bis zu den letzten 3 M der Nd re str, 2 M re zusammenstr, 1 M re str, mit Nd 2 und 3 weiter im Strukturmuster und mit Nd 4 1 M re str, 2 M nacheinander wie zum Rechtsstr abheben, wieder zurück auf die li Nd heben und beide M re verschränkt zusammenstr, die restlichen M glatt re str.
Diese 3 Rd insgesamt 12x arbeiten, bis alle Spickel-M aufgebraucht sind (16+18+18+16 M).

Den Fuß weiter in Rd str, dabei die Sohlen-Maschen (M der Nd 1 und 4) glatt re, die M des Oberfußes (M der Nd 2 und 3) im Oberfußmuster arbeiten.
Nach 19,5–20 cm von Fersen-Mitte bis Spitzenbeginn gemessen über alle M 2 Rd glatt re str.
Dabei die M der Nd 2 und 3 um jeweils 2 M reduzieren:
Nd 2: 5 M re, 2 M re zusammenstr, 6 M re, 2 M re zusammenstr, 3 M re.
Nd 3: 3 M re, 2 M re zusammenstr, 6 M re, 2 M re zusammenstr, 5 M re.
Nd 1 und 4: Glatt re (16+16+16+16 M).

BANDSPITZE

Abnahme-Rd: Alle M re str, dabei auf Nd 1 und auf Nd 3 die zweit- und drittletzte M re zusammenstr und auf Nd 2 und auf Nd 4 die 2. und 3. M nacheinander wie zum Rechtsstr abheben, wieder zurück auf die li Nd heben und beide M re zusammenstr.
Diese Abnahme-Rd noch einmal in der 4. Rd, 2x in jeder 3. Rd, 3x in jeder 2. Rd und 7x in jeder Rd wdh.
Den Faden trennen, durch die restlichen 8 M ziehen und von innen gut vernähen.
Die **zweite Socke** ebenso arbeiten.

HINWEISE ZUM STRICKEN DER GRÖSSEN 36/37 UND 40/41

Für Größe 36/37 mit einer geringeren Nadelstärke nach Anleitung arbeiten, dabei die Bandspitze nach einer Fußlänge von 18,5–19 cm beginnen.
Für die Größe 40/41 nach Anleitung arbeiten, dabei die Bandspitze nach einer Fußlänge von 20,5–21 cm beginnen.

BEINMUSTER

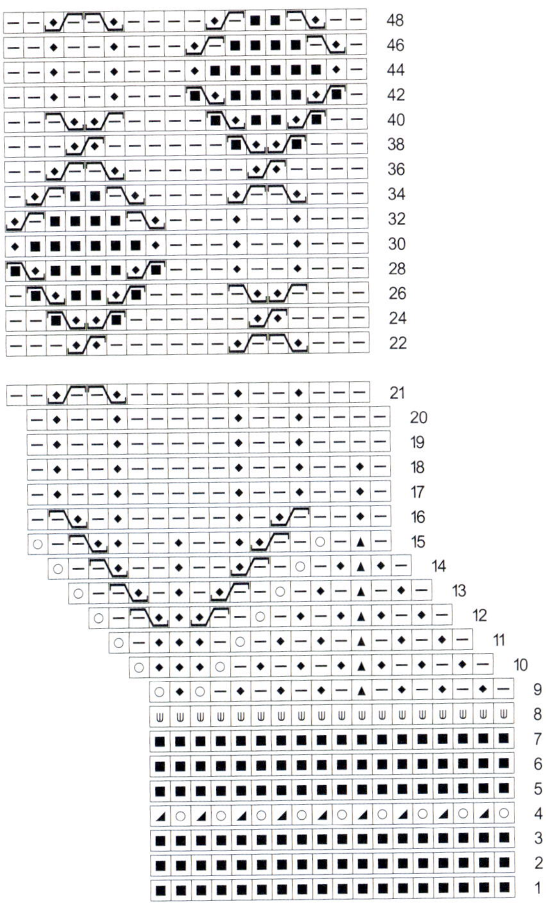

Rapport = 18 M

OBERFUSSMUSTER

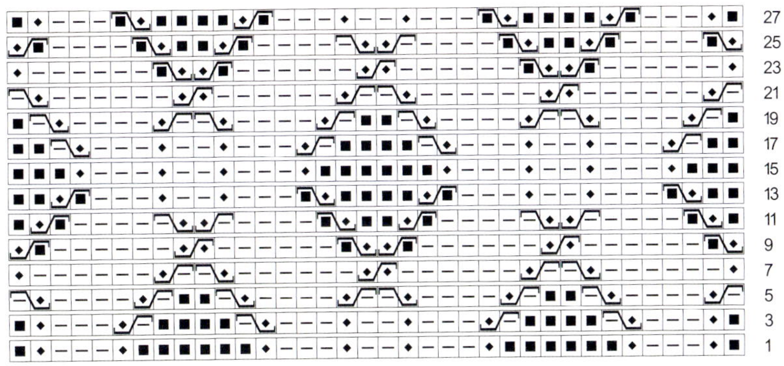

Rapport = 36 M

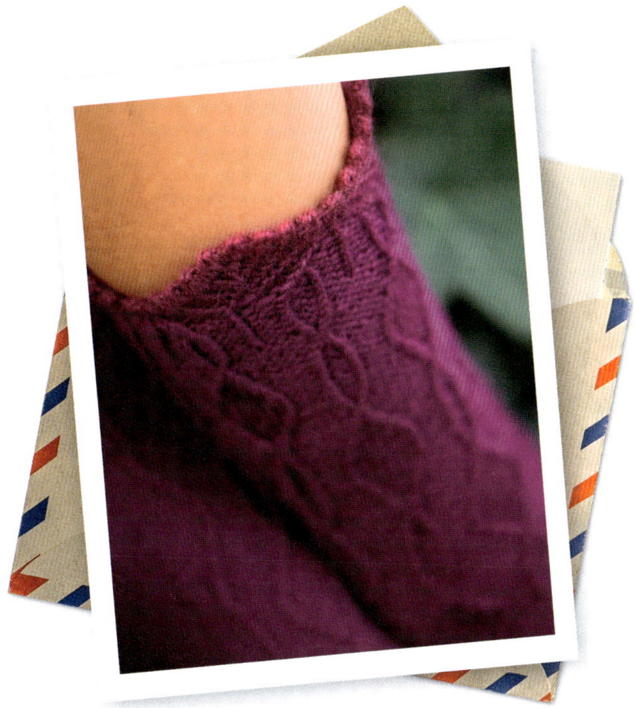

- = 1 M re, in der folgenden Rd re str
- = 1 M li, in der folgenden Rd li str
- = 1 Umschlag
- = 1 M re verschränkt, in der folgenden Rd re verschränkt str
- = 2 M re zusammenstr
- = 3 M re zusammenstr: 2 M gleichzeitig wie zum Rechtsstr abheben, 1 M re str, dann die beiden abgehobenen M überziehen
- = 1 M mit ihrer Anschlagschlinge zusammenstr
- = 1 M auf einer Hilfsnd HINTER die Arbeit legen, 1 M re verschränkt, dann die M der Hilfsnd li str
- = 1 M auf einer Hilfsnd HINTER die Arbeit legen, 1 M re verschränkt, dann die M der Hilfsnd re str
- = 1 M auf einer Hilfsnd HINTER die Arbeit legen, 1 M re verschränkt, dann die M der Hilfsnd re verschränkt str
- = 1 M auf einer Hilfsnd VOR die Arbeit legen, 1 M li, dann die M der Hilfsnd re verschränkt str
- = 1 M auf einer Hilfsnd VOR die Arbeit legen, 1 M re, dann die M der Hilfsnd re verschränkt str

IT'S TEA TIME

SCHWIERIGKEITSGRAD

GRÖSSE
38/39
zusätzliche Hinweise zum Stricken der Größen 36/37 und 40/41

MATERIAL
Regia 4-fädig: 100 g in Limette (Fb 1056)

Nadelspiel 2–2,5 mm

Die Nadelstärke so wählen, dass die angegebene Maschenprobe erreicht wird!

MASCHENPROBE
im Strukturmuster
32 M und 40 R
= 10 cm x 10 cm

BASICS
Maschenstich
Seite 125

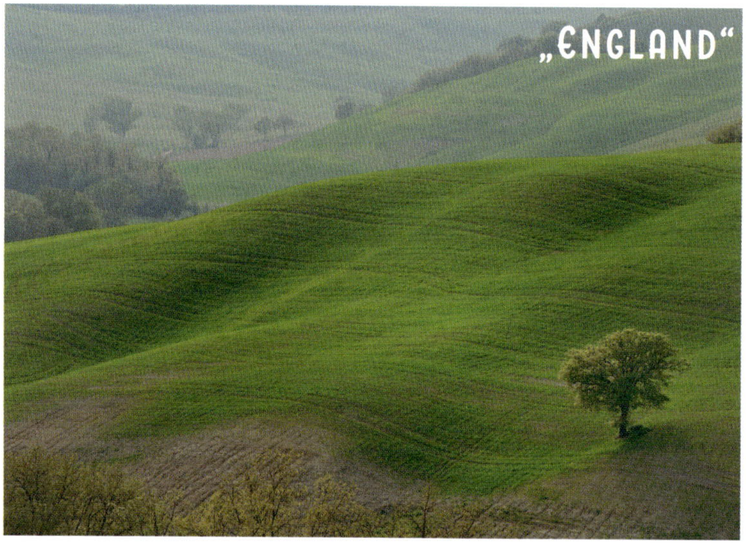

Strukturmuster aus rechten und linken Maschen finden sich bei den Pullovern der englischen Fischer oft in Kombination mit einfachen Zopfmustern. Auch auf Socken sieht man häufig ein Zusammenspiel aus diesen Mustern.

RIPPENMUSTER

* 1 M re verschränkt, 1 M li, ab * stets wdh.

KLEINES PERLMUSTER

Rd 1: * 1 M re, 1 M li, ab * stets wdh.

In den folgenden Rd auf jede re eine li M und auf jede li eine re M str.

STRUKTURMUSTER, OBERFUSSMUSTER

Siehe Strickschriften auf Seite 91.

Strukturmuster aus rechten und linken Maschen bei Socken nicht zu locker stricken, besser eine dünnere Nadel wählen!

FERSENWANDMUSTER

Das Fersenwandmuster in R str, dabei die Hinr von re nach li und die Rückr von li nach re lesen.

ANLEITUNG

72 M gleichmäßig auf 4 Nd verteilt anschlagen, zur Rd schließen und 16 Rd im Rippenmuster str (18+18+18+18 M). Den Schaft weiter im Strukturmuster arbeiten (2x die 37 M des Rapports), dabei in der ersten Rd auf Nd 2 und Nd 4 jeweils nach der 3. M eine M zunehmen und nach Strickschrift abstr, sodass das Bündchenmuster in das Strukturmuster übergeht: jeweils mit Nd 1 und 2 und mit Nd 3 und 4 einen Rapport von 37 M arbeiten (18+19+18+19 M).

Die 8 Rd der Strickschrift bis zu einer Schaftlänge von insgesamt 16 cm stets wdh. Soll eine andere Schafthöhe gearbeitet werden, bitte darauf achten, mit einer 8. Rd abzuschließen, damit das Strukturmuster ins Fersenwandmuster übergeht. Den Faden trennen.

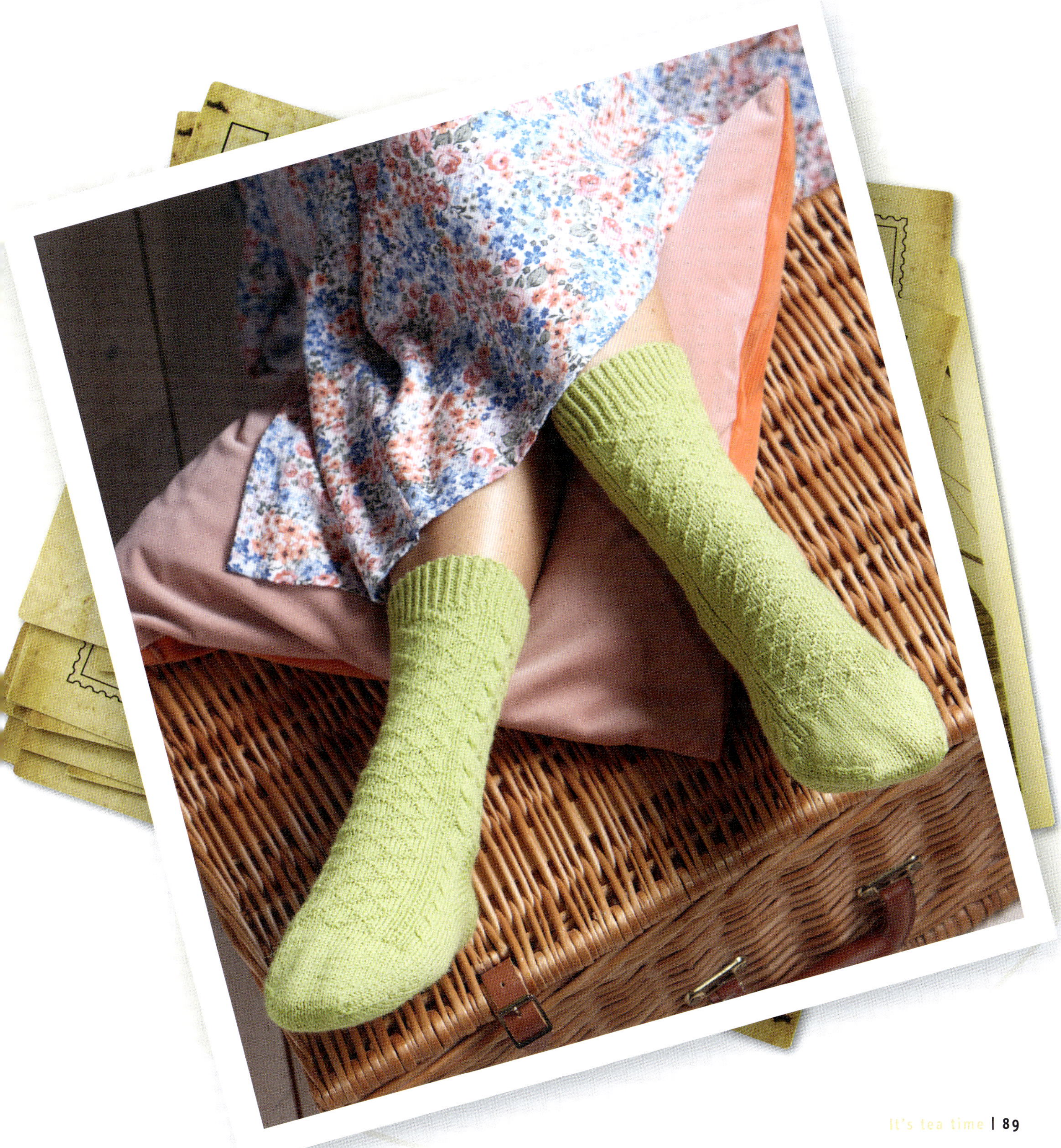

FERSE

Die 37 M der Nd 1 und 4 auf einer Nd zusammenfassen und über diese M eine Fersenwand in Hin- und Rückr arbeiten. Dazu den Faden an der ersten M der Nd 4 neu ansetzen und im Fersenwandmuster str.
Die Fersenwand über 32 R (4x die 1.–8. R) arbeiten.

Dann die Fersen-Rundung in verkürzten R arbeiten.
Dazu in der folgenden Hinr 20 M re str, 2 M nacheinander wie zum Rechtsstr abheben, wieder zurück auf die li Nd heben und beide M re verschränkt zusammenstr, 1 weitere M re str und wenden.
1 M abheben, 4 M li str, 2 M li zusammenstr, noch 1 weitere M li str und wenden.
Hinr: 1 M abheben, die M bis 1 M vor dem Gässchen re str, die M vor dem Gässchen und die M nach dem Gässchen wie zum Rechtsstr abheben und beide M re zusammenstr, noch 1 weitere M re str und wenden.
Rückr: 1 M abheben, die M bis 1 M vor dem Gässchen li str, die M vor dem Gässchen und die M nach dem Gässchen li zusammenstr, noch 1 weitere M li str und wenden.
Die letzten beiden R wdh, bis beide Reihenenden erreicht sind und sich noch 21 M auf der Nd befinden.

Um wieder in Rd zu str, mit Nd 1 zunächst die 21 Fersen-M str, aus der Fersenwand 16 M auffassen, die M der Nd 2 und 3 im Oberfußmuster str, mit Nd 4 16 M aus der Fersenwand auffassen und noch 11 M der Nd 1 re abstr (26+19+18+27 M).

SPICKEL

Nun den Fuß wieder in Rd str:
Nd 1: 16 M glatt re, 8 M im kleinen Perlmuster und 2 M glatt re str.
Nd 2 und 3: Im Oberfußmuster str.
Nd 4: 2 M glatt re, 8 M im kleinen Perlmuster, 1 Maschenmarkierer einhängen und 17 M glatt re str.
In dieser Mustereinteilung 2 Rd str.

Abnahme-Rd: 16 Sohlen-M glatt re str, die Spickel-M bis zu den letzten 3 M der Nd im kleinen Perlmuster str, die letzte Spickel-M und die vorletzte M re zusammenstr, 1 M glatt re. Mit Nd 2 und 3 weiter im Oberfußmuster und mit Nd 4 1 M glatt re str, 2 M nacheinander wie zum Rechtsstr abheben, wieder zurück auf die li Nd heben und beide M re verschränkt zusammenstr, die restlichen Spickel-M bis zum Maschenmarkierer im kleinen Perlmuster und die 17 Sohlen-M glatt re str.
Hinweis: Mit jeder Abnahme-Rd reduziert sich die M-Zahl der im kleinen Perlmuster gestrickten Spickel-M jeweils um 1 M, die Anzahl der glatt re gestrickten M der Nd 1 und 4 bleiben stets gleich. In den Zwischenrd jeweils entsprechend weniger Spickel-M arbeiten.
Die Abnahme-Rd noch 7x in jeder 3. Rd wdh, bis alle Spickel-M aufgebraucht sind (18+19+18+19 M).

FUSS

Den Fuß weiter in Rd str, dabei die 37 Sohlen-M (Nd 1 und 4) glatt re, die 37 M des Oberfußes (Nd 2 und 3) im Strukturmuster arbeiten.
In einer Fußlänge von 19,5–20 cm, nach einer 8. Rd des Oberfußmusters noch 2 vorbereitende Rd zur Bandspitze glatt re über alle M str, dabei in der 2. Rd die ersten beiden M der Nd 2 und die ersten beiden M der Nd 4 re zusammenstr (18+18+18+18 M).

SPITZE

Abnahme-Rd: Alle M re str, dabei mit Nd 1 und mit Nd 3 die zweit- und drittletzte M re zusammenstr und mit Nd 2 und mit Nd 4 die 2. und 3. M nacheinander wie zum Rechtsstr abheben, wieder zurück auf die li Nd heben und beide M re zusammenstr.
Diese Abnahme-Rd noch einmal in jeder 4. Rd, 2x in jeder 3. Rd, 3x in jeder 2. Rd und 3x in jeder Rd wdh (8+8+8+8 M).

In der folgenden Rd alle M re str, dabei die letzten beiden M der Nd 1 und 3 re zusammenstr und die ersten beiden M der Nd 2 und 4 nacheinander wie zum Rechtsstr abheben, wieder zurück auf die li Nd heben und beide M re zusammenstr.
Noch einmal die M der Nd 1 re str, um mit dem Faden zum seitlichen Rand zu gelangen. Den Faden in ca. 60 cm Länge trennen und auf eine Stopfnadel ziehen.
Die M der Nd 1 und 4 und die M der Nd 2 und 3 jeweils auf eine Stricknadel heben, sodass sich die M gegenüberliegen, und die M im Maschenstich schließen.
Die **zweite Socke** ebenso arbeiten.

HINWEISE ZUM STRICKEN DER GRÖSSEN 36/37 UND 40/41

Für die Größe 36/37 nach Anleitung arbeiten, aber die Bandspitze nach einer Fußlänge von 18,5–19 cm nach einer 8. Rd beginnen.
Für die Größe 40/41 nach Anleitung arbeiten, aber die Bandspitze nach einer Fußlänge von 20,5–21 cm nach einer 8. Rd beginnen.

STRUKTURMUSTER

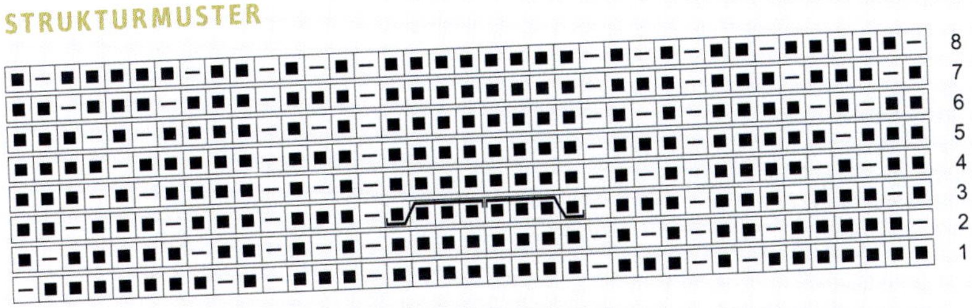

Rapport = 37 M

OBERFUSSMUSTER

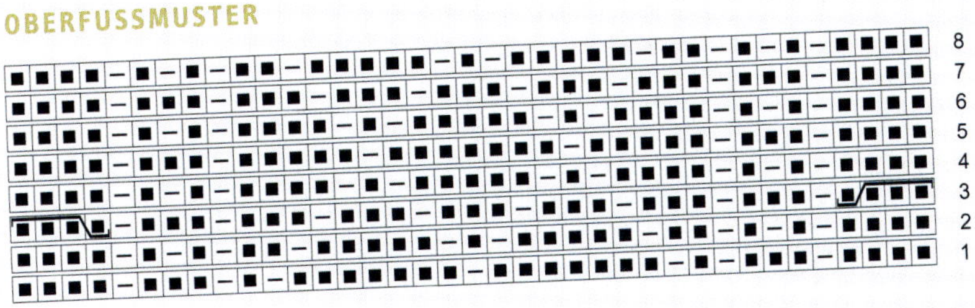

Rapport = 37 M

FERSENWANDMUSTER

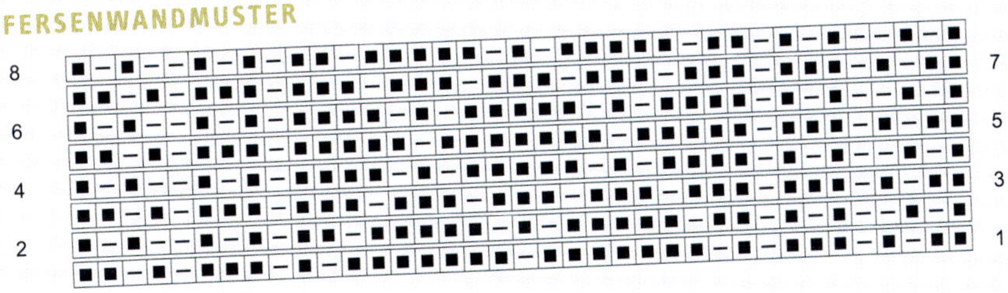

Fersenwand = 37 M

 = 1 M re, in Rückr li str

 = 1 M li, in Rückr re str

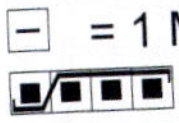 = 3 M auf einer Hilfsnd HINTER die Arbeit legen, 1 M re str, dann die M der Hilfsnd re str

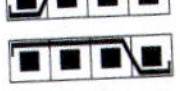 = 1 M auf einer Hilfsnd VOR die Arbeit legen, 3 M re str, dann die M der Hilfsnd re str

Die Grüne Insel

SCHWIERIGKEITSGRAD

GRÖSSE
38/39
zusätzliche Hinweise zum Stricken der Größen 36/37 und 40/41

MATERIAL
Regia 4-fädig: 50 g in Fuchsia (Fb 1051) und 50 g in Blatt (Fb 2082)

Nadelspiel 2,5–3 mm

Die Nadelstärke so wählen, dass die angegebene Maschenprobe erreicht wird!

MASCHENPROBE
im Jacquardmuster
34 M und 40 R
= 10 cm x 10 cm

BASICS
Jacquardtechnik
Seite 122

Bei dem großen Musterrapport bietet es sich an, alternativ zum Nadelspiel mit 2 Rundstricknadeln zu arbeiten.

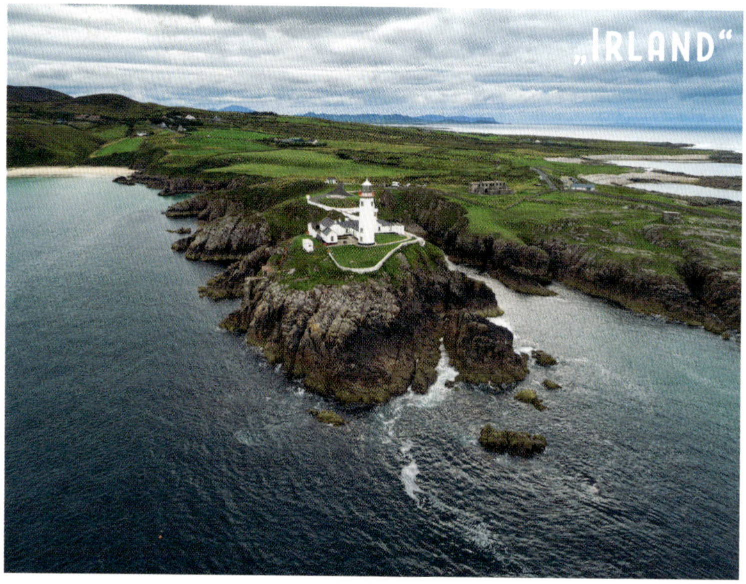

Das dreiblättrige Kleeblatt ist das Nationalsymbol der grünen Insel. Der Sage nach führte Sankt Patrick heidnischen Druiden mit einem Kleeblatt die christliche Dreieinigkeit vor Augen und bereitete so den Weg zur Christianisierung. Rautenmuster finden sich sowohl in irischen Jacquardmustern als auch in Strukturmustern.

BÜNDCHENMUSTER

* 3 M re, 1 M li, ab * stets wdh.

JACQUARDMUSTER

Siehe Strickschrift auf Seite 95.

Am Bein nur den Rapport von 37 M in der Rd arbeiten.

Für den Oberfuß auch die zusätzlichen M an beiden Seiten arbeiten (= 39 M).

ANLEITUNG

64 M in Blatt gleichmäßig auf 4 Nd verteilt anschlagen (16+16+16+16 M) und zur Rd schließen.

1 Rd li M str, 1 Rd re M str.

16 Rd im Bündchenmuster arbeiten.

Eine vorbereitende Rd zum Jacquardmuster str: alle M re str und dabei 10x nach jeder 6. M 1 M re verschränkt aus dem Querfaden herausstr. Die M auf den Nd verteilen (19+18+19+18 M).

Nd 1: 19 M glatt re in Blatt arbeiten.
Nd 2 und 3: 37 M im Jacquardmuster.
Nd 4 und 1: 37 M im Jacquardmuster.
In dieser Mustereinteilung 40 Rd (4x die 1.–10. Rd) arbeiten. Beide Fäden trennen.

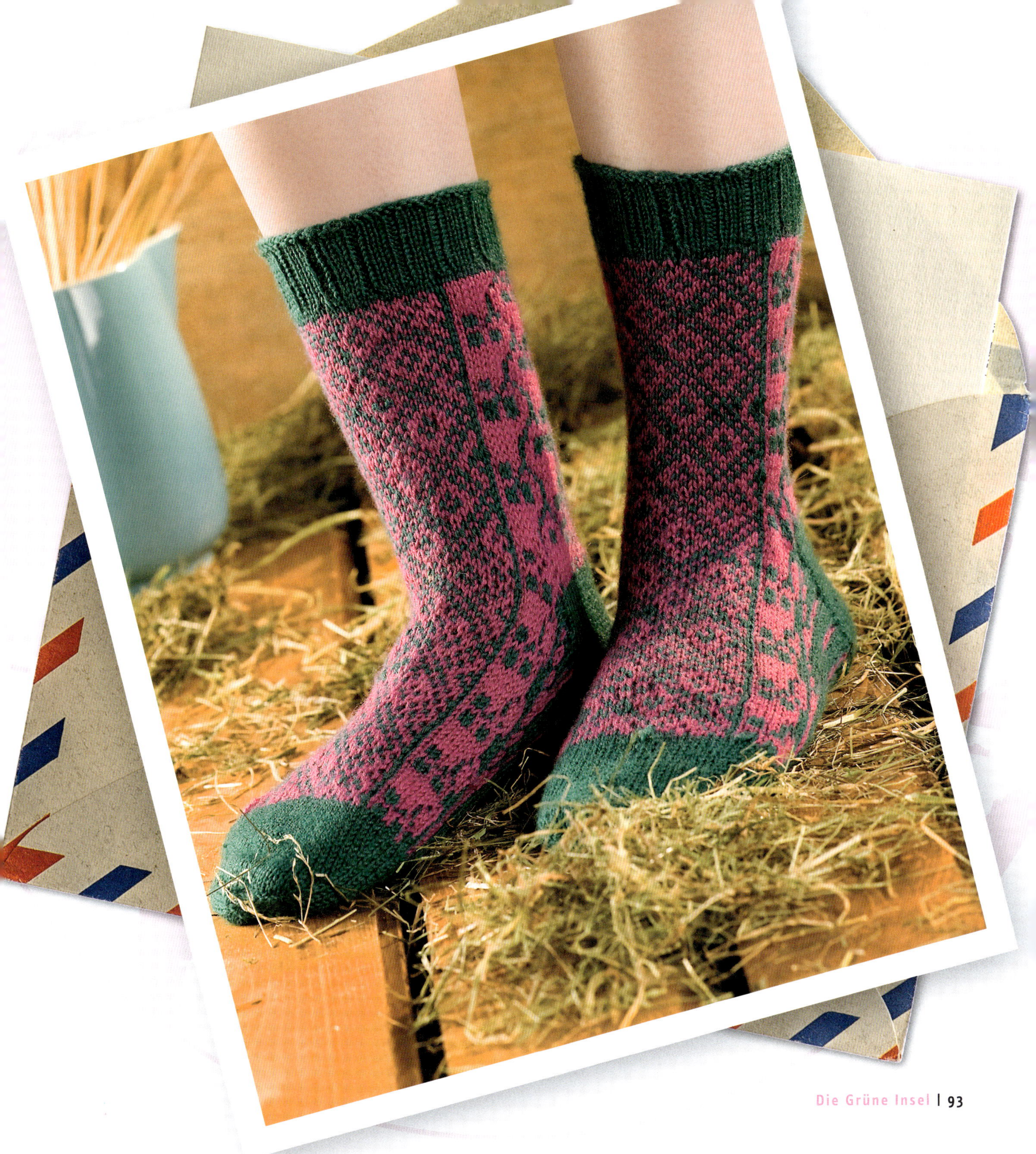

FERSE

Die M der Nd 1 und 4 auf einer Nd zusammenfassen (M der Nd 1 ungestrickt mit auf die Nd 4 heben).
Über die 37 Fersen-M in Blatt eine Fersenwand von 32 R glatt re in Hin- und Rückr arbeiten.

Die Fersen-Rundung in verkürzten R arbeiten. Dazu in der folgenden Hinr 20 M re str, 2 M nacheinander wie zum Rechtsstr abheben, wieder zurück auf die li Nd heben und beide M re verschränkt zusammenstr, 1 weitere M re str und wenden.

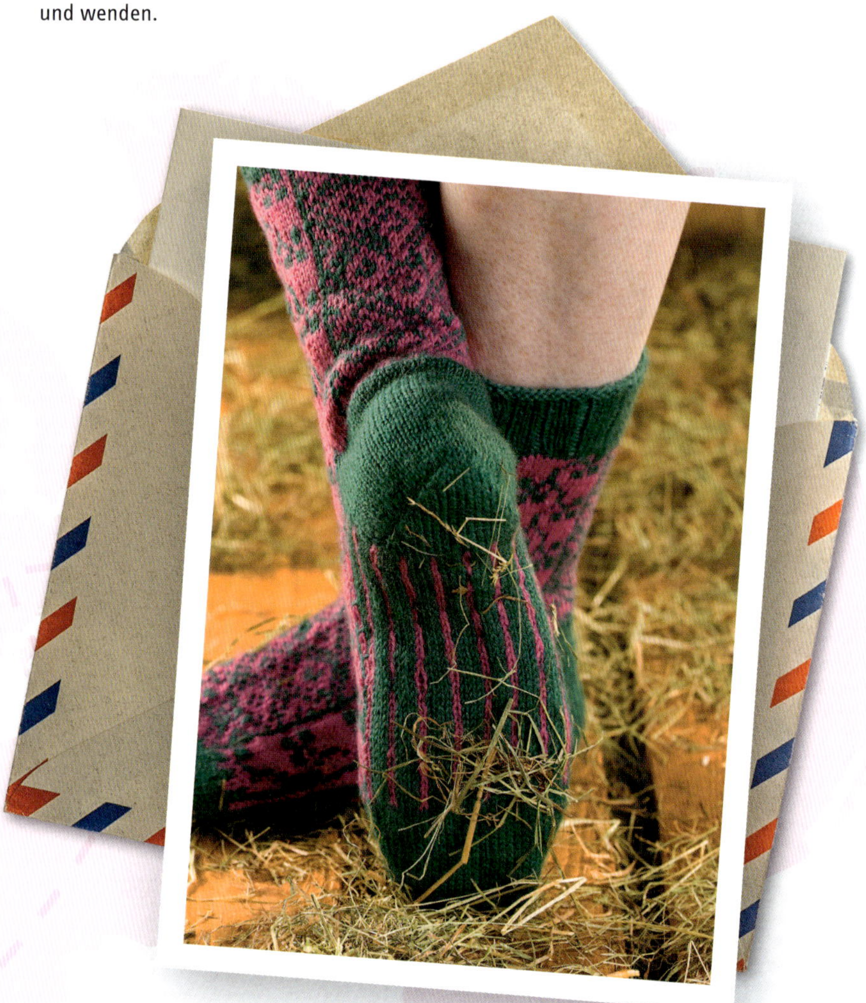

1 M abheben, 4 M li str, 2 M li zusammenstr, noch 1 weitere M li str und wenden.

Hinr: 1 M abheben, die M bis 1 M vor dem Gässchen re str, die M vor dem Gässchen und die M nach dem Gässchen wie zum Rechtsstr abheben, wieder zurück auf die li Nd heben und beide M re zusammenstr, noch 1 weitere M re str und dann wenden.
Rückr: 1 M abheben, die M bis 1 M vor dem Gässchen li str, die M vor dem Gässchen und die M nach dem Gässchen li zusammenstr, noch 1 weitere M li str und wenden.

Die letzten beiden R wdh, bis beide Reihenenden wieder erreicht sind und sich noch 21 M auf der Nd befinden.

Wieder in Rd str.
Nd 1: 21 Fersen-M re str, aus der Fersenwand 16 M auffassen.
Nd 2 und 3: 37 M im Jacquardmuster (1. Rd), dazu mit Fuchsia neu ansetzen und nur die M des Rapports str. Den Faden in Fuchsia wieder abtrennen.
Nd 4: 16 M aus der Fersenwand auffassen, 10 Fersen-M von Nd 1 re abstr (27+18+19+26 M). Die letzte M von Nd 1 auf Nd 2 heben, die erste M von Nd 4 auf Nd 3 heben (26+19+20+25 M).

MUSTEREINTEILUNG FUSS

Nd 1: * 1 M in Fuchsia, 3 M in Blatt, ab * noch 5x wdh, 1 M in Fuchsia, 1 M in Blatt.
Nd 2 und 3: im Jacquardmuster über 39 M str, beginnend mit Rd 2.
Nd 4: 1 M in Blatt, * 1 M in Fuchsia, 3 M in Blatt, ab * noch 5x wdh.
Die Sohlen-M der Nd 1 und 4 im Folgenden stets in der Fb der vorigen Rd str.

SPICKEL

2 Rd in dieser Mustereinteilung str.
Abnahme-Rd: Alle M nach Mustereinteilung str, dabei auf Nd 1 die zweit- und drittletzte M in Fuchsia re zusammenstr und auf Nd 4 die 2. und 3. M nacheinander wie zum Rechtsstr abheben, wieder zurück auf die li Nd heben und in Fuchsia beide M re zusammenstr.
Diese 3 Rd insgesamt 8x arbeiten. Die letzte Abnahme erfolgt in einer 6. Rd der Strickschrift (18+19+20+17 M).

FUSS

Für den Fuß noch 34 Rd (1x die 7.–10. Rd noch 3x die 1.–10. Rd) in der Mustereinteilung ohne weitere Abnahmen str (Fußlänge von Fersen-Mitte bis Spitzenbeginn = 19,5–20 cm). Den Faden in Fuchsia trennen.

ÜBERGANG ZUR SPITZE

Die Spitze glatt re in Blatt arbeiten.

1. Rd: Glatt re über alle M str, dabei die 1. M von Nd 2 wieder auf Nd 1 heben und die letzte M von Nd 3 auf Nd 4 heben (19+18+19+18 M).

2. Rd: Nd 1 und 3: 2 M re zusammenstr, 10 M re, 2 M re zusammenstr, 5 M re; **Nd 2 und 4:** 6 M re, 2 M re zusammenstr, 10 M re (6 Abnahmen) (17+17+17+17 M).

BANDSPITZE

Abnahme-Rd: Alle M re str, dabei auf Nd 1 und auf Nd 3 die zweit- und drittletzte M jeweils re zusammenstr und auf Nd 2 und auf Nd 4 die 2. und 3. M nacheinander wie zum Rechtsstr abheben, wieder zurück auf die li Nd heben und beide M re zusammenstr.

Die Abnahme-Rd noch einmal in jeder 4. Rd, 2x in jeder 3. Rd, 3x in jeder 2. Rd und 8x in jeder Rd wdh. Den Faden trennen, durch die restlichen 8 M ziehen und von innen gut vernähen.

Die **zweite Socke** ebenso arbeiten.

HINWEISE ZUM STRICKEN DER GRÖSSEN 36/37 UND 40/41

Für die Größe 36/37 eine kleinere Nadelstärke wählen (2–2,5 mm) und die Bandspitze nach einer Fußlänge von 18,5–19 cm arbeiten (nach den Spickelabnahmen noch 29 Rd ohne Abnahmen).

Für die Größe 40/41 nach Anleitung arbeiten, dabei die Bandspitze nach einer Fußlänge von 20,5–21 cm beginnen, d. h. nach den Spickelabnahmen noch 39 Rd ohne Abnahmen str.

JACQUARDMUSTER

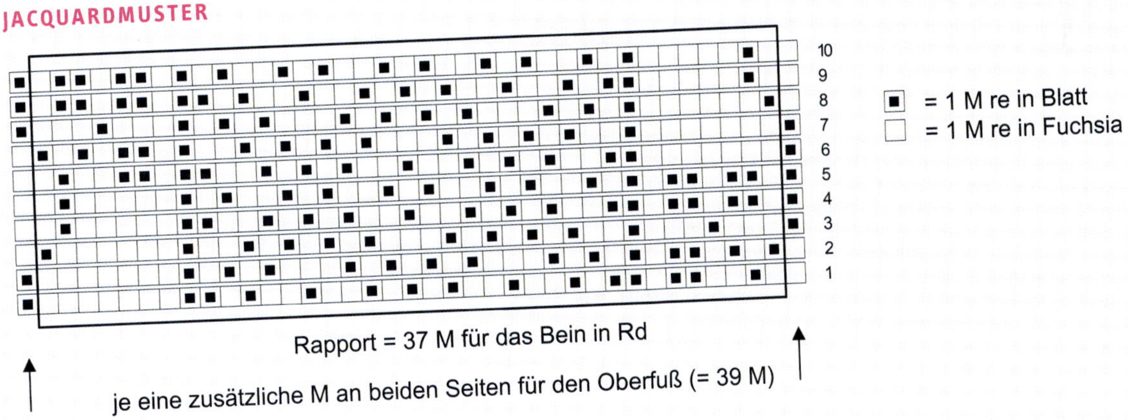

Urlaub in den Bergen

SCHWIERIGKEITS-GRAD

GRÖSSE
38/39
zusätzliche Hinweise zum Stricken der Größen 36/37 und 40/41

MATERIAL
Regia Silk: 100 g in Rust Red (Fb 0085)

Nadelspiel 2–2,5 mm

Die Nadelstärke so wählen, dass die angegebene Maschenprobe erreicht wird!

zusätzliche Spielnadel als Hilfsnadel oder Zopfmusternadel

MASCHENPROBE
Im Zugmaschenmuster 32 M und 40 R = 10 cm x 10 cm

BASICS
Verschränkte Maschen verzopfen Seite 126

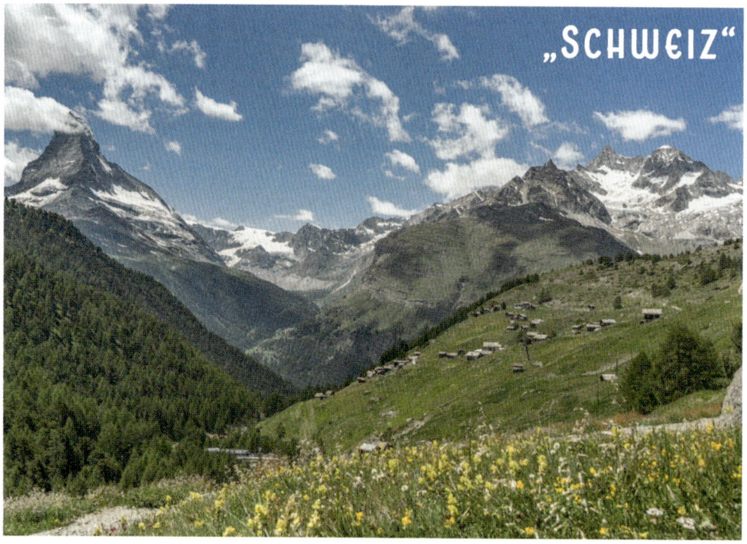

Auch in der Schweiz ist der Einfluss der alpenländischen Zugmaschen aus verschränkten Maschen zu finden. Reich gemusterte Strümpfe gehören zu den Trachten von Männern und Frauen.

BÜNDCHENMUSTER

Siehe Strickschrift auf Seite 99.

ZUGMASCHENMUSTER

Siehe Strickschrift auf Seite 99. Die M in allen gerade Rd str, wie sie erscheinen. Dabei auf glatt re und re verschränkt achten!
Am Bein nur den Rapport von 26 M in der Rd arbeiten. Für den Oberfuß auch die zusätzlichen M an beiden Seiten arbeiten (= 39 M).

FERSENABNAHME, SPITZENABNAHME

Siehe Strickschriften auf Seite 99. Beide Abnahmen reduzieren die M-Zahl jeweils von 39 M auf 32 M.

ANLEITUNG

78 M auf 3 Nd verteilt anschlagen und zur Rd schließen (26+26+26 M). 12 Rd im Bündchenmuster str.
56 Rd im Beinmuster str (2x die 1.–28. Rd), dabei nur die 26 M des Rapportes 3x in der Rd arbeiten.

FERSE

Abnahme für die Ferse und Neusortieren der M von 3 Nd auf 4 Nd:
Nd 1: 20 M nach Rd 1 des Zugmaschenmusters str (mit der 1. M des Rapports beginnen), die letzten 6 M auf Nd 2 heben.
Nd 2: 39 M nach Rd 1 des Zugmaschenmusters str (mit der 1. der 39 M für den gesamten Oberfuß beginnen), dazu noch 7 M zusätzlich von Nd 3 abstr (= 39 M).

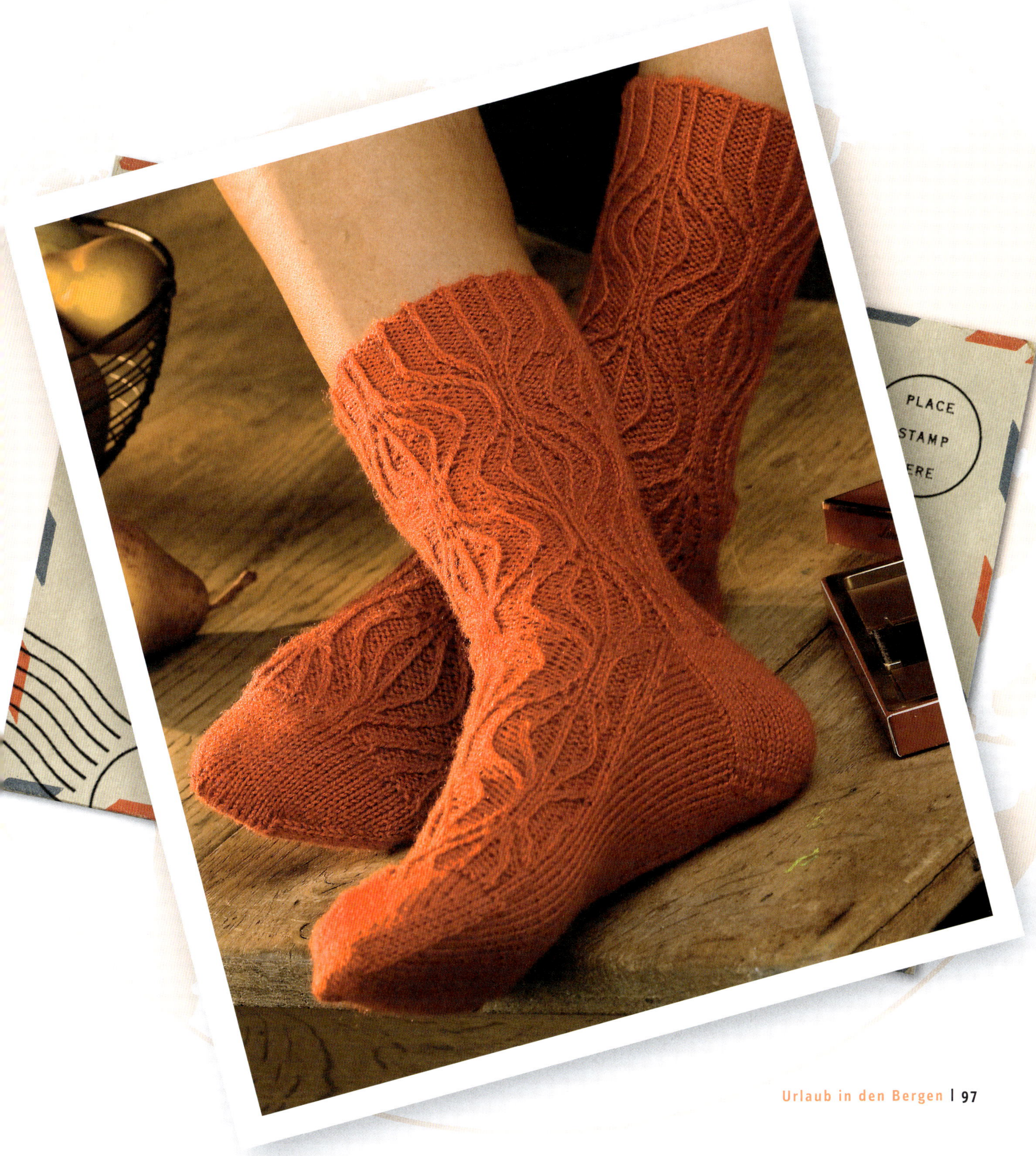
PLACE
STAMP
ERE

Nun die M der Nd 2 auf 2 Spielnadeln (= Nd 2 und Nd 3) verteilen (20+19+20+19 M).
Die M der Nd 4 und 1 auf einer Nd zusammenfassen und die Fersenabnahme nach der Strickschrift arbeiten (16+19+20+16 M).
Über die 32 Fersen-M in Hin- und Rückr eine Fersenwand von 32 R glatt re arbeiten.

Für die Fersenrundung in der folgenden Hinr 17 M re, 2 M abheben und re zusammenstr, 1 M re und wenden.
Die 1. M abheben, 3 M li, 2 M li zusammenstr, 1 M li, wenden.
Hinr: 1 M abheben, die M bis 1 M vor dem Gässchen re str, die M vor dem Gässchen und die M nach dem Gässchen wie zum Rechtsstr abheben, wieder zurück auf die li Nd heben und beide M re zusammenstr, noch 1 weitere M re str und wenden.
Rückr: 1 M abheben, die M bis 1 M vor dem Gässchen li str, die M vor dem Gässchen und die M nach dem Gässchen li zusammenstr, noch 1 weitere M li str und wenden.
Die letzten beiden R wdh, bis beide Reihenenden wieder erreicht sind und sich noch 18 Fersen-M auf der Nd befinden.

SPICKEL

Weiter in Rd str.
Nd 1: 18 Fersen-M re str, 16 M aus der Fersenwand aufnehmen.
Nd 2 und 3: im Zugmaschenmuster über 39 M str (2. Rd).
Nd 4: 16 M aus der Fersenwand aufnehmen und noch 9 Fersen-M von Nd 1 abstr (25+19+20+25 M).

3 Rd str, die M der Nd 1 und 4 glatt re, die M der Nd 2 und 3 nach der Strickschrift.

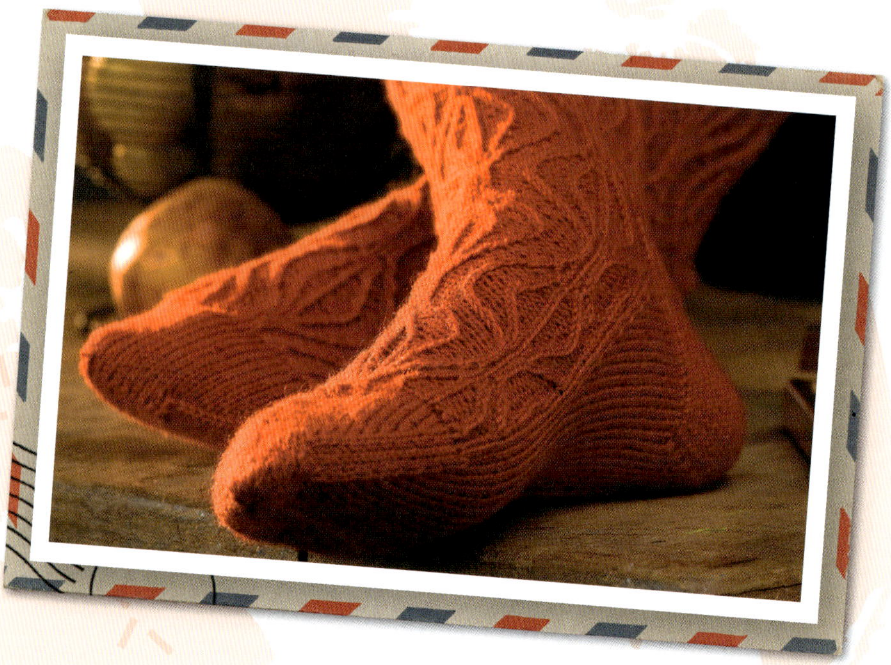

4. Rd: Mit Nd 1 alle M bis auf die letzten 3 M re str, 2 M re zusammenstr, 1 M re, die M der Nd 2 und 3 im Zugmaschenmuster str, mit Nd 4 1 M re, 2 M nacheinander wie zum Rechtsstr abheben, wieder zurück auf die li Nd heben und beide M re verschränkt zusammenstr, die restlichen M re str.

Diese 4 Rd insgesamt 9x arbeiten (bis zur 10. Rd der Strickschrift) (16+19+20+16 M).

Ohne weitere Abnahmen in Rd str.
18 Rd in gleicher Mustereinteilung arbeiten bis zur 28. Rd der Strickschrift.

SPITZE

Nd 1: 16 M re str.
Nd 2 und 3: die Spitzenabnahme nach Strickschrift arbeiten.
Nd 4: 16 M re str (16+16+16+16 M).

Für die Spitze die M aller 4 Nd re str.
Abnahme-Rd: Alle M re str, dabei mit Nd 1 und mit Nd 3 die zweit- und drittletzte M re zusammenstr und mit Nd 2 und mit Nd 4 die 2. und 3. M nacheinander wie zum Rechtsstr abheben, wieder zurück auf die li Nd heben und beide M re zusammenstr.

Diese Abnahme-Rd noch einmal in jeder 4. Rd, 2x in jeder 3. Rd, 3x in jeder 2. Rd und 3x in jeder Rd wdh. Es verbleiben noch 6 M auf jeder Nd.
In der folgenden Übergangs-Rd alle M re str, dabei die letzten beiden M der Nd 1 und 3 re zusammenstr und die ersten beiden M der Nd 2 und 4 nacheinander wie zum Rechtsstr abheben, wieder zurück auf die linke Nd heben und beide M re verschränkt zusammenstr.

Noch einmal die M der Nd 1 re str, um mit dem Faden zum seitlichen Rand zu gelangen. Den Faden in ca. 60 cm Länge trennen und auf eine Stopfnadel ziehen.

Die M der Nd 1 und 4 und die M der Nd 2 und 3 jeweils auf eine Stricknadel heben, sodass sich die M gegenüberliegen, und die M im Maschenstich schließen.

Die **zweite Socke** ebenso arbeiten.

HINWEISE ZUM STRICKEN DER GRÖSSEN 36/37 UND 40/41

Für die Größe 36/37 nach Anleitung arbeiten, aber eine kleinere Nadelstärke wählen, sodass die Bandspitze nach einer Fußlänge von 18,5–19 cm begonnen werden kann.

Für die Größe 40/41 nach Anleitung arbeiten. Um die Bandspitze nach einer Fußlänge von 20,5–21 cm zu beginnen noch 4 Rd glatt re vor der ersten Abnahme-Rd der Spitze str.

BÜNDCHENMUSTER

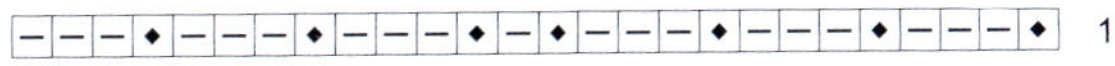

Rapport = 26 M

ZUGMASCHENMUSTER

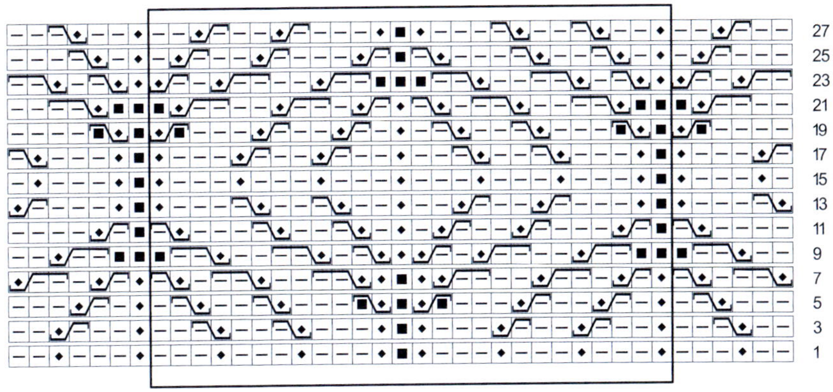

Rapport = 26 M für das Bein in Rd

zusätzliche M an beiden Seiten für den Oberfuß (= 39 M)

Die M in allen geraden Rd str, wie sie erscheinen.
Dabei auf glatt re und re verschränkt achten!

FERSENABNAHME

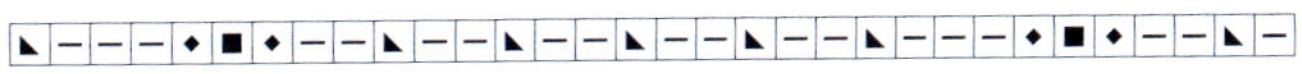

SPITZENABNAHME

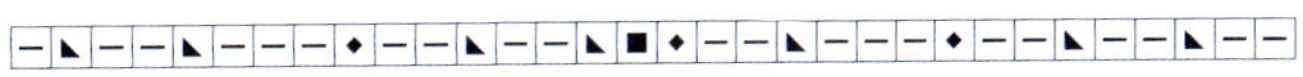

■ = 1 M re
– = 1 M li
• = 1 M re verschränkt
◣ = 2 M nacheinander wie zum Rechtsstr abheben, zurück auf die li Nd heben und rechts verschränkt zusammenstr

 = 1 M auf einer Hilfsnd HINTER die Arbeit legen, 1 M re verschränkt, dann die M der Hilfsnadel li str
 = 1 M auf einer Hilfsnd HINTER die Arbeit legen, 1 M re verschränkt, dann die M der Hilfsnadel re str
 = 1 M auf einer Hilfsnd HINTER die Arbeit legen, 1 M re verschränkt, dann die M der Hilfsnadel re verschränkt str
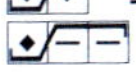 = 2 M auf einer Hilfsnd HINTER die Arbeit legen, 1 M re verschränkt, dann die 2 M der Hilfsnadel li str

 = 1 M auf einer Hilfsnd VOR die Arbeit legen, 1 M li, dann die M der Hilfsnadel re verschränkt str
 = 1 M auf einer Hilfsnd VOR die Arbeit legen, 1 M re, dann die M der Hilfsnadel re verschränkt str
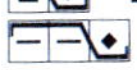 = 1 M auf einer Hilfsnd VOR die Arbeit legen, 2 M li, dann die M der Hilfsnadel re verschränkt str

Es duftet nach Lavendel

SCHWIERIGKEITSGRAD

GRÖSSE
38/39
zusätzliche Hinweise zum Stricken der Größen 36/37 und 40/41

MATERIAL
Regia 4-fädig, 100 g in Hellgrau meliert (Fb 1991)

Nadelspiel 2,5–3 mm

Die Nadelstärke so wählen, dass die angegebene Maschenprobe erreicht wird!

MASCHENPROBE
im Ajourmuster
34 M und 40 R
= 10 cm x 10 cm
(gespannt gemessen)

BASICS
Rechts- und linksgeneigte Abnahmen 121

Maschenstich Seite 125

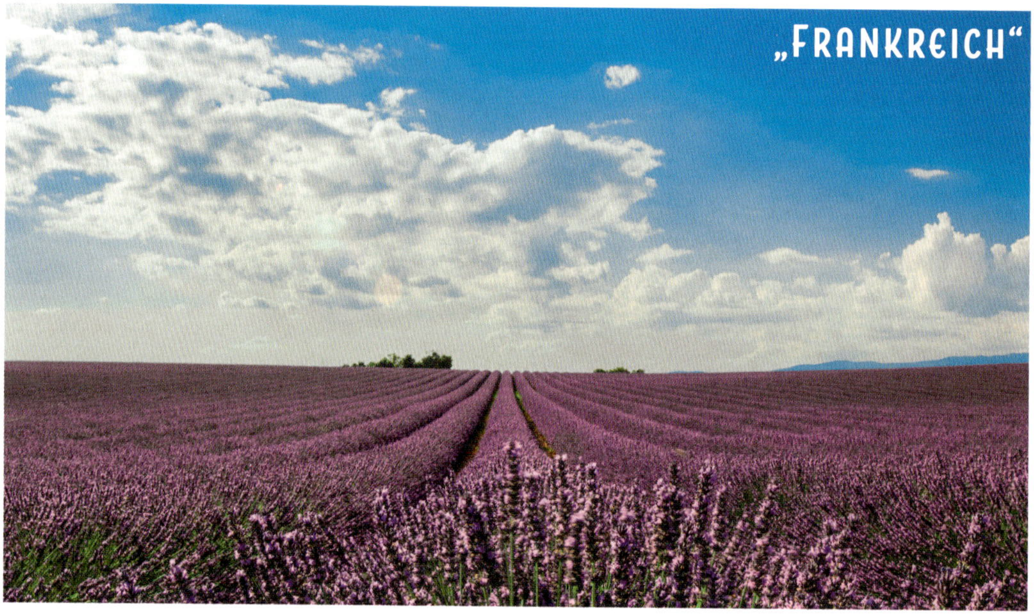

Während sich in Spanien das Spitzenstricken mit einer großen Mustervielfalt entwickelte, wurden in Frankreich überwiegend Strümpfe mit Spitzenmustern gefertigt. Diese erregten insbesondere in England großes Aufsehen. Heinrich VIII. besaß viele in Frankreich gefertigte Lochmusterstrümpfe. Mrs. Montague wurde wegen ihrer Strickkünste als Kammerzofe an den Hof von Queen Elizabeth I. gerufen. Viele ihrer Spitzenmuster sind heute noch bekannt.

BÜNDCHENMUSTER

* 1 M re verschränkt, 1 M li, ab * stets wdh.

FERSENWANDMUSTER

1. R (Rückr): 1 M re, * 1 M li verschränkt, 1 M re, ab * stets wdh, 1 M li verschränkt, 1 M re.

2. R (Hinr): 1 M re, * 1 M re verschränkt, 1 M li, ab * stets wdh, enden mit 1 M re verschränkt, 1 M re.

Die 1. und 2. R stets wdh.

BEINMUSTER, OBERFUSSMUSTER

Siehe Strickschriften auf Seite 103.

Die M in den geraden Rd, die nicht extra notiert sind, str, wie sie erscheinen, also alle M, U und Abnahmen re str und nur die re verschränkten M erneut re verschränkt str. Nur die 4. Rd und die 12. Rd wegen der zusätzlichen Abnahmen nach Strickschrift arbeiten Die M-Zahl kann sich innerhalb des Rapports von Rd zu Rd ändern.

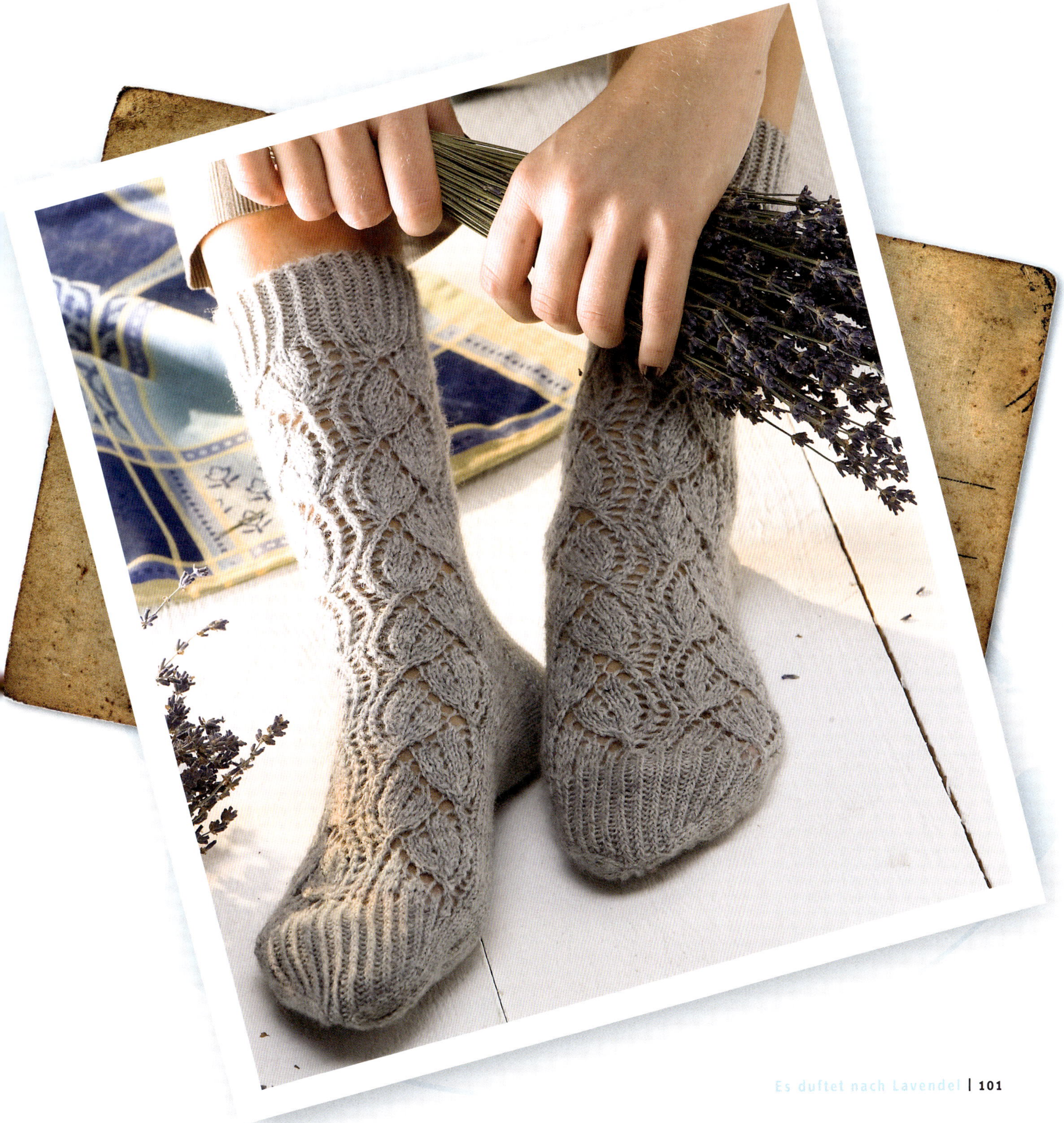

ANLEITUNG

64 M auf 4 Nd verteilt anschlagen und zur Rd schließen (16+16+16+16 M).
16 Rd im Bündchenmuster str.
40 Rd (2x die 1.–16. Rd und noch 1x die 1.–8. Rd) im Beinmuster arbeiten. Beim Zählen zwischendurch beachten, dass sich die M-Zahl in einigen Rd ändert.

FERSE

Vorbereitend die erste M der Nd 4 ungestrickt auf Nd 3 heben (16+16+17+15 M).
Nd 1: * 1 M re verschränkt, 1 M li, ab * noch 6x wdh, 1 M re verschränkt, 1 M re, wenden.
Die M der Nd 4 und Nd 1 auf einer Nd zusammenfassen (= 31 Fersen-M).
Die Fersenwand in Hin- und Rückr im Fersenwandmuster str, dabei mit einer Rückr beginnen und die Fersenwand weitere 33 R hoch str. Mit einer Rückr enden.

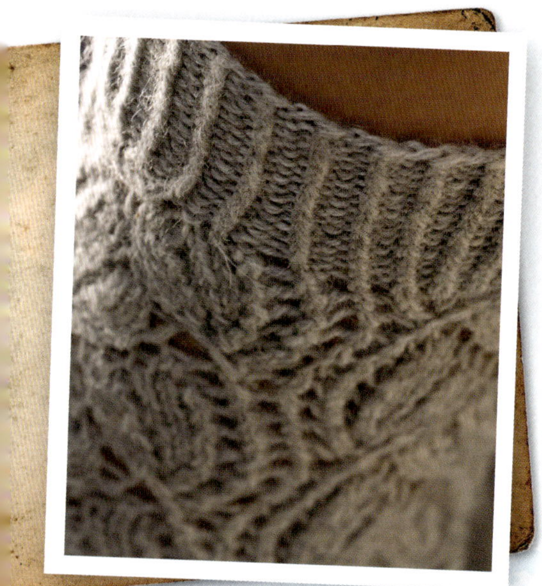

Für die Fersenrundung in der folgenden Hinr 16 M re str, 2 M wie zum Rechtsstr abheben, wieder zurück auf die li Nd heben und beide M re zusammenstr, 1 M re und wenden.
Die 1. M abheben, 2 M li, 2 M li zusammenstr, 1 M li, wenden.
Hinr: 1 M abheben, die M bis 1 M vor dem Gässchen re str, die M vor dem Gässchen und die M nach dem Gässchen wie zum Rechtsstr abheben, wieder auf die li Nd heben und beide M re zusammenstr, noch 1 weitere M re str und wenden.
Rückr: 1 M abheben, die M bis 1 M vor dem Gässchen li str, die M vor dem Gässchen und die M nach dem Gässchen li zusammenstr, noch 1 weitere M li str und wenden.
Die letzten beiden R wdh, bis beide Reihenenden wieder erreicht sind und sich noch 17 M auf der Nd befinden.

SPICKEL

Wieder in Rd str.
Nd 1: 17 Fersen-M re str, 17 M aus der Seite der Fersenwand auffassen.
Nd 2 und 3: Im Oberfußmusters str (9. Rd).
Nd 4: 17 M aus der Fersenwand auffassen, 7 Fersen-M von Nd 1 re str, 2 weitere M von Nd 1 re zusammenstr (25+16+17+25 M).

Nd 1: Alle M re str.
Nd 2 und 3: Im Oberfußmusters str.
Nd 4: Alle M re str.
In dieser Mustereinteilung 2 Rd str.

Abnahme-Rd: Auf Nd 1 alle M bis auf die letzten 3 M re str, die zweit- und drittletzte M re zusammenstr, 1 M re, auf Nd 2 und 3 im Oberfußmuster str, auf Nd 4 1 M re, 2 M nacheinander wie zum Rechtsstr abheben, wieder zurück auf die li Nd heben und beide M re verschränkt zusammenstr, die übrigen M der Nd re str.
Diese 3 Rd insgesamt 8x arbeiten (17+16+17+17 M).

FUSS

Den Fuß bis zu einer Länge von 19,5–20 cm gemessen von der Fersen-Mitte in der Mustereinteilung ohne weitere Abnahmen in Rd weiterarbeiten. Dabei mit einer 8. oder 16. Rd enden.

SPITZE

Nd 1: * 1 M li, 1 M re verschränkt, ab * wdh bis noch 3 M auf der Nd sind, 2 M re zusammenstr, 1 M re.
Nd 2: 2 M re, * 1 M re verschränkt, 1 M li, ab * noch 6x wdh.
Nd 3: * 1 M re verschränkt, 1 M li, ab * wdh, bis noch 3 M auf der Nd sind, 1 M re verschränkt, 2 M re.
Nd 4: 2 M re, * 1 M re verschränkt, 1 M li, ab * noch 6x wdh, 1 M re verschränkt (16+16+17+17) M.

In allen folgenden Rd die M str, wie sie erscheinen. 3 Rd ohne Abnahmen arbeiten.

Abnahme-Rd: Alle M str, wie sie erscheinen, dabei auf den Nd 1 und 3 die zweit- und drittletzte M re zusammenstr und die letzte M glatt re str, und auf den Nd 2 und 4 die 1. M glatt re str, die 2. und 3. M nacheinander abheben, wieder zurück auf die li Nd heben und re verschränkt zusammenstr (15+15+16+16 M).
Die Abnahme-Rd noch 2x in jeder 3. Rd, 3x in jeder 2. Rd und 4x in jeder Rd wdh (6+6+7+7 M).

In der folgenden Übergangs-Rd alle M glatt re str, dabei die letzten beiden M der Nd 1 und 3 re zusammenstr und die ersten beiden M der Nd 2 und 4 nacheinander wie zum Rechtsstr abheben und re zusammenstr.

Noch einmal die M der Nd 1 re str, um mit dem Faden zum seitlichen Rand zu gelangen. Den Faden in ca. 60 cm Länge trennen und auf eine Stopfnadel ziehen.

Die M der Nd 1 und 4 und die M der Nd 2 und 3 jeweils auf eine Stricknadel heben, sodass sich die M gegenüberliegen, und die M im Maschenstich schließen.

Die **zweite Socke** ebenso arbeiten.

HINWEISE ZUM STRICKEN DER GRÖSSEN 36/37 UND 40/41

Für die Größe 36/37 die Bandspitze nach einer Fußlänge von 18,5–19 cm arbeiten.

Für die Größe 40/41 sehr locker nach Anleitung arbeiten, eventuell eine Nadelstärke größer wählen und die Bandspitze nach einer Fußlänge von 20,5–21 cm beginnen.

OBERFUSSMUSTER

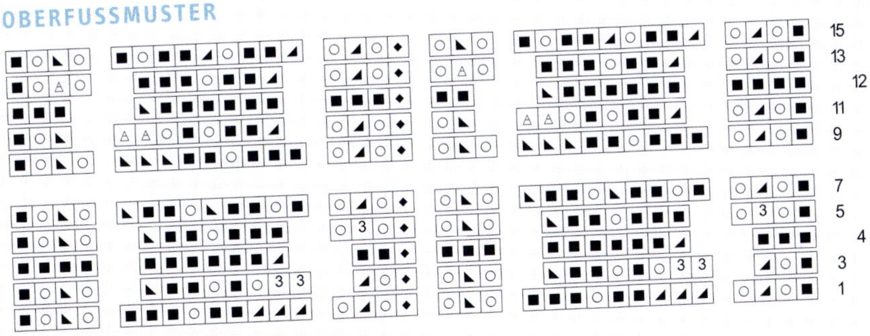

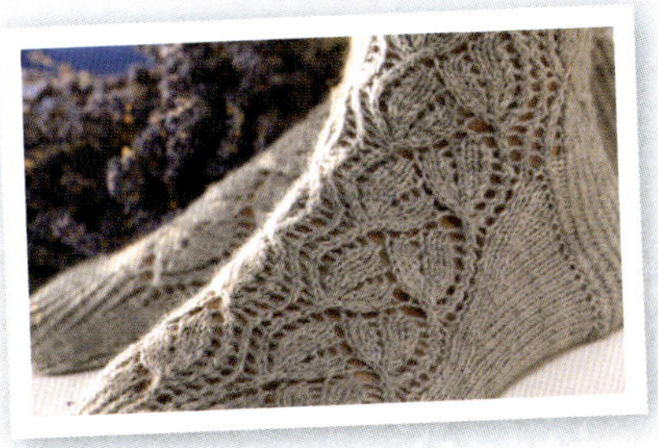

BEINMUSTER

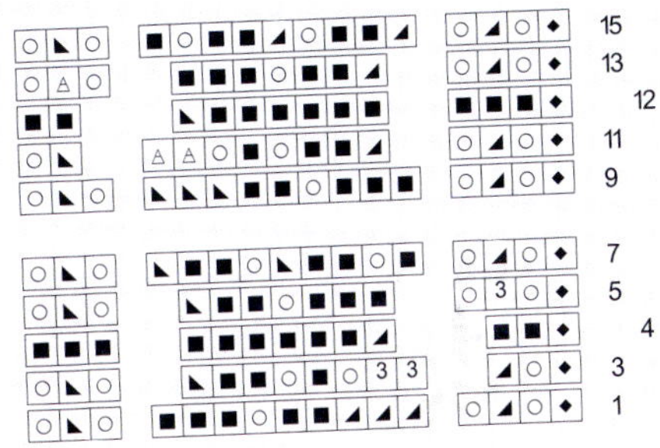

Rapport

■ = 1 M re, in der folgenden Rd re str
◆ = 1 M re verschränkt
○ = 1 U
◢ = 2 M re zusammenstr (rechtsgeneigte Abnahme)
◣ = 2 M nacheinander wie zum Rechtsstr abheben, wieder zurück auf die li Nd heben und re verschränkt zusammenstr (linksgeneigte Abnahme)
3 = 3 M re zusammenstr (rechtsgeneigte doppelte Abnahme)
△ = 3 M nacheinander wie zum Rechtsstr abheben, wieder zurück auf die li Nd heben und re verschränkt zusammenstr (linksgeneigte doppelte Abnahme)

Feminine Spitzenmuster

SCHWIERIGKEITSGRAD

GRÖSSE
38/39
zusätzliche Hinweise zum Stricken der Größen 36/37 und 40/41

MATERIAL
Regia 4-fädig, 100 g in Schwarz (Fb 2066)

Nadelspiel 2–2,5 mm

Die Nadelstärke so wählen, dass die angegebene Maschenprobe erreicht wird!

Zopfnadel

Häkelnadel 2,5 mm

MASCHENPROBE
im Ajourmuster
33 M und 42 R
= 10 cm x 10 cm

BASICS
Rechts- und linksgeneigte Abnahmen
Seite 121

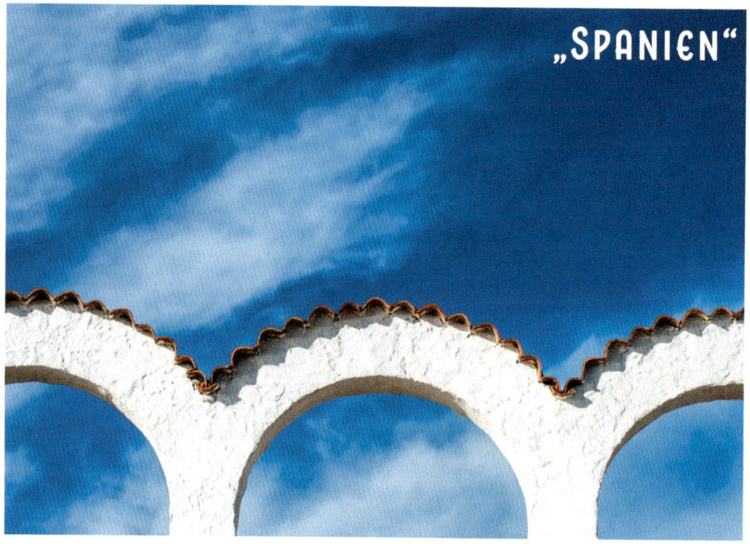

Neben seinen Jacquardmustern mit nordafrikanischem Einfluss oder christlichen Motiven für liturgische Zwecke gilt Spanien als die Wiege der Spitzenstrickerei – typisch ist dabei die Farbe Schwarz. Filigrane Muster zieren nicht nur Tücher und Schals, sondern auch fein gestrickte Strümpfe.

BÜNDCHENMUSTER

* 1 M re verschränkt, 1 M li, ab * stets wdh.

BEINMUSTER

Siehe Strickschrift auf Seite 107.

OBERFUSSMUSTER

Siehe Strickschrift auf Seite 107.

ANLEITUNG

72 M auf einer Spielnadel anschlagen und 2 R kraus re str. Die M auf 4 Spielnadeln verteilen (18+18+18–18 M) und zur Rd schließen.
9 Rd im Bündchenmuster, dann 1 Rd re M und noch 1 Rd li M str.
47 Rd im Beinmuster (einmal die 1.–32. Rd und noch einmal die 1.–15. Rd) str.

FERSE

Die 36 M der Nd 1 und 4 auf einer Nd zusammenfassen (36 Fersen-M) und in 34 Hin- und Rückr eine Fersenwand arbeiten:
3 M kraus re, 30 M glatt re, 3 M kraus re.

Die Fersenrundung glatt re in verkürzten R arbeiten:
Dazu in der folgenden Hinr 19 M re str, 2 M nacheinander wie zum Rechtsstr abheben, wieder zurück auf die li Nd heben und beide M re zusammenstr, 1 M re str und wenden.
1 M abheben, 3 M li str, 2 M li zusammenstr, noch 1 weitere M li str und wenden.
Hinr: 1 M abheben, die M bis 1 M vor dem Gässchen re str, die M vor dem Gässchen und die M nach dem Gässchen nacheinander wie zum Rechtsstr abheben, zurück auf die li Nd heben und re zusammenstr, noch 1 weitere M re str und wenden.

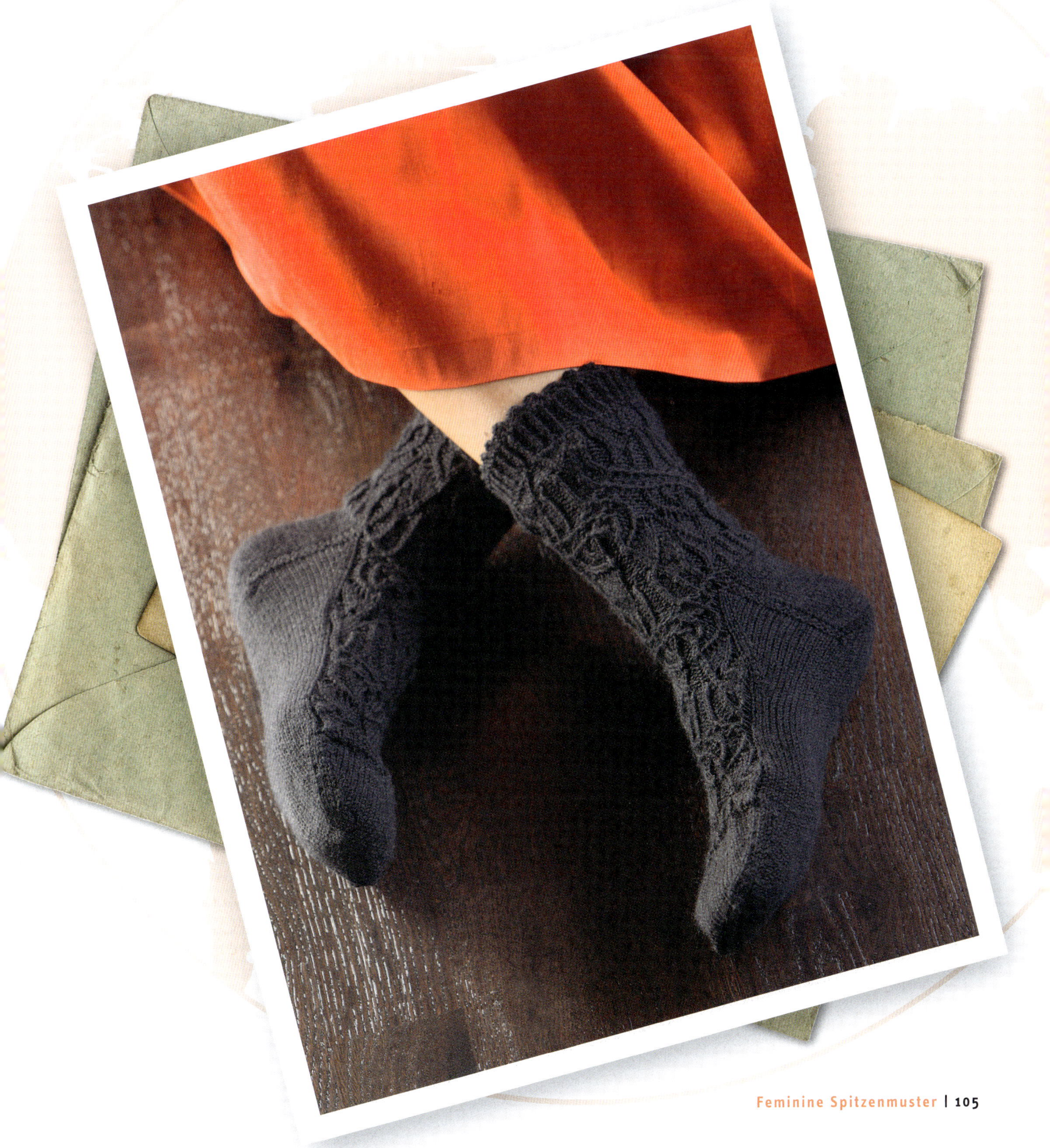

Rückr: 1 M abheben, die M bis 1 M vor dem Gässchen li str, die M vor dem Gässchen und die M nach dem Gässchen li zusammenstr, noch 1 weitere M li str und wenden.
Die letzten beiden R wdh, bis beide Reihenenden wieder erreicht sind (20 Fersen-M).

Wieder in Rd str:

Nd 1: 20 Fersen-M re str, 17 M aus der Fersenwand auffassen.

Nd 2 und 3: Im Oberfußmuster str, dabei mit Rd 16 beginnen, um das Spitzenmuster des Beins fortsetzen.

Nd 4: 17 M aus der Fersenwand auffassen, 10 Fersen-M von Nd 1 re abstr (27+18+18+27 M).
Den Fuß weiter in Rd str, dabei mit Nd 1 und 4 glatt re für die Sohle und mit Nd 2 und 3 im Oberfußmuster str.

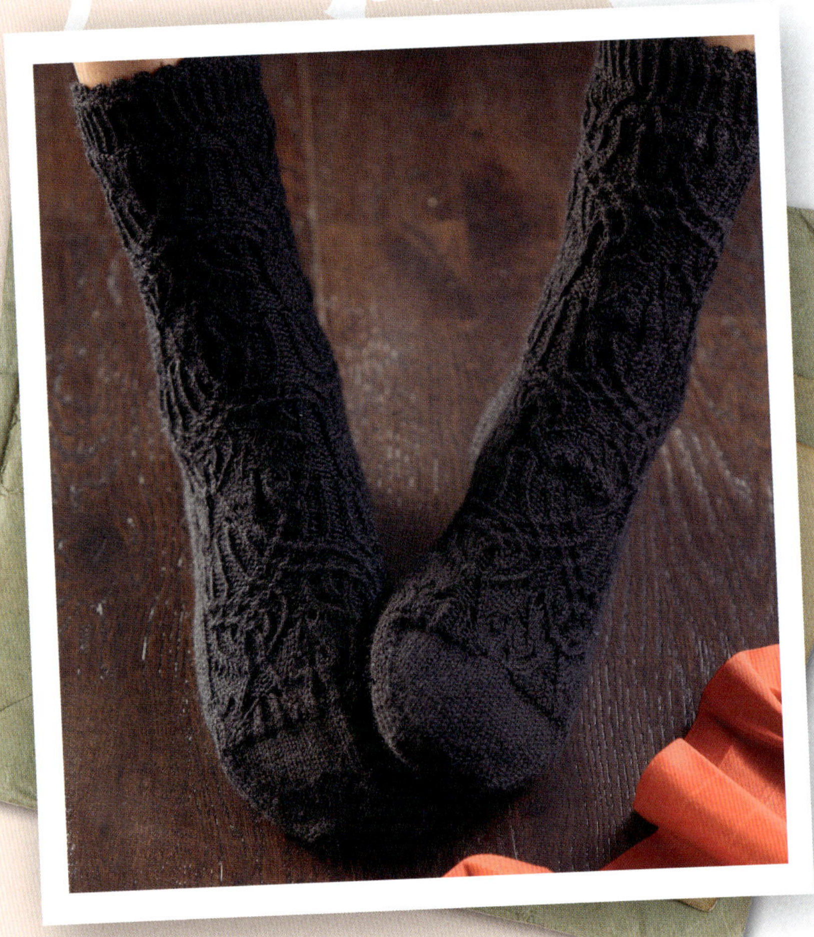

SPICKEL

In dieser Mustereinteilung 2 Rd str.

Abnahme-Rd: Mit Nd 1 alle M bis auf die letzten 3 M re str, die zweit- und drittletzte M re zusammenstr, 1 M re, mit Nd 2 und 3 im Oberfußmuster und mit Nd 4 1 M re, 2 M nacheinander wie zum Rechtsstr abheben, zurück auf die li Nd heben und beide M re verschränkt zusammenstr, die übrigen M der Nd re str.
Diese 3 Rd insgesamt 9x arbeiten (18+18+18+18 M).

FUSS

Für den Fuß ohne weitere Abnahmen in dieser Mustereinteilung insgesamt 61 Rd im Oberfußmuster arb (einmal die 16.–32. Rd, dann einmal die 1.–32. Rd und noch einmal die 1.–12. Rd) bis zu einer Länge von ca. 19,5–20 cm ab Fersen-Mitte arbeiten.

SPITZE

Noch eine vorbereitende Rd glatt re über alle M str, dann die Bandspitze arbeiten:

Abnahme-Rd: Alle M re str, dabei mit Nd 1 und mit Nd 3 die zweit- und drittletzte M re zusammenstr und mit Nd 2 und mit Nd 4 die 2. und 3. M nacheinander wie zum Rechtsstr abheben, wieder zurück auf die li Nd heben und beide M re zusammenstr.
Diese Abnahme-Rd noch einmal in jeder 4. Rd, 2x in jeder 3. Rd, 3x in jeder 2. Rd und 3x in jeder Rd wdh (8+8+8+8 M).

In der folgenden Rd alle M re str, dabei die letzten beiden M der Nd 1 und 3 re zusammenstr und die ersten beiden M der Nd 2 und 4 nacheinander wie zum Rechtsstr abheben, wieder zurück auf die li Nd heben und beide M re zusammenstr.

Noch einmal die M der Nd 1 re str, um mit dem Faden zum seitlichen Rand zu gelangen. Den Faden in ca. 60 cm Länge trennen und auf eine Stopfnadel ziehen.

Die M der Nd 1 und 4 und die M der Nd 2 und 3 jeweils auf eine Stricknadel heben, sodass sich die M gegenüberliegen, und die M im Maschenstich schließen.

Die Anschlagkante mit einer Bogenkante umhäkeln, dazu in der hinteren Mitte anschlingen, (1 feste M, 3 Luftm, 1 feste M) in dieselbe Einstichstelle, * 2 M überspringen, (1 feste M, 3 Luftm, 1 feste M) in dieselbe Einstichstelle; ab * stets wiederholen, mit 1 Kettm zur Runde schließen.

Die **zweite Socke** ebenso arbeiten.

HINWEISE ZUM STRICKEN DER GRÖSSEN 36/37 UND 40/41

Für die **Größe 36/37** die Bandspitze nach einer Fußlänge von 18,5–19 cm arbeiten.

Für die **Größe 40/41** die Bandspitze nach einer Fußlänge von 20,5–21 cm arbeiten.

BEINMUSTER

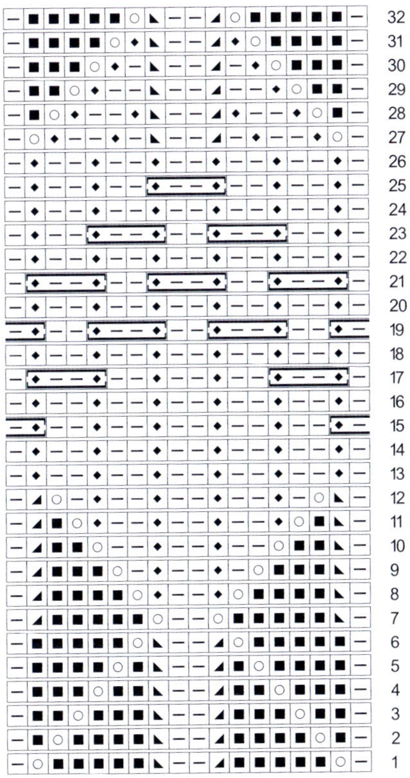

Rapport = 18 M

OBERFUSSMUSTER

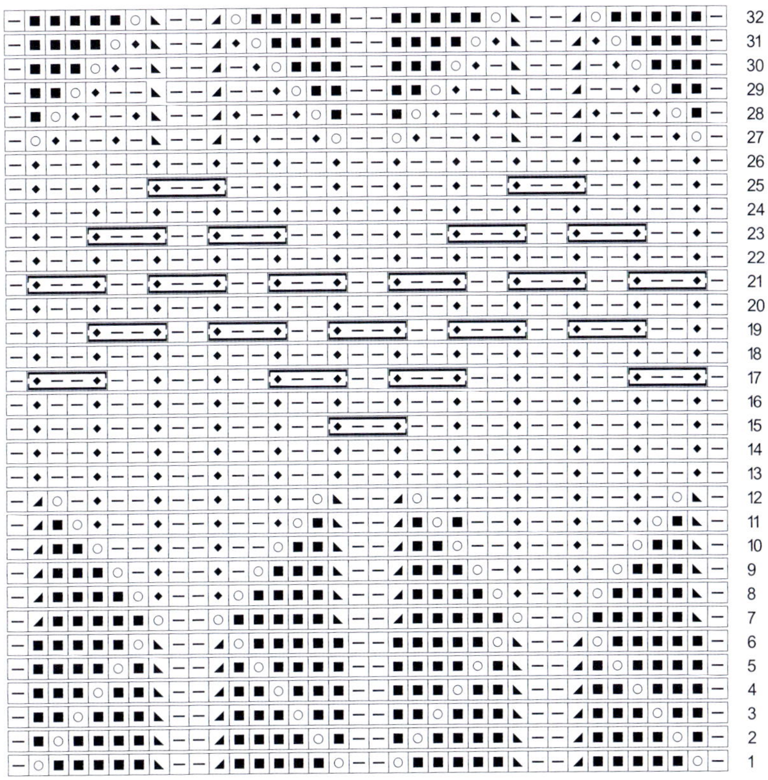

Oberfuß = 36 M

■ = 1 M re

– = 1 M li

◆ = 1 M re verschränkt

○ = 1 U

◢ = 2 M re zusammenstr (rechtsgeneigte Abnahme)

◣ = 2 M nacheinander wie zum Rechtsstr abheben, wieder zurück auf die li Nd heben und re zusammenstr (linksgeneigte Abnahme)

◆ – – ◆ (umrandet) = mit einer Zopfnd 1 M re verschränkt, 2 M li, 1 M re verschränkt str und die eben gestrickten 4 M 2x mit dem Arbeitsfaden gegen den Uhrzeigersinn umwickeln: * den Arbeitsfaden zwischen Zopfnd und linker Nadel nach vorne führen, vor der Zopfnd nach rechts und wieder zwischen den Nadeln nach hinten führen, ab * noch einmal wdh, dann die 4 umwickelten M auf die re Nd heben

Die Farben der Anden

SCHWIERIGKEITSGRAD

GRÖSSE
38/39
zusätzliche Hinweise zum Stricken der Größen 36/37 und 40/41

MATERIAL
Regia 4-fädig: 50 g in Gelb (Fb 2041), 50 g in Kirsche (Fb 2002), 50 g in Aqua (Fb 1061) und 50 g in Electric Blue (Fb 6615)

Nadelspiel 2,5–3 mm

Die Nadelstärke so wählen, dass die angegebene Maschenprobe erreicht wird!

Stopfnadel ohne Spitze

MASCHENPROBE
im Jacquardmuster
34 M und 42 R
= 10 cm x 10 cm

BASICS
Jacquardtechnik
Seite 122

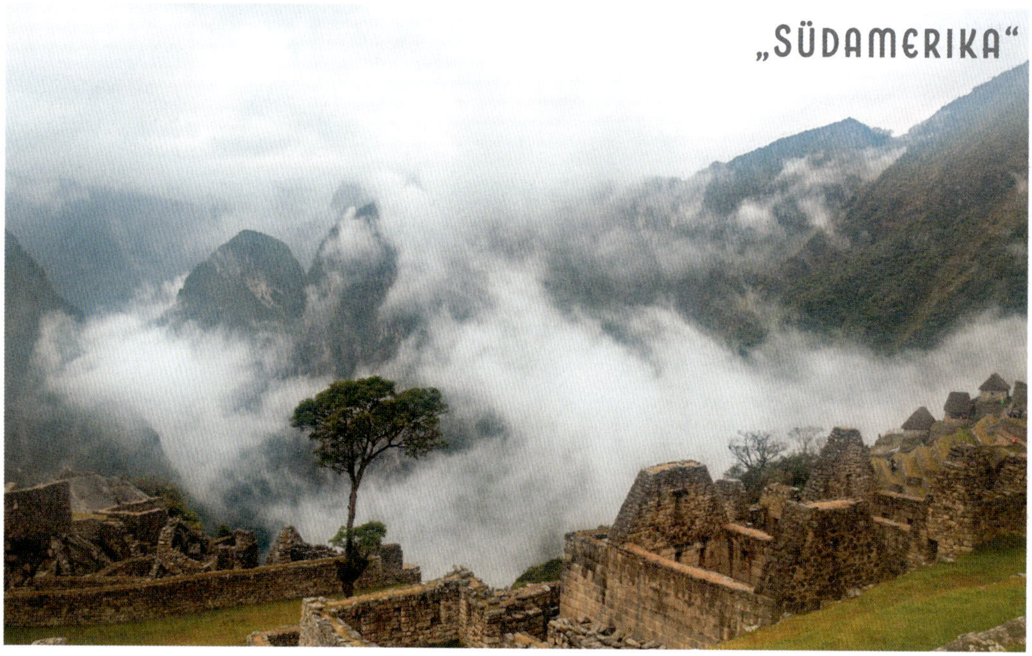

Die farbenprächtigen Strickereien Südamerikas erinnern stark an Webmuster. Neben Rauten und diagonalen Linien werden auch häufig Vögel eingestrickt. Ganz traditionell zeigt dabei oft die links gestrickte Seite nach außen.

BÜNDCHENMUSTER

* 2 M re, 2 M li, ab * stets wdh.

BEINMUSTER, OBERFUSSMUSTER

Siehe Strickschriften auf Seite 111.

ANLEITUNG

72 M in Electric Blue gleichmäßig auf 4 Nd verteilt anschlagen, zur Rd schließen.

1 Rd in Electric Blue im Bündchenmuster str.

2 Rd im Bündchenmuster, dabei alle re M in Electric Blue, alle li M in Aqua str.

2 Rd in Electric Blue im Bündchenmuster str.

2 Rd im Bündchenmuster, dabei alle re M in Aqua, alle li M in Electric Blue str.

2 Rd im Bündchenmuster in Electric Blue str.

2 Rd im Bündchenmuster, dabei alle re M in Electric Blue, alle li M in Gelb str.

2 Rd in Gelb im Bündchenmuster str.

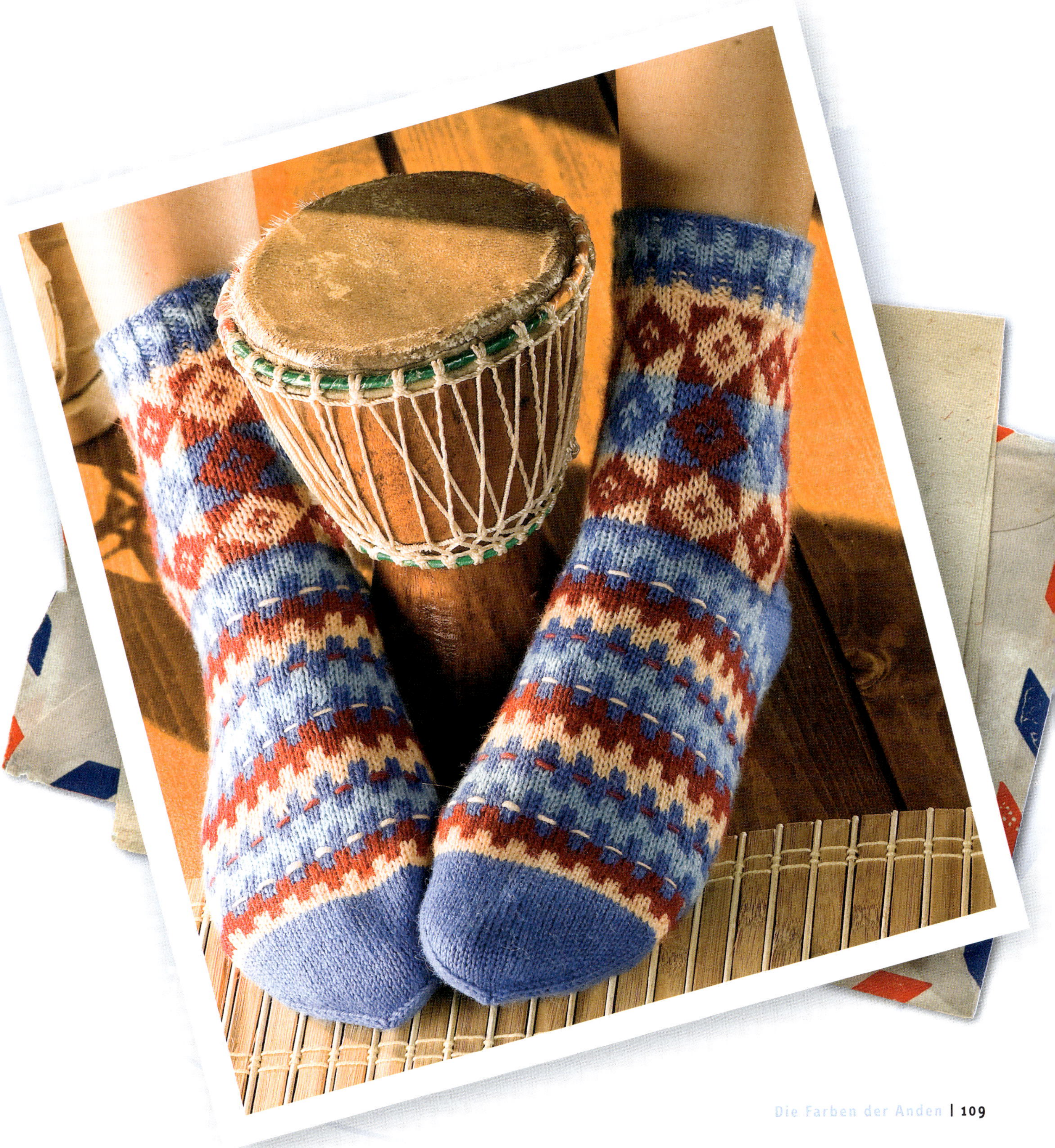

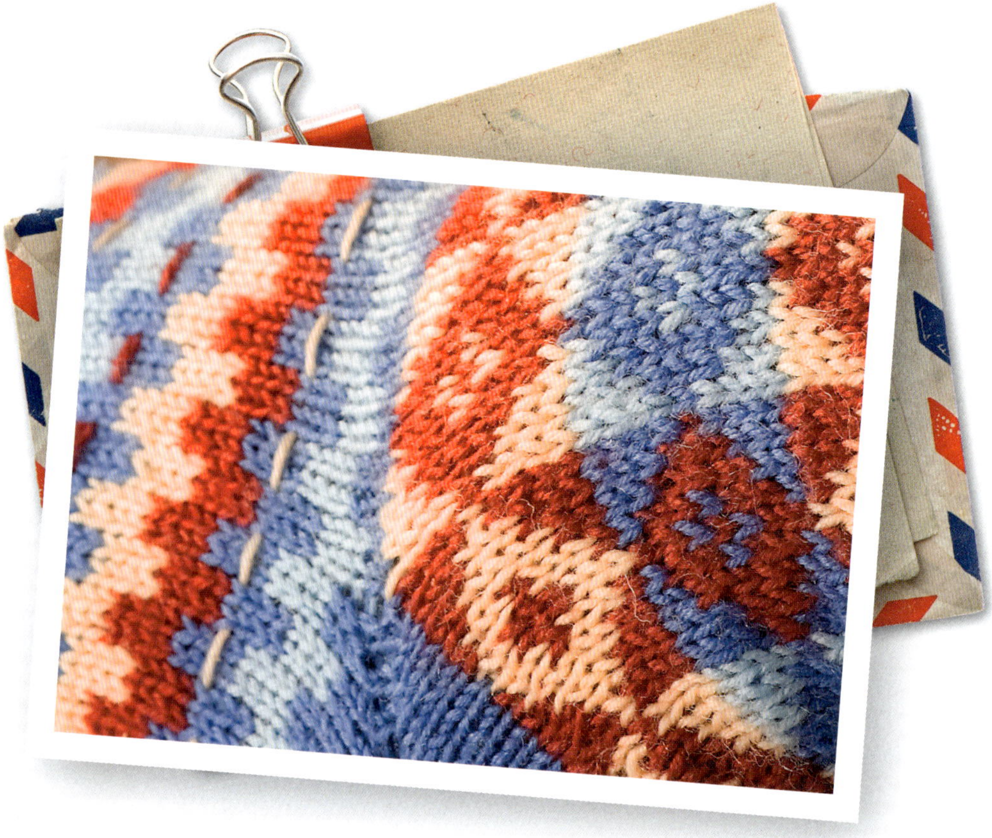

Die 1.–18. Rd des Beinmusters einmal arbeiten. Dann die Fäden in Aqua und Electric Blue trennen.
Noch einmal die 1.–9. Rd des Beinmusters arbeiten.

FERSE

Die M der Nd 4 und 1 auf einer Nd zusammenfassen und mit Electric Blue eine Bumerang-Ferse arbeiten (36 Fersen-M):

1. R (Hinr): Alle 36 M re str und wenden.
2. R (Rückr): Die 1. M als Doppelm abheben, 35 M li str und wenden.
3. R (Hinr): Die 1. M als Doppelm abheben, alle M bis zur Doppelm re str (die Doppelm selbst nicht arbeiten) und wenden.
4. R (Rückr): Die 1. M als Doppelm abheben, alle M bis zur Doppelm li str und wenden.

Die 3. und 4. R so oft wdh, bis sich auf beiden Nd jeweils 13 Doppelm befinden und noch über 10 M gestrickt wird.
Über die M aller 4 Nd 2 Rd re M str, dabei darauf achten, die Doppelm jeweils als eine M zu str.

Für den unteren Teil der Bumerang-Ferse wieder in R nur über die M der Nd 1 und 4 str. Dazu 24 M re str und wenden.
1 M als Doppelm abheben, 11 M li str und wenden.
Hinr: 1 M als Doppelm abheben, alle M bis einschließlich der Doppelm aus der unteren R re str, 1 weitere M re str und wenden.
Rückr: 1 M als Doppelm abheben, alle M bis einschließlich der Doppelm aus der unteren R li str, 1 weitere M li str und wenden.
Die letzten beiden R wdh, bis die beiden äußeren M als Doppelm vorliegen.

FUSS

Für den Fuß über die M aller 4 Nd 56 Rd im Oberfußmuster str (2x die 1.–20. Rd und noch einmal die 1.–16. Rd).
In einer Fußlänge von 19,5–20 cm die Fäden in Gelb, Kirsche und Aqua trennen und die Spitze in Electric Blue arbeiten.

SPITZE

1 Rd glatt re str.
Abnahme-Rd: Alle M re str, dabei auf Nd 1 und auf Nd 3 die zweit- und drittletzte M re zusammenstr und auf Nd 2 und Nd 4 die 2. und 3. M nacheinander abheben, wieder zurück auf die li Nd heben und beide M re zusammenstr.
Die Abnahme-Rd noch einmal in jeder 4. Rd, 2x in jeder 3. Rd, 3x in jeder 2. Rd und 9x in jeder Rd wdh. Den Faden trennen, durch die restlichen 8 M ziehen und von innen gut vernähen.

3 Fäden in Gelb und 2 Fäden in Kirsche von jeweils 50 cm Länge zuschneiden. Mit Hilfe der stumpfen Stopfnadel in jeder 8. Rd des Oberfußmusters einen Faden in Gelb einziehen, dabei stets 2 M erfassen und 2 M überspringen.
Auf gleiche Weise in jeder 20. Rd des Oberfußmusters einen Faden in Kirsche einziehen.

Anfang und Ende der Fäden gut vernähen, dabei gut darauf achten, die Fäden nicht zu fest zu ziehen.
Die **zweite Socke** ebenso arbeiten.

HINWEISE ZUM STRICKEN DER GRÖSSEN 36/37 UND 40/41

Für die **Größe 36/37** nach Anleitung arbeiten, dabei aber in einer Fußlänge von 18,5–19 cm nach 52 Rd im Oberfußmuster mit der Bandspitze beginnen.
Für die **Größe 40/41** nach Anleitung arbeiten, dabei aber in einer Fußlänge von 20,5–21 cm nach 60 Rd im Oberfußmuster mit der Bandspitze beginnen. Zum Besticken des Oberfußmusters 3 Fäden in Gelb und in Kirsche verwenden.

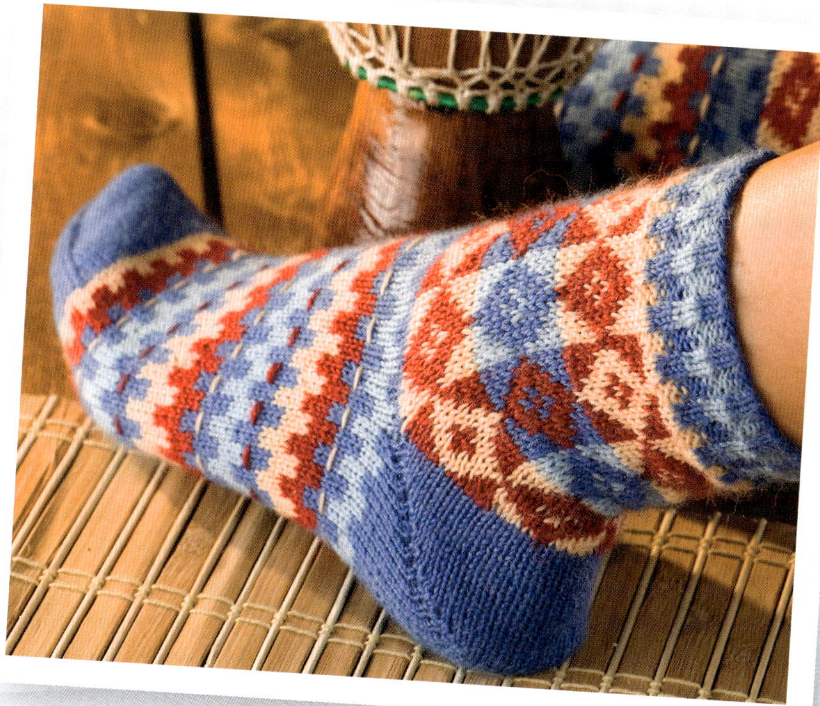

OBERFUSSMUSTER

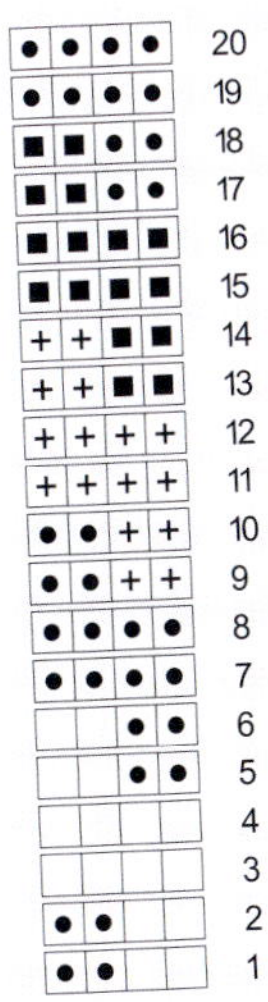

Rapport = 4 M

BEINMUSTER

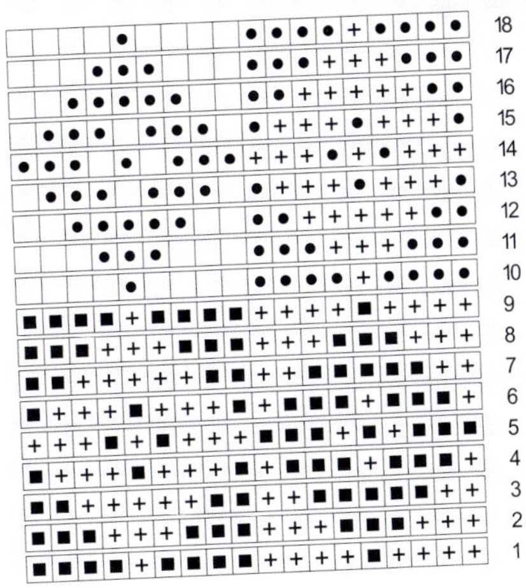

Rapport = 18 M

■ = 1 M re in Gelb
+ = 1 M re in Kirsche
☐ = 1 M re in Aqua
● = 1 M re in Electric Blue

Orientalischer Farbrausch

SCHWIERIGKEITSGRAD

GRÖSSE
38/39
zusätzliche Hinweise zum Stricken der Größen 36/37 und 40/41

MATERIAL
Regia 4-fädig: 100 g in Fuchsia (Fb 1051) und 50 g in Azalee (Fb 1057)

Nadelspiel 2–2,5 mm

Die Nadelstärke so wählen, dass die angegebene Maschenprobe erreicht wird!

MASCHENPROBE
im Jacquardmuster
36 M und 40 R
= 10 cm x 10 cm

BASICS
Jacquardtechnik
Seite 122

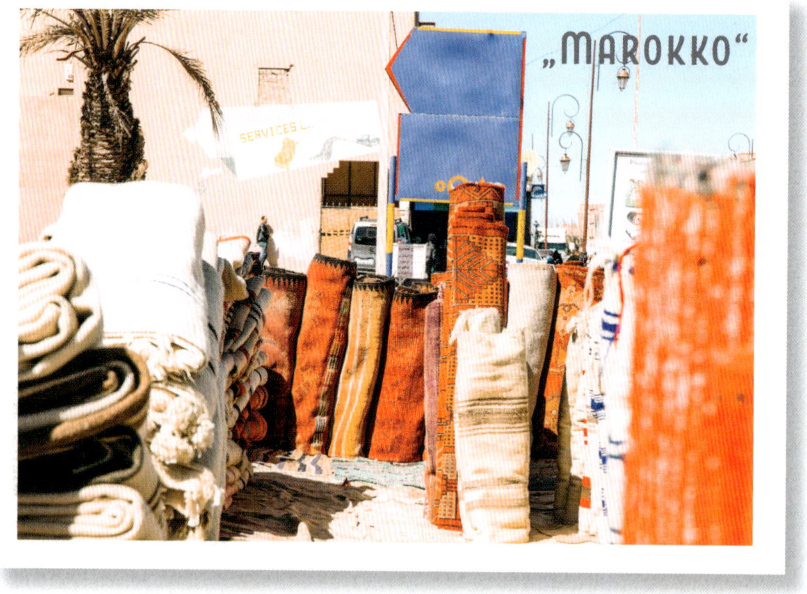

Die traditionelle Mustervielfalt im Orient ist überwältigend. Kacheln sind üppig verziert und geschmückt mit goldenen Akzenten und kunstvollen Ornamenten. Die Farbigkeit ist spannungsreich und leuchtend, oft finden sich satte Rottöne von Karmesin bis Rubin.

BÜNDCHEMUSTER

* 1 M re verschränkt, 1 M li, ab * stets wdh.

BORTENMUSTER, KACHELMUSTER

Siehe Strickschriften auf Seite 115.

ROTATION DER RECHTEN SPIELNADEL

Die re Spielnadel hinter der li Nd nach unten führen und unter der Strickarbeit vorn wieder nach oben nehmen. Der Arbeitsfaden bleibt dabei auf dem li Zeigefinger liegen. Die folgenden M wie üblich weiterstr.

ANLEITUNG

72 M in Azalee auf einer Nd anschlagen, 1 R re M str.
2 R kraus re in Fuchsia str, 2 R kraus re in Azalee str.
Nd 1: In Azalee 3 M re str, * 1 Rotation, 6 M re str, ab * noch einmal wdh, 1 Rotation, 3 M re str.
Nd 2, 3 und 4: genauso str und die Arbeit zur Rd schließen.

10 Rd in Fuchsia im Bündchenmuster str.
1 Rd re M in Fuchsia str, dabei nach jeder 9. M je 1 M zunehmen (20+20+20+20 M).
12 Rd im Bortenmuster (einmal die 1.–12. Rd) str.
24 Rd im Kachelmuster (einmal die 1.–24. Rd) str.
Beide Fäden trennen.

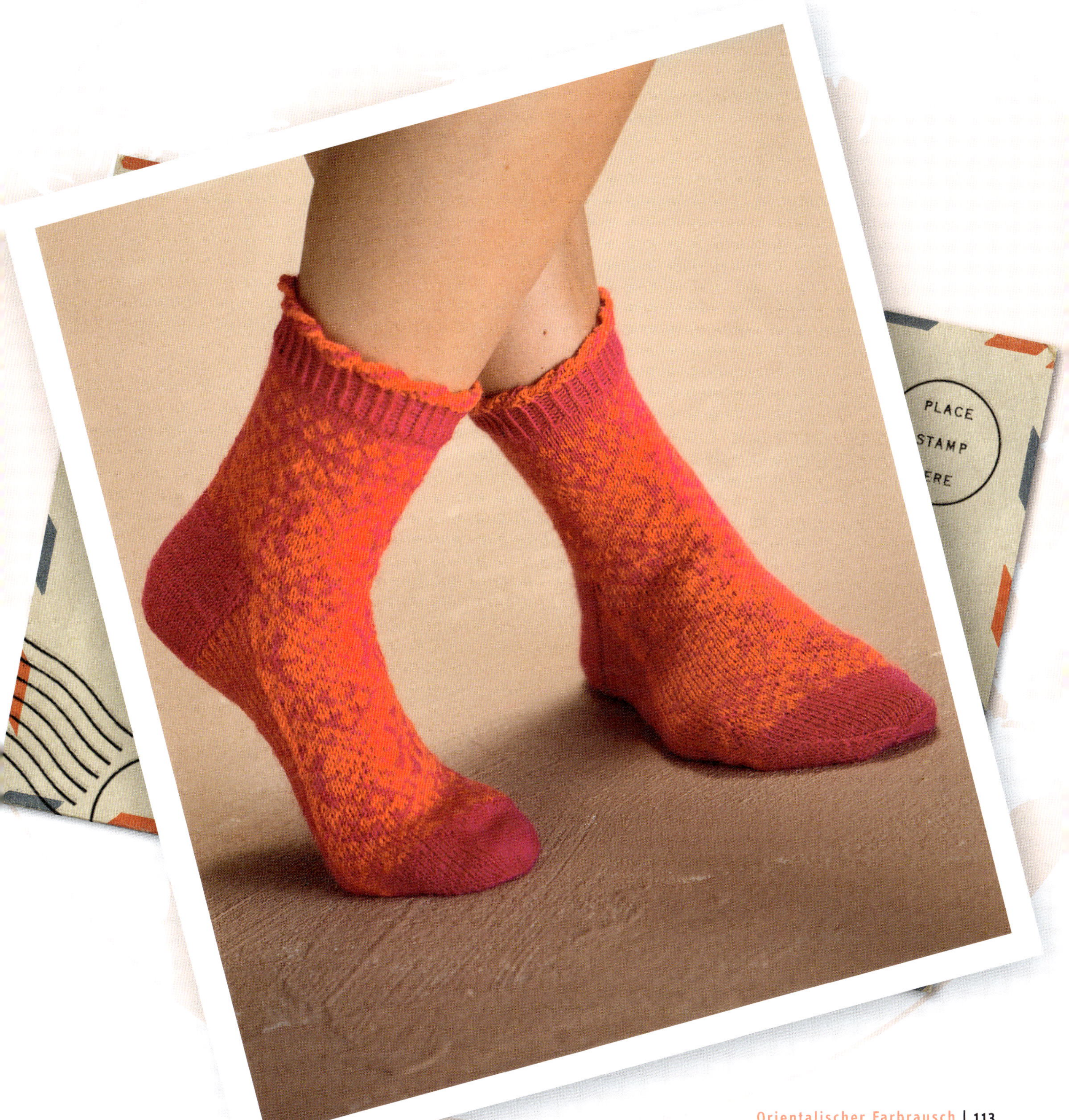
PLACE
STAMP

FERSE

Die M von Nd 4 und Nd 1 auf einer Nd zusammenfassen und in Fuchsia re M str, wenden.
Rückr: 1 Randm, 2 M li, * 2 M li zusammenstr, 6 M li, ab * noch 3x wdh, 2 M li zusammenstr, 2 M li, 1 Randm (35 Fersen-M).

Über diese 35 Fersen-M in Hin- und Rückr eine Fersenwand glatt re von 32 R str.

Für die Fersenrundung in der folgenden Hinr 18 M re str, 2 M nacheinander wie zum Rechtsstr abheben, wieder zurück auf die li Nd heben und beide M re verschränkt zusammenstr, 1 M re str und wenden.
Die 1. M abheben, 2 M li, 2 M li zusammenstr, 1 M li, wenden.

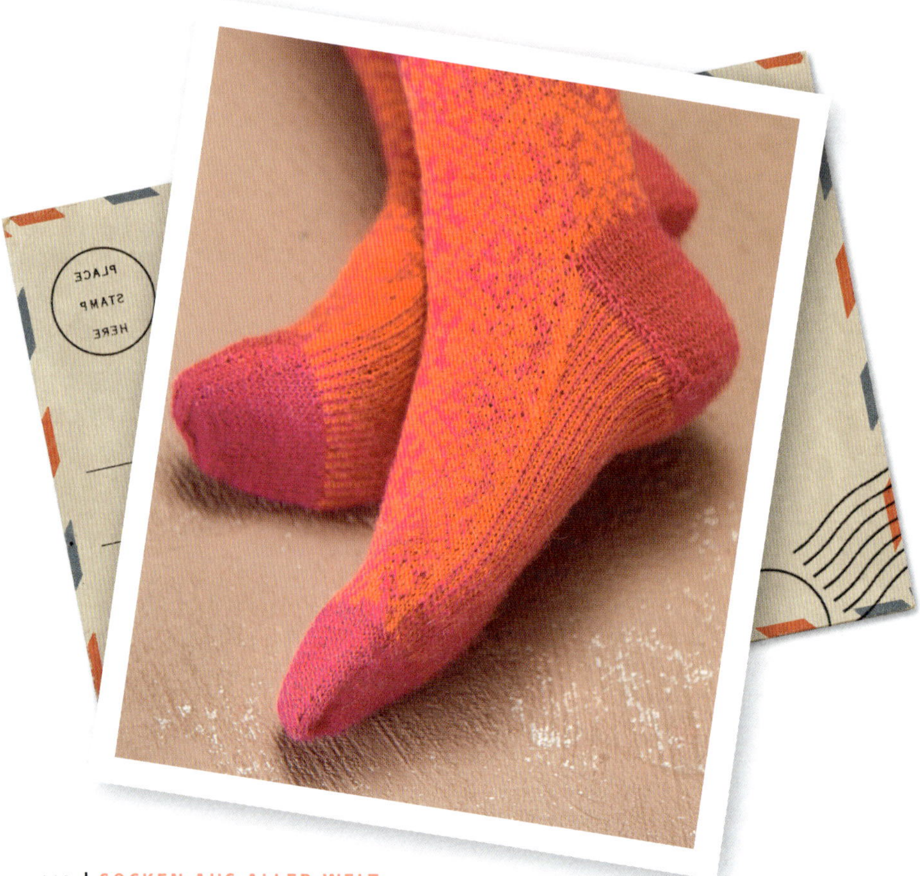

Hinr: 1 M abheben, die M bis 1 M vor dem Gässchen re str, die M vor dem Gässchen und die M nach dem Gässchen nacheinander wie zum Rechtsstr abheben, wieder zurück auf die li Nd heben und beide M re zusammenstr, noch 1 weitere M re str und wenden.
Rückr: 1 M abheben, die M bis 1 M vor dem Gässchen zwischen den M li str, die M vor dem Gässchen und die M nach dem Gässchen li zusammenstr, noch 1 weitere M li str und wenden.
Die letzten beiden R wdh, bis beide Reihenenden wieder erreicht sind und sich noch 19 M auf der Nd befinden.

SPICKEL

Weiter in Rd str:
Nd 1: 19 Fersen-M re str, 16 M aus der Fersenwand aufnehmen.
Nd 2 und 3: Jeweils 20 M nach Rd 1 der Strickschrift str.
Nd 4: 16 neue M aus der Fersenwand aufnehmen und noch 9 Fersen-M von Nd 1 str (26+20+20+25 M).
Nd 1: * 1 M in Fuchsia, 1 M in Azalee, ab * stets wdh, dabei die letzten beiden M in Azalee str.
Nd 2 und 3: Im Kachelmuster beginnend mit der 2. Rd.
Nd 4: 2 M in Azalee entsprechend der Streifenfolge, * 1 M in Fuchsia, 1 M in Azalee, ab * stets wdh.

In dieser Mustereinteilung 3 Rd str.
6. Rd: Mit Nd 1 alle M bis auf die letzten 3 M in der Streifenfolge re str (jede M in der Farbe der M der vorigen Rd str), dann in Azalee 2 M re zusammenstr und 1 M re str, die M der Nd 2 und 3 im Kachelmuster str, mit Nd 4 in Azalee 1 M re und 2 M nacheinander wie zum Rechtsstr abheben, wieder zurück auf die li Nd heben und re verschränkt zusammenstr, dann die übrigen M in der Streifenfolge re str.
Diese 4 Rd insgesamt 6x arbeiten bis zur 2. Rd des Kachelmusters (20+20+20+19 M).
35 weitere Rd bis zur 13. Rd der Strickschrift in der Mustereinteilung arbeiten (2x die 1.–24. Rd und noch 1x die 1.–13. Rd ab Ferse).
Noch 1 Rd glatt re in Fuchsia str, dann den Faden in Azalee trennen.

SPITZE

In Fuchsia glatt re str: * 3 M re, 2 M re zusammenstr, ab * noch 14x wdh, 4 M re (16+16+16+16 M).

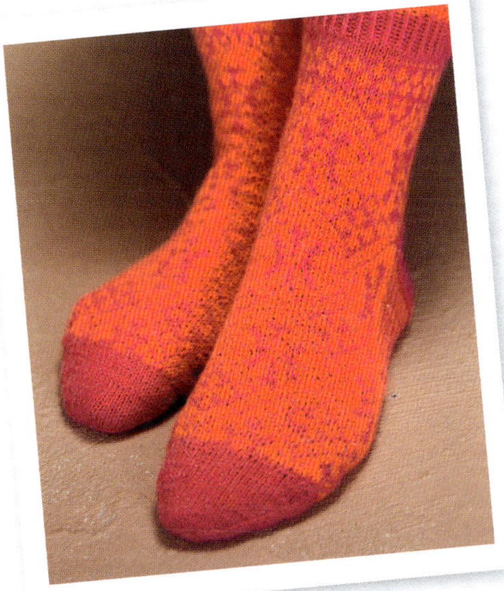

Abnahme-Rd: Alle M re str, dabei auf Nd 1 und auf Nd 3 die zweit- und drittletzte M re zusammenstr und auf Nd 2 und auf Nd 4 die 2. und 3. M nacheinander wie zum Rechtsstr abheben, wieder zurück auf die li Nd heben und beide M re zusammenstr.

Diese Abnahme-Rd noch einmal in jeder 4. Rd, 2x in jeder 3. Rd, 3x in jeder 2. Rd und 7x in jeder Rd wdh.

Den Faden trennen, durch die restlichen 8 M ziehen und von innen gut vernähen.

Die **zweite Socke** ebenso arbeiten.

HINWEISE ZUM STRICKEN DER GRÖSSEN 36/37 UND 40/41

Für **Größe 36/37** nach Anleitung arbeiten, aber nach den Spickelabnahmen nur noch 29 Rd im Oberfußmuster arbeiten (bis Rd 7) und die Bandspitze nach einer Fußlänge von 18,5–19 cm beginnen.

Für **Größe 40/41** nach Anleitung arbeiten, aber nach den Spickelabnahmen noch 41 Rd im Oberfußmuster arbeiten (bis Rd 19) und die Bandspitze nach einer Fußlänge von 20,5–21 cm beginnen.

BORTENMUSTER

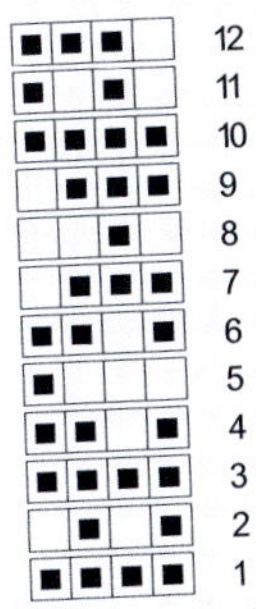

Rapport = 4 M

KACHELMUSTER

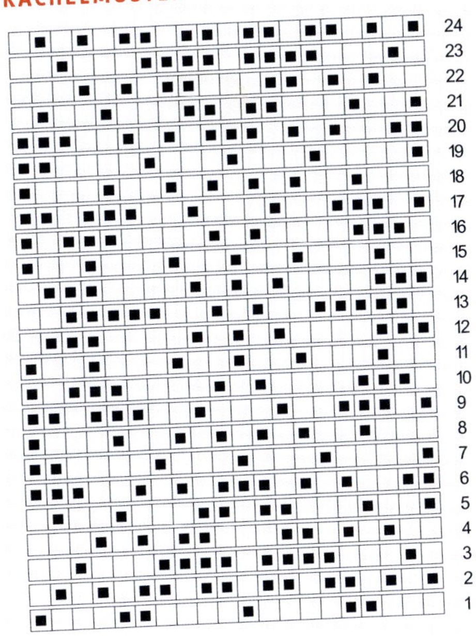

Rapport = 20 M

■ = 1 M re in Fuchsia
□ = 1 M re in Azalee

Kieler Sprotte

SCHWIERIGKEITSGRAD

GRÖSSE
38/39
zusätzliche Hinweise zum Stricken der Größen 36/37 und 40/41

MATERIAL
Regia Cotton 4-fädig: 100 g in Marine (Fb 0324) und 50 g in Electric Blue (Fb 6615)

Nadelspiel 2–3 mm

Die Nadelstärke so wählen, dass die angegebene Maschenprobe erreicht wird!

MASCHENPROBE
im Jacquardmuster
34 M und 40 R
= 10 cm x 10 cm

BASICS
Jacquardtechnik
Seite 122

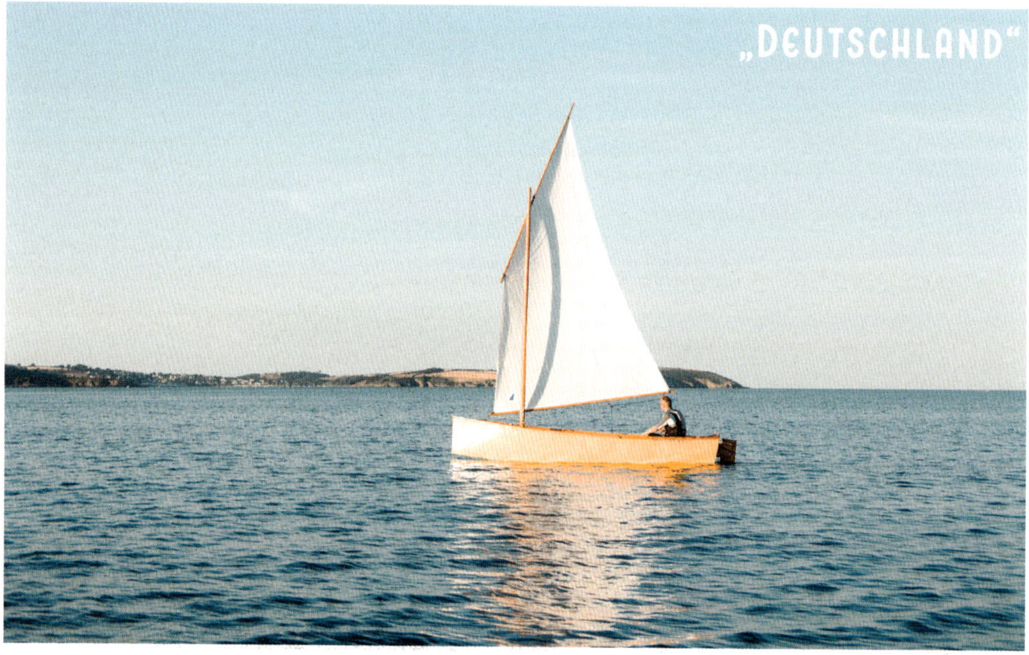

In Norddeutschland findet sich kaum mehr die üppige Mustervielfalt des Alpenlandes. Die Strickmuster sind schlichter, die Linien klar und schnörkellos. Der Stil ist grafisch und die Dessins erinnern an Webmuster.

BÜNDCHENMUSTER

* 1 M re, 1 M li, ab * stets wdh.

JACQUARDMUSTER

Siehe Strickschrift auf Seite 118.

ANLEITUNG

60 M in Marine gleichmäßig auf 4 Nd verteilt anschlagen, zur Rd schließen und 15 Rd im Bündchenmuster str (15+15+15+15 M).
Als Übergang zum Jacquardmuster noch 1 Rd re M in Marine str, dabei nach jeder 6. M je 1 M zunehmen (17+18+17+18 M).
42 Rd im Jacquardmuster nach Strickschrift arbeiten (4 Höhenrapporte und einmal die 1. und 2. Rd).
In einer Schafthöhe von insgesamt 16 cm den Faden in Electric Blue trennen. Die letzten beiden M der Nd 1 zu den M der Nd 2 und die letzten beiden M der Nd 3 zu den M der Nd 4 heben, damit das Jacquardmuster nach der Ferse symmetrisch auf dem Oberfuß verläuft (15+20+15+20 M).

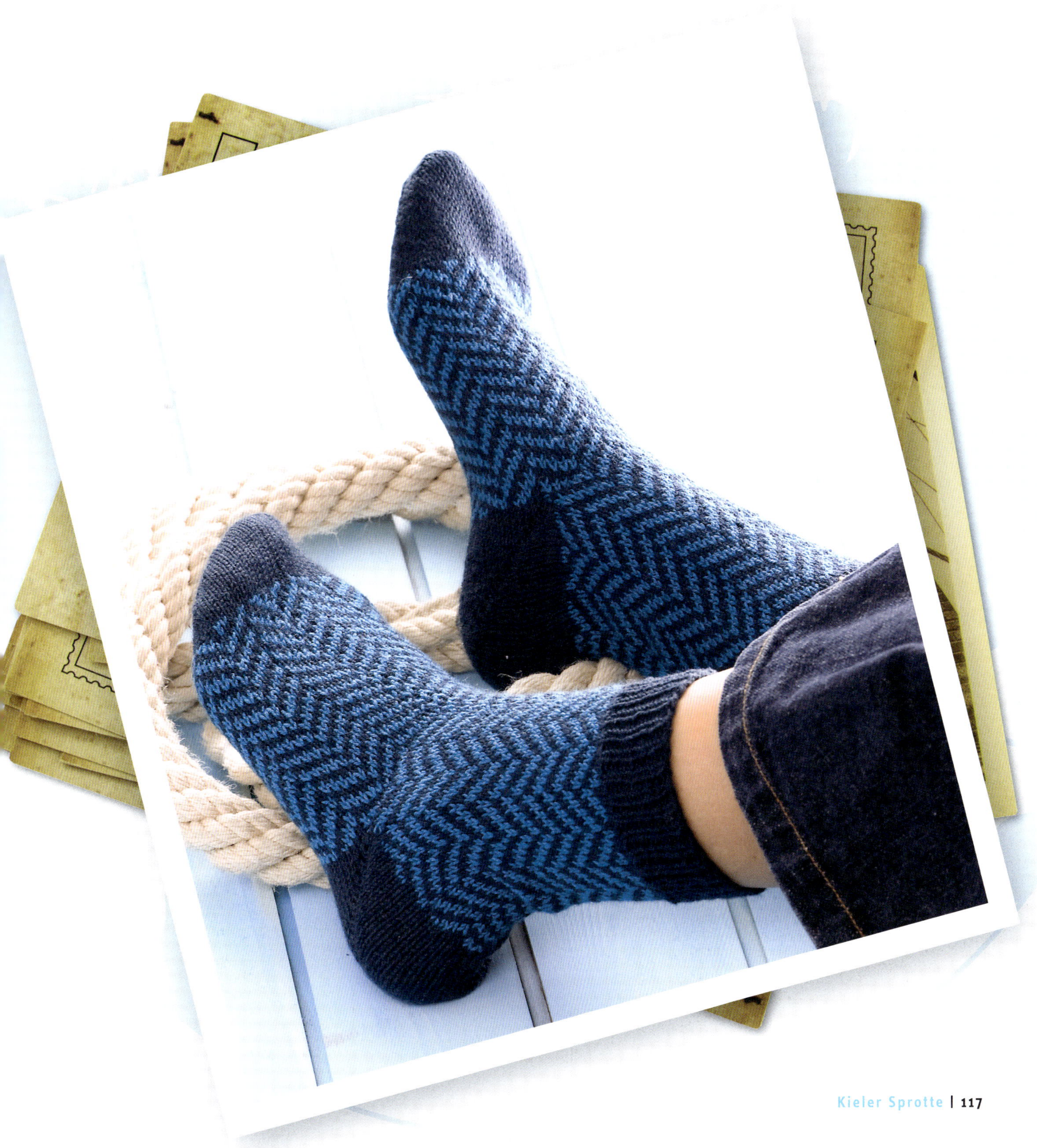

FERSE

Die Bumerang-Ferse über die M der Nd 1 und 4 in Marine arbeiten. Dazu die 35 Fersen-M auf einer Nd zusammenfassen, in der ersten Hinr alle M re str und wenden.

Die 1. M als Doppelm abheben, alle M li str und wenden.

Hinr: Die 1. M als Doppelm abheben, alle M bis zur Doppelm re str und wenden.

Rückr: Die 1. M als Doppelm abheben, alle M bis zur Doppelm li str und wenden.

Die letzten beiden R so lange wdh, bis sich auf beiden Nd jeweils 12 Doppelm befinden und in der Mitte noch 11 M liegen.

Über die M aller 4 Nd 2 Rd re M str, dabei darauf achten, die Doppelm jeweils als eine M zu str: Die M der Nd 1 und 4 (Fersen-M) in Marine str, die M der Nd 2 und 3 (Oberfuß) im Jacquardmuster arbeiten. Dazu den Faden in Electric Blue in beiden Rd zu Beginn der Nd 2 jeweils neu ansetzen und nach der letzten M von Nd 3 wieder trennen.

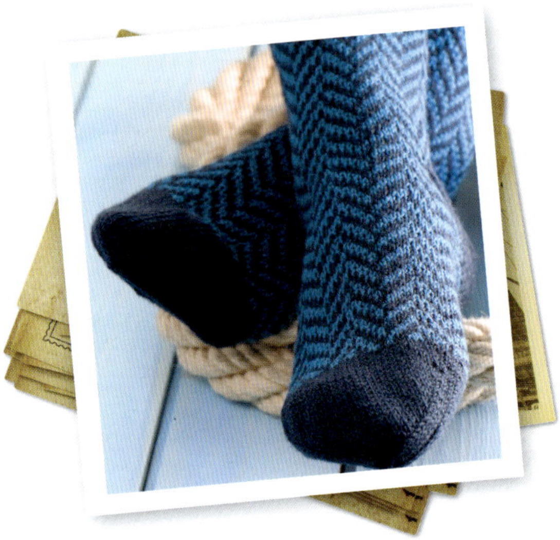

Für den unteren Teil der Bumerang-Ferse in Marine nur über die zusammengefassten 35 M der Nd 1 und 4 str. Dazu 24 M re str und wenden.

1 M als Doppelm abheben, 12 M li str und wenden.

Hinr: 1 M als Doppelm abheben, alle M bis einschließlich der Doppelm aus der unteren R re str, 1 weitere M re str und wenden.

Rückr: 1 M als Doppelm abheben, alle M bis einschließlich der Doppelm aus der unteren R li str, 1 weitere M li str und wenden.

Die letzten beiden R wdh bis die beiden äußeren M als Doppelm vorliegen.

In der letzten einfarbigen Hinr die Fersen-M wieder auf 2 Spielnadeln aufteilen, die ersten 20 der 35 M in Marine auf Nd 4 abstr. Für die verbleibenden 15 M auf Nd 1 mit Electric Blue neu ansetzen und entsprechend dem Jacquardmuster abstr (15+20+15+20 M).

FUSS

Für den Fuß 44 Rd im Jacquardmuster str.

In einer Fußlänge von 19,5–20 cm den Faden in Electric Blue trennen und in Marine eine vorbereitende Rd zur Bandspitze arbeiten:

Nd 1: 15 M re str.

Nd 2: 16 M re und 2 M re zusammenstr, die beiden letzten M ungestrickt auf Nd 3 heben.

Nd 3: 17 M re str.

Nd 4: 16 M re str und 2 M re zusammenstr, die letzten beiden M ungestrickt auf Nd 1 heben (17+17+17+17 M).

SPITZE

In der folgenden Rd die erste Abnahme-Rd der Bandspitze arbeiten: Alle M re str, dabei auf Nd 1 und auf Nd 3 die zweit- und drittletzte M re zusammenstr und auf Nd 2 und auf Nd 4 die 2. und 3. M nacheinander wie zum Rechtsstr abheben, wieder zurück auf die li Nd heben und beide M re zusammenstr.

Diese Abnahme-Rd noch einmal in jeder 4. Rd, 2x in jeder 3. Rd, 3x in jeder 2. Rd und 8x in jeder Rd wdh. Den Faden trennen, durch die restlichen 8 M ziehen und von innen gut vernähen.

Die **zweite Socke** ebenso arbeiten.

HINWEISE ZUM STRICKEN DER GRÖSSEN 36/37 UND 40/41

Für die Größe 36/37 nach Anleitung arbeiten, aber die Bandspitze nach einer Fußlänge von 18,5–19 cm, nach einer 2. oder 4. Rd der Strickschrift beginnen. Besser ein 4-fädiges Sockengarn ohne Seiden- oder Baumwollanteil wählen, da Jacquards aus diesen Garnen etwas weiter werden.

Für die Größe 40/41 nach Anleitung arbeiten, aber die Bandspitze nach einer Fußlänge von 20,5–21 cm, nach einer 2. oder 4. Rd der Strickschrift beginnen.

JACQUARDMUSTER

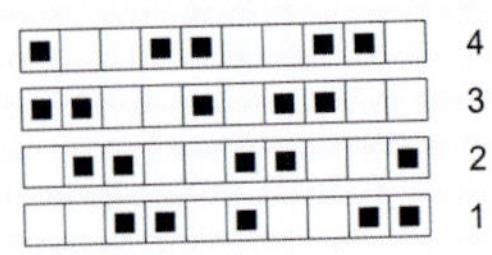

Rapport = 10 M

■ Marine
□ Electric Blue

Basics & Stricktechnik

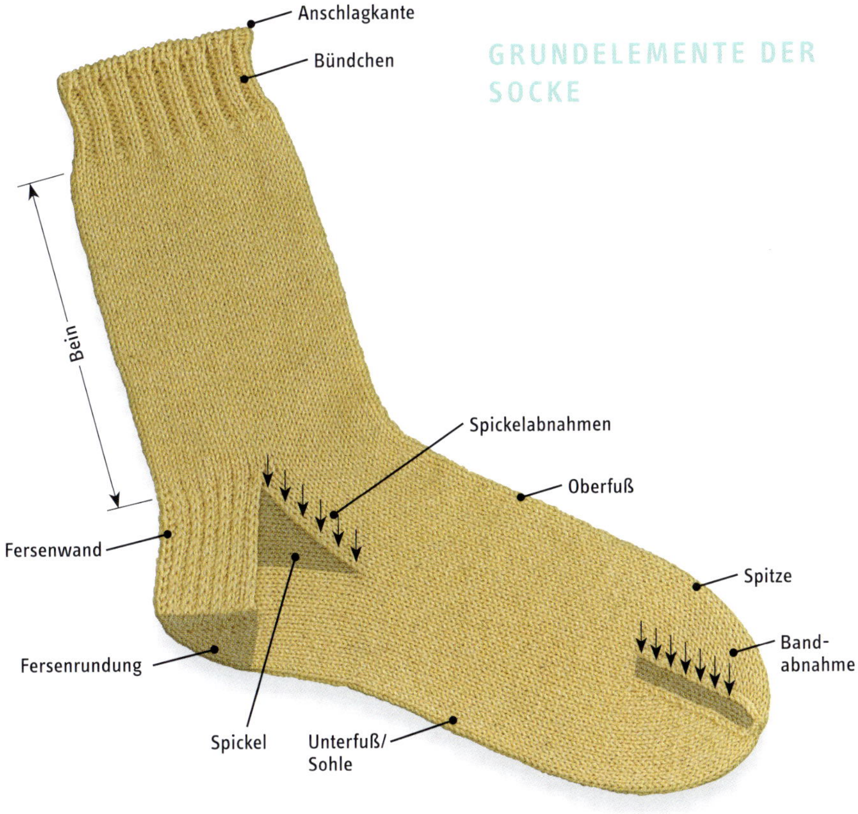

Grundelemente der Socke

An manchen Stellen werden im Anleitungstext Maschenzahlen zur Kontrolle angegeben. Beziehen sich diese Angaben auf die gesamte Maschenzahl, steht diese als einzelne Angabe. Werden alle 4 Angaben der jeweiligen Maschenzahl auf den 4 Spielnadeln notiert, geschieht dies in runden Klammern, in denen die Maschenzahlen aufsteigend von der 1. bis zur 4. Nadel jeweils von einem + getrennt aufgeführt sind, also z. B. (16+17+16+17 M).

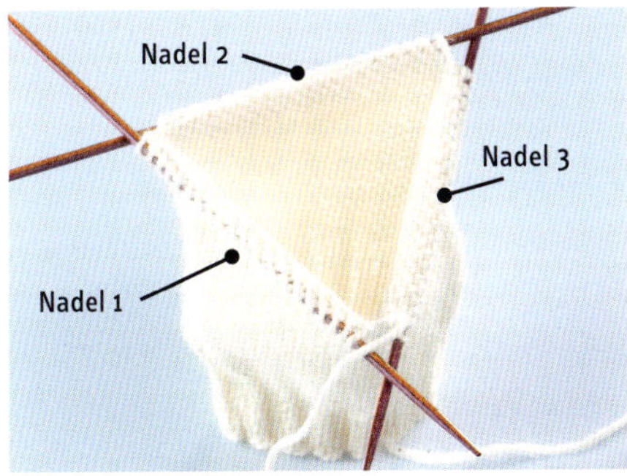

Manchmal lässt sich ein Mustersatz einfacher arbeiten, wenn die gesamten Maschen auf nur 3 Nadeln verteilt werden. Da die Ferse über die Hälfte der Maschen gearbeitet wird, ist es notwendig, die Maschen in einer vorbereitenden Runde zur Ferse neu zu verteilen. Häufig werden dazu die Maschen ungestrickt von einer Nadel auf eine andere gehoben.

Bei den Angaben der Maschenzahl in den Anleitungen liegen diese Nadeleinteilungen zu Grunde, z. B. bei (16+18+18+16 M) befinden sich auf den Nadeln 1 und 4 jeweils 16 Maschen, auf den Nadeln 2 und 3 jeweils 18 Maschen.

Nadelverteilung und Nummerierung des Nadelspiels

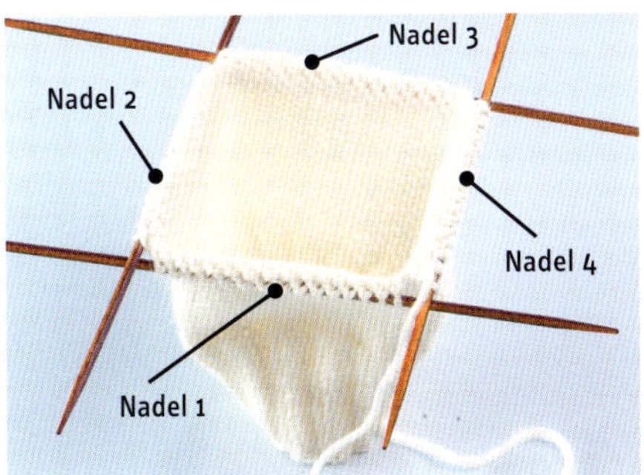

Von der Höhe des Anschlagfadens aus werden die Spielnadeln, auf denen die Maschen verteilt sind, im Uhrzeigersinn durchnummeriert. Üblicherweise wird die Ferse über die Maschen der Nadel 4 und 1 gestrickt, sodass der Rundenwechsel in der hinteren Mitte der Wade und mittig unter der Fußsohle verläuft. Wird aber auch die Sohle besonders gemustert, ist es manchmal einfacher den Rundenwechsel seitlich verlaufen zu lassen und auch mal die Ferse über die Maschen anderer Nadeln zu arbeiten.

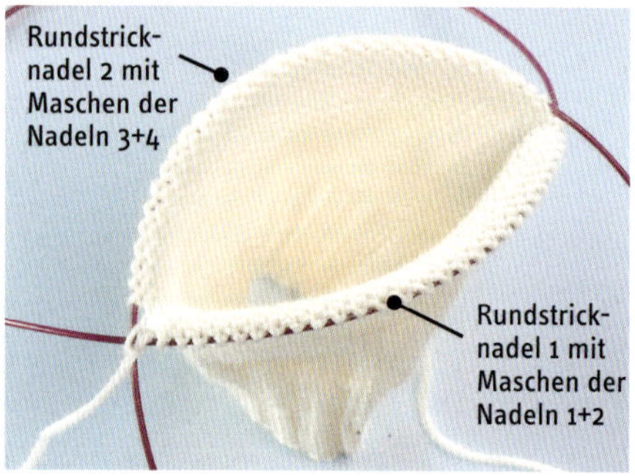

Bei großen Rapporten, insbesondere bei großen Jacquardmustern, bietet es sich an, die Maschen anstatt auf 4 Spielnadeln auf 2 Rundstricknadeln zu verteilen und jeweils mit einer Rundstricknadel die Maschen für Schienbein und Wade bzw. für Oberfuß und Sohle zu stricken.

Dazu jeweils die Hälfte der insgesamt benötigten Maschen auf einer Rundstricknadel anschlagen, die Maschen der 2. Rundstricknadel (die letzte Maschenhälfte) auf das flexible Seil der 2. Rundstricknadel schieben und zur Runde schließen. Ganz wichtig ist bei dieser Methode, die 1. Maschenhälfte immer nur mit den beiden Nadelteilen der ersten Rundstricknadel zu stricken, während die 2. Rundstricknadel ruht und umgekehrt. Es muss darauf geachtet werden, die beiden Nadeln nicht zu vertauschen.

Um die Ferse wie üblich mittig über dem Rundenwechsel zu platzieren, in der letzten Runde vor Beginn der Ferse mit der 1. Rundstricknadel noch die Anzahl der Maschen, die für Spielnadel 3 vorgesehen sind, von der 2. Rundstricknadel abstricken, die übrigen Maschen der 2. Rundstricknadel und die Maschenzahl, die für die Spielnadel 1 vorgesehen ist mit der 2. Rundstricknadel abstricken. So werden die beiden Nadeln jeweils um eine viertel Runde verdreht und die Ferse kann an die entsprechende Stelle eingestrickt werden.

DOPPELMASCHEN

Doppelmaschen ermöglichen einen lochfreien Übergang von verkürzten Reihen.

EINE MASCHE ALS DOPPELMASCHE ABHEBEN

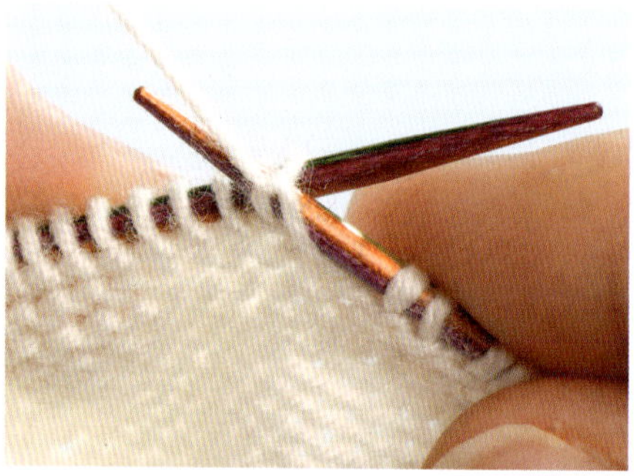

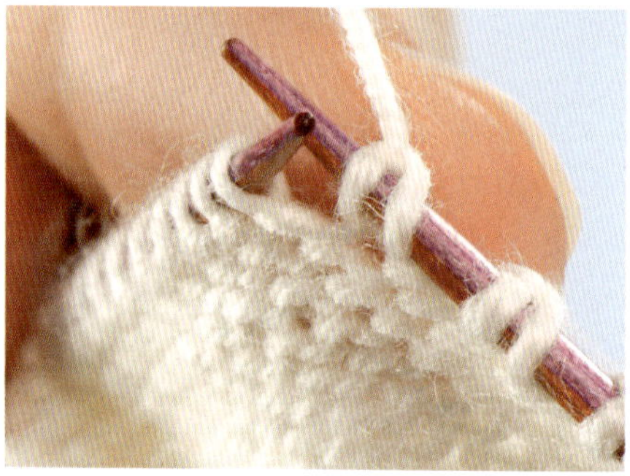

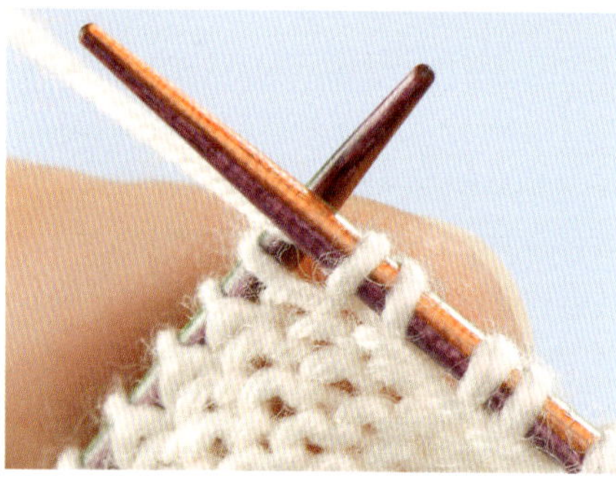

Nach dem Wenden zunächst den Arbeitsfaden wie zum Linksstricken vor die Arbeit holen. Mit der Arbeitsnadel wie zum Linksstricken in die Masche einstechen und ungestrickt abheben. Dabei den Faden über die rechte Nadel hinweg so fest nach hinten ziehen, dass sich die beiden Maschenschenkel der Maschen aus der unteren Reihe über die Nadel legen. Doppelmaschen werden in Hin- und Rückreihen auf gleiche Weise gearbeitet.

EINE DOPPELMASCHE ALS EINE MASCHE ABSTRICKEN

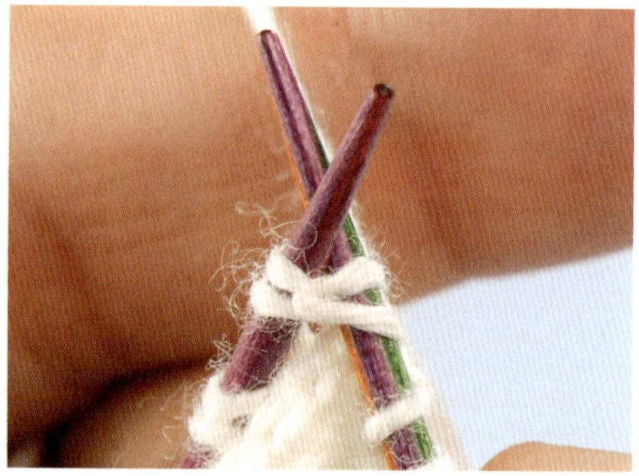

Zum Abstricken einer Doppelmasche gut darauf achten, mit der Arbeitsnadel in beide Maschenglieder einzustechen und nicht aus Versehen die beiden Maschenschenkel als 2 Maschen abzustricken.

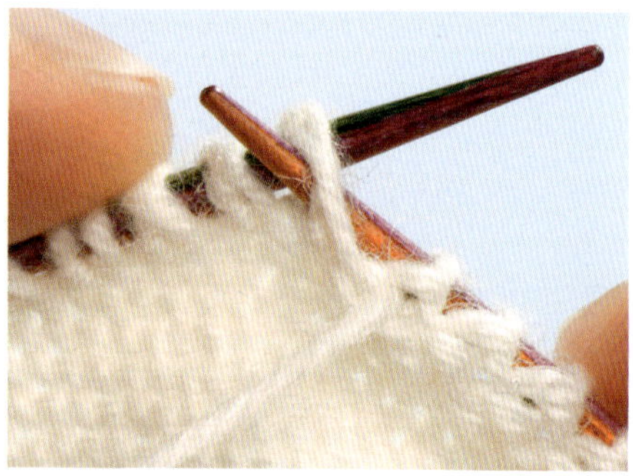

GÄSSCHEN

Als „Gässchen“ wird die kleine Lücke bezeichnet, die am Rand einer verkürzten Reihe entsteht. Bei der Fersenrundung der Herzchenferse orientiert man sich bei den Abnahmen an den Gässchen der Wendestellen an beiden Seiten des Herzchens: Es wird stets bis „1 Masche vor dem Gässchen“, also bis zur letzten Masche vor der Wendemasche der unteren Reihe gestrickt, dann die Wendemasche und die nächste Masche des Seitenteils zusammengestrickt, noch eine weitere Masche gestrickt und erneut gewendet.

RECHTS- UND LINKSGENEIGTE ABNAHMEN

Je nachdem, welche der beiden zusammengestrickten Maschen oben aufliegt, neigt sich beim Zusammenstricken von zwei Maschen die Abnahme im Strickbild nach rechts oder links. Für aufwändigere Lochmuster, aber auch gleichmäßige Spickelabnahmen an der Ferse oder für eine symmetrische Bandspitze werden diese Abnahmen wichtig.

ABNAHME MIT RECHTSNEIGUNG

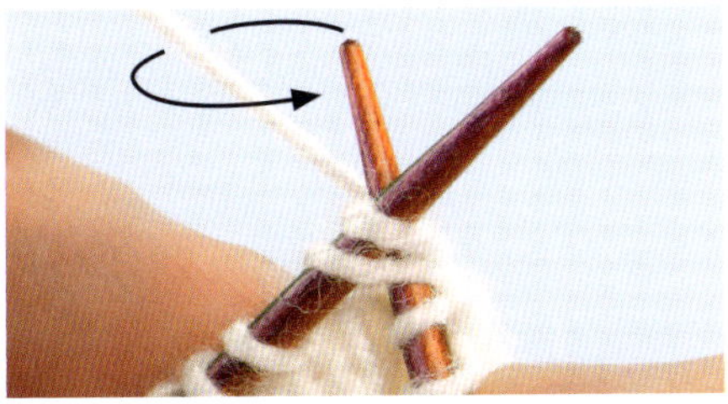

Mit der Arbeitsnadel wie zum Rechtsstricken gleichzeitig in die beiden folgenden Maschen einstechen und beide zusammen als eine Masche abstricken.

ABNAHME MIT LINKSNEIGUNG

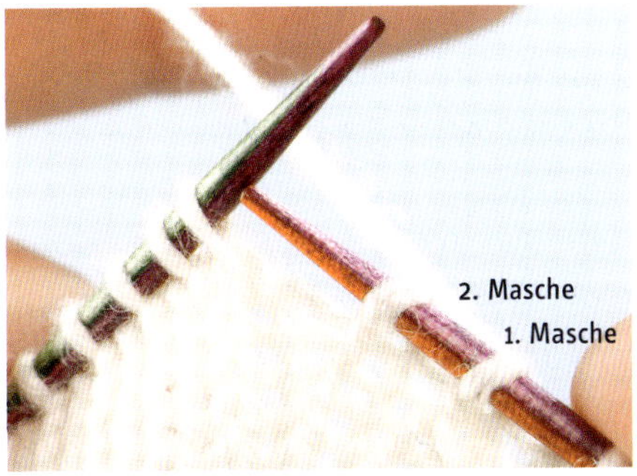

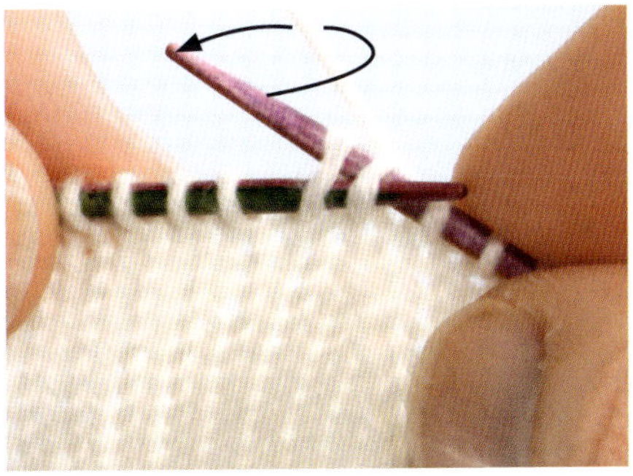

Die beiden folgenden Maschen nacheinander wie zum Rechtsstricken abheben, mit der linken Nadel wieder von links nach rechts in beide Maschen einstechen und beide Maschen zusammenstricken.

OFFENER ANSCHLAG

Die Anschlagkante eines mit einem offenen Anschlag begonnenen Strickstücks lässt sich nach Fertigstellung leicht wieder auftrennen. So lässt sich leicht entgegen der üblichen Strickrichtung weiterarbeiten, um z. B. nachträglich eine Ferse einzustricken oder um die Naht eines quer gestrickten Sockenpaars im Maschenstich vernähen zu können.

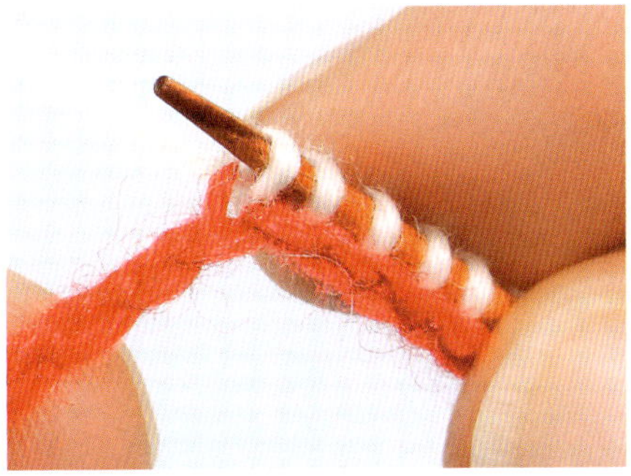

Mit einer Häkelnadel eine sehr lockere Luftmaschenkette mit 10 bis 15 Kettengliedern mehr häkeln als Maschen angeschlagen werden sollen. Es empfiehlt sich, dazu ein Garn in einer deutlich kontrastierenden Farbe zu wählen, das auch etwas dicker sein kann als das Sockengarn.
Aus jeder Querrippe auf der Rückseite der Luftmaschenkette mit dem Sockengarn je eine Masche herausstricken, bis die gewünschte Maschenzahl erreicht ist.
Gut darauf achten, nur in die Maschenzwischenräume und nicht in das Garn einzustechen!

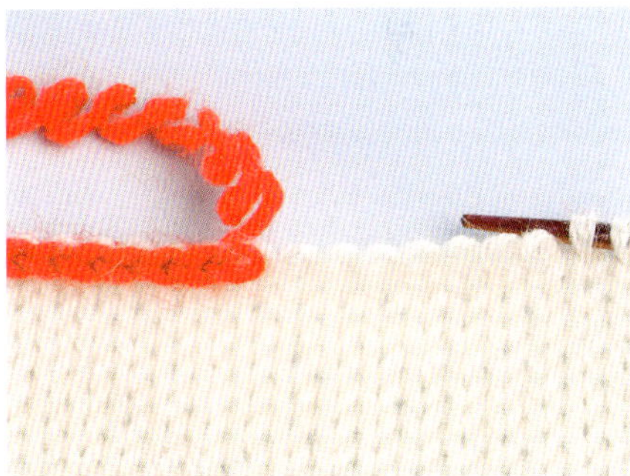

Nach Fertigstellung der Socke das Ende der Luftmaschenkette lösen und die Häkelkante aufziehen. Die Maschen werden nacheinander frei und können auf einer Stricknadel aufgefangen und weiterverarbeitet werden.

JACQUARDTECHNIK

Jacquards werden Muster genannt, die mit mindestens 2 Farben pro Reihe oder Runde gestrickt werden. Dabei wird zwischen Hintergrundfarbe und Dekorfarbe unterschieden. In der Regel werden Jacquards glatt rechts gestrickt und in Zählmustern angegeben.
Während mit der einen Farbe entsprechend dem Zählmuster gestrickt wird, verläuft der andere Faden bis zum nächsten Farbwechsel locker auf der Rückseite mit. Je mehr Maschen in einer Farbe gestrickt werden, desto länger wird der Spannfaden. Ein Spannfaden sollte nicht über mehr als 8 bis 10 Maschen laufen, wenn mit vierfädigem Sockengarn und einer Nadelstärke von 2,0–3,0 mm gearbeitet wird.

EINWEBEN VON SPANNFÄDEN

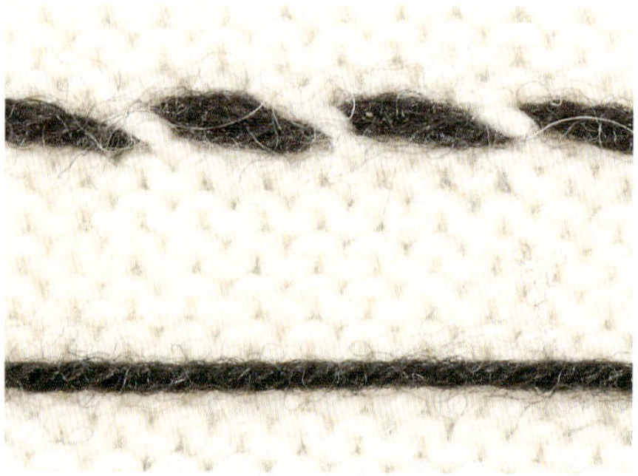

Bei längeren Spannfäden besteht die Gefahr, dass man sich beim An- und Ausziehen darin verhakt. Dann empfiehlt es sich, den Spannfaden mit einzuweben, indem man nach etwa der Hälfte der zu überbrückenden Strecke den Arbeitsfaden einmal um den Spannfaden legt und ihn so in das Gestrick einbindet.
Beim Einweben kann es passieren, dass der Spannfaden durch das Muster durchscheint, wenn das Gestrick gedehnt wird. Es empfiehlt sich, die Stelle des Einwebens immer um einige Maschen zu versetzen, da die Kontrastfarbe ansonsten leicht als störender Streifen hervortritt.

FADENSPANNUNG

Für ein ebenmäßiges Maschenbild ist es wichtig, die Fadenspannung auf der Rückseite möglichst gleichmäßig zu halten.

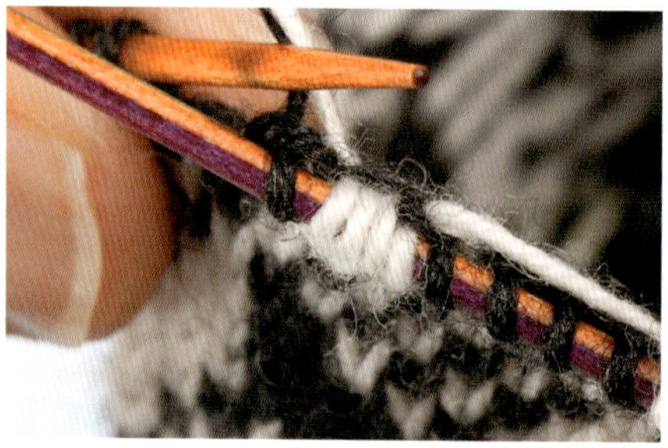

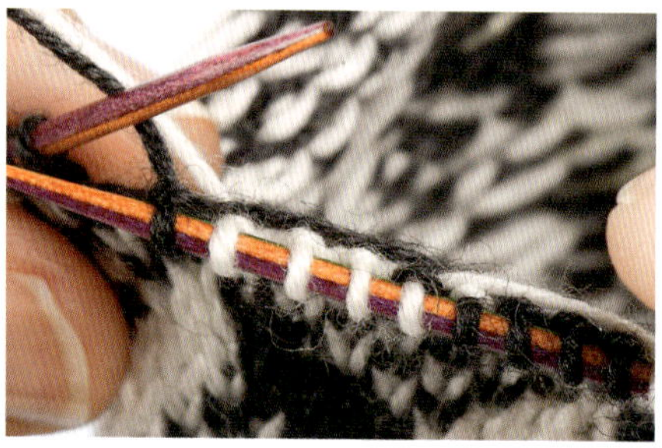

Um einen zu kurzen Spannfaden zu vermeiden ist es hilfreich, beim Wechsel der Farben die zuvor abgestrickten Maschen auf der rechten Nadel so weit auseinanderzuschieben, wie sie im fertigen Maschenbild erscheinen. Den Arbeitsfaden mit dem rechten Zeigefinger an die rechte Nadel drücken und so beim Stricken der neuen Farbe das passende Spannfadenstück abmessen und einarbeiten.

NADELWECHSEL

Die zweite große Hürde ist der Nadelwechsel. Auch hier hilft man sich am besten damit, die Maschen auf die spätere Breite auseinander zu schieben und den Faden dicht an den Nadeln entlangzuführen. Nach dem Stricken der ersten Masche in der neuen Farbe kann man dazu die vorige Nadel und die neue Nadel in eine Linie bringen und so den Faden abmessen.

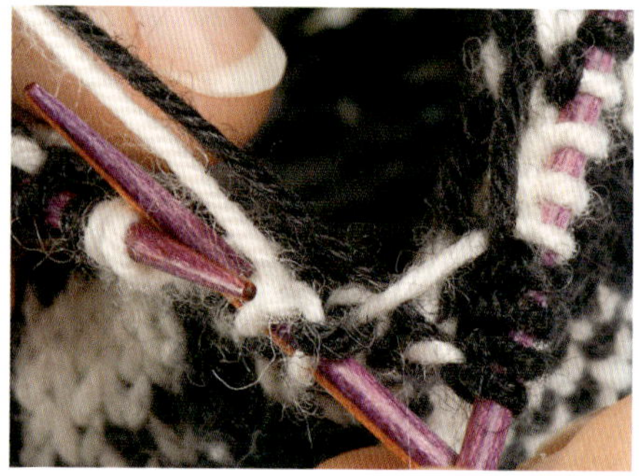

Besonders Anfängern fällt das Stricken von Jacquardmustern viel leichter, wenn das Nadelspiel durch 2 Rundstricknadeln ersetzt wird. So sind nur noch halb so viele der problematischen Nadelwechsel zu arbeiten und die flexiblen Seile der Rundstricknadeln ermöglichen es leichter, Stellen mit zu starker Fadenspannung zu finden.

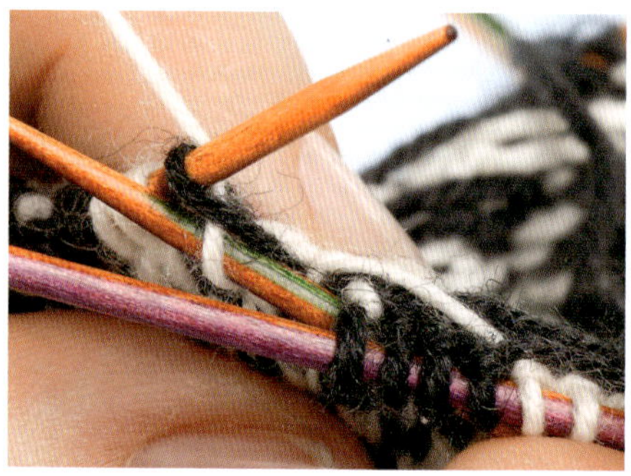

FADENHALTUNG

Wie und ob die beiden Fäden gleichzeitig gehalten werden, hängt von Übung und individueller Vorliebe ab. Entspanntes Arbeiten und ein gleichmäßiges Strickbild sind meist wichtiger als die Strickgeschwindigkeit. Am besten findet man durch Ausprobieren der vorgestellten Arbeitsweisen seinen bevorzugten Stil heraus.

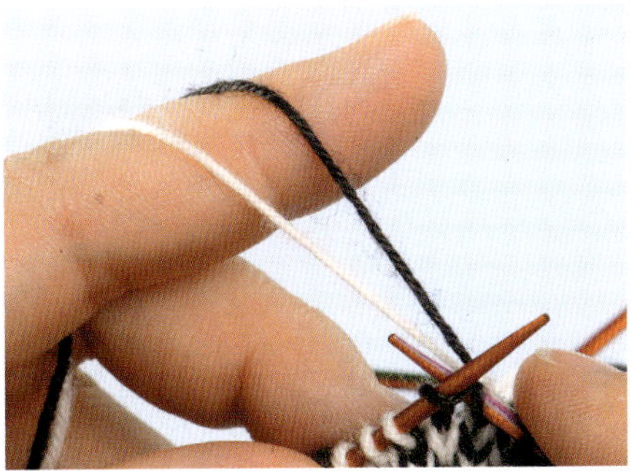

Beide Fäden liegen auf dem linken Zeigefinger und werden je nach Vorliebe z. B. noch einmal zusätzlich um den kleinen Finger gelegt.
Kommt eine der beiden Farben im Farbmuster deutlich häufiger vor als die andere, wird von diesem Garn mehr verbraucht und der Faden zieht sich recht schnell straff um den Zeigefinger.
Diese Fadenhaltung erlaubt einen schnellen Ausgleich in der Spannung beider Fäden auf der Hand, da beide Fäden gleichzeitig in die übliche Fadenhaltung beim Stricken gebracht werden. Ein Nachteil dieser Fadenhaltung ist, dass man häufig den Faden an der Seite mit der Arbeitsnadel auffasst, die der Nadel am nächsten liegt. So verdrehen sich beide Fäden leicht.
Dem Strickstück ist das später kaum anzusehen, aber beim Nachziehen eines Fadens können sich leicht Knoten bilden.

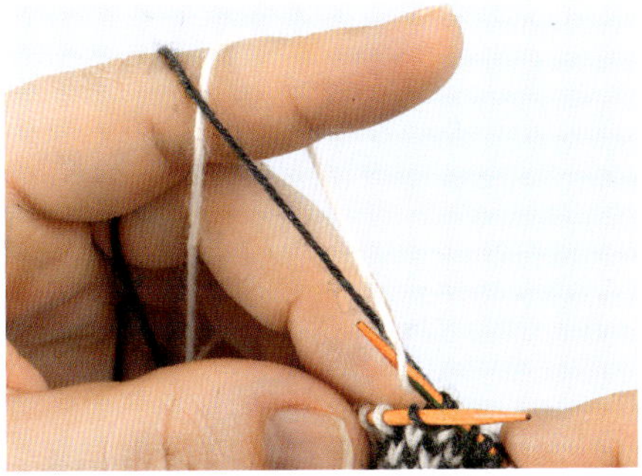

Den ersten Faden wie üblich von hinten nach vorne über den linken Zeigefinger legen, den zweiten Faden von vorne nach hinten. Dann beide Fäden zusammen noch einmal um den linken kleinen Finger wickeln.
Diese Fadenhaltung vermeidet das Verdrehen der Fäden weitgehend. Es ist aber schwieriger, beide Fäden unter gleicher Spannung zu halten.

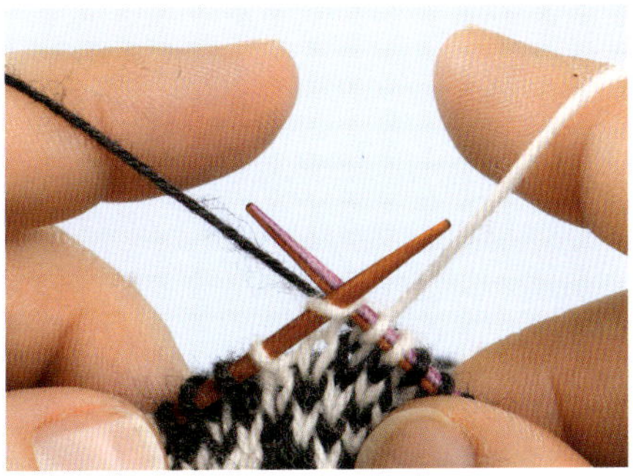

Zum beidhändigen Stricken wird je eine Farbe auf einen der beiden Zeigefinger gelegt. Häufig ist es dabei so, dass der Faden auf den Händen unterschiedlich läuft, um ihm gleichmäßig Spannung zu geben. Durch die Trennung beider Fäden verdrehen sie sich kaum miteinander und ein unterschiedlicher Bedarf an beiden Farben kann separat ausgeglichen werden. Diese Handhaltung braucht ein wenig Übung und ist für Fortgeschrittene geeignet.

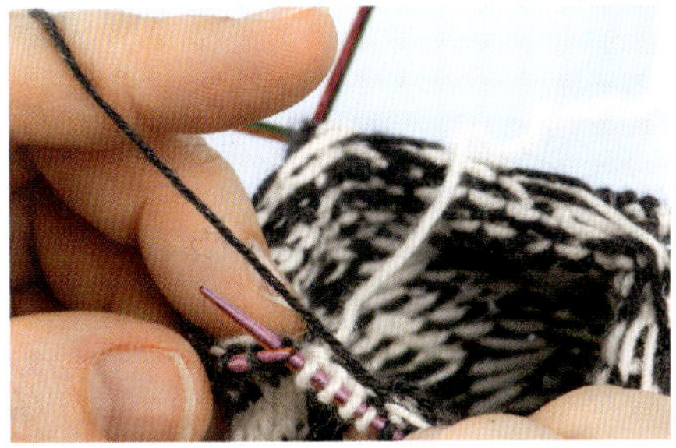

Der Faden des Arbeitsfadens liegt wie üblich auf dem linken Zeigefinger, der gerade nicht benötigte Faden hängt an der Rückseite lose herab. Zum Farbwechsel wird der erste Faden einfach fallen gelassen und der zuvor ungenutzte Faden wird nun auf den freien Zeigefinger gelegt.
Das Abmessen der Fadenspannung gelingt bei dieser Fadenhaltung am sichersten. Auch Anfänger kommen so schnell zu einem guten Ergebnis. Bei dieser Fadenhaltung ist es zudem ganz besonders einfach, einen Spannfaden mit einzuweben, da man durch das Übereinanderlegen der Fäden schon vor dem Stricken sieht, wie und ob der Faden eingewebt wurde.

MASCHENPROBE

Jacquards fallen in der Regel schmaler aus als einfarbig glatt rechts Gestricktes. Das hat großen Einfluss auf die Sockenanleitung, da mehr Maschen gearbeitet werden müssen. Außerdem sind Jacquards etwas weniger elastisch, sodass die Socken ein wenig weiter geplant werden müssen. Durch die innen laufenden Spannfäden sind die fertigen Socken dicker und somit auch wärmer als einfarbige Socken aus dem gleichen Garn.

Jacquards nach dem Stricken unbedingt anfeuchten und spannen oder kurz dämpfen. Das Maschenbild wird dadurch viel gleichmäßiger.

EINSTRICKEN VON PERLEN

Zum Einstricken in Socken aus 4-fädigem Sockengarn eignen sich besonders die 2,6 mm großen Rocailles, die der Handel in vielen verschiedenen Farben und Oberflächen anbietet.

PERLEN AUFFÄDELN

Vor dem Anschlagen der ersten Masche alle Perlen für eine Socke auf das Sockengarn fädeln.

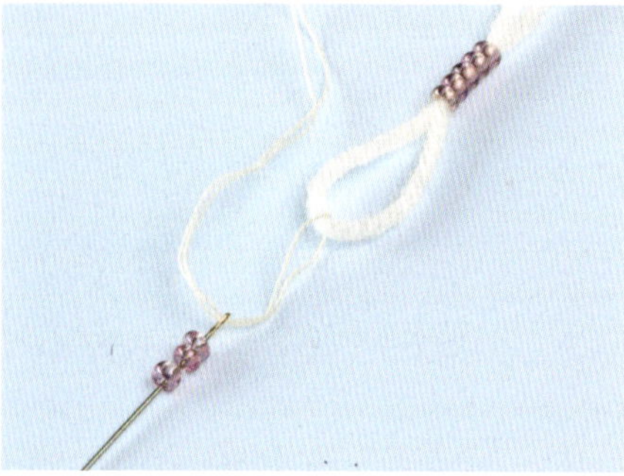

Am einfachsten macht man das mit einer Nähnadel: Ein etwa 30–40 cm langes Stück festes Nähgarn wird zur Hälfte gelegt und mit der Schlinge durch die Nähnadelöse gefädelt. Das Sockengarn etwa 20 cm lang durch die Nähgarnschlaufe legen und das Nähgarn etwas anziehen.

Mit Hilfe der Nähnadel können nun alle Rocailles auf das Sockengarn gefädelt werden. Zum Zählen der Perlen ist es hilfreich, mit der Nadelspitze immer 5 Perlen gleichzeitig aufzunehmen und dann in Blöcken zu je 50 Stück weiter auf das Sockengarn zu schieben. Wenn alle Perlen aufgefädelt sind, werden sie ca. 3 m weiter auf das Sockengarn geschoben. Erst dann die Maschen anschlagen und weiter nach Anleitung arbeiten. Die Perlen jeweils nach Bedarf wieder an die Strickarbeit heranholen oder weiter in Richtung Knäuel schieben.

PERLEN EINSTRICKEN

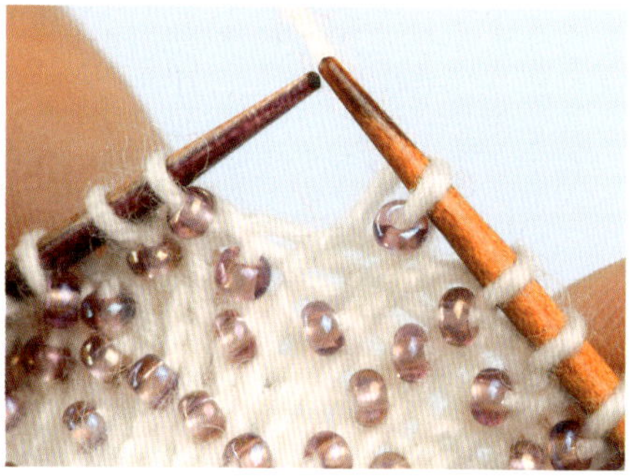

An der in der Strickschrift markierten Stelle wie zum Rechtsstricken in die Masche einstechen, eine Perle ganz nah an die Nadel heranschieben und beim Abstricken der Masche die Perle mit durchziehen. Die Perle sollte sich auf dem rechten Maschenschenkel befinden.

PERLENMASCHE VERSCHRÄNKT STRICKEN

Die einfachste Art, Perlen in einem Strickstück zu verarbeiten, ist das verschränkte Einstricken. Dabei wird die Masche, auf deren Schenkel eine Perle sitzt, in der folgenden Reihe oder Runde verschränkt abgestrickt und die Perle so in ihrer Position fixiert. Das verschränkte Einstricken wird meistens zum Einstricken einer einzigen Perlenreihe verwendet.

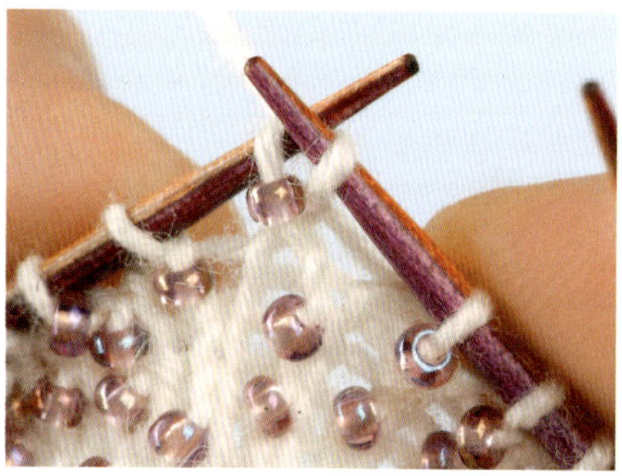

In der folgenden Reihe oder Runde jede Perlenmasche als verschränkte Masche abstricken.

Dadurch verdrehen sich die beiden Maschenschenkel der Perlenmasche und die Perle kann nicht mehr verrutschen. Beim Abstricken darauf achten, dass die Perle auf dem rechten Maschenschenkel sitzt.

PERLENMASCHE GLATT RECHTS STRICKEN

Viel gleichmäßiger erscheinen die Maschen, wenn die Perlenmaschen ebenfalls glatt rechts abgestrickt werden. Das erfordert aber ein wachsames Auge, da die Perlen leicht vom rechten auf den linken Maschenschenkel rutschen und dann das Muster unruhig erscheinen lassen.

Das glatte Einstricken von Perlen ist gut geeignet, um damit ein ganzes Muster einzustricken. Nachdem die Perle wie beim verschränkten Einstricken bereits in eine rechte Masche eingestrickt ist und sich auf dem rechten Maschenschenkel befindet, wird die Perlenmasche in der folgenden Runde oder Reihe als rechte Masche abgestrickt, egal ob dabei wieder eine neue Perle mit eingestrickt wird oder nicht.

Um die Perle beim Einstechen zum Rechtsstricken nicht vom rechten Maschenschenkel zu verschieben, ist es hilfreich, die Perlenmasche zunächst wie zum Rechtsstricken abzuheben, dann mit der linken Nadel wieder von links nach rechts in die Masche einzustechen und sie so rechts abzustricken. Dabei lässt sich die Position der Perle leichter kontrollieren.

Ein glatt rechtes Gestrick mit eingestrickten Perlen sollte nicht zu locker gearbeitet werden, da die Perlen sonst bei der Wäsche auf die Innenseite der Socke wandern können.

MASCHENSTICH

Mit Hilfe der Stricknaht lassen sich parallele offene Maschenreihen beinahe unsichtbar miteinander verbinden.
Beide Maschenreihen auf je einer Stricknadel parallel halten, so dass jeweils die Maschen übereinander liegen, die auch miteinander verbunden werden sollen. Die Naht wird mit einem Faden des gleichen Garns auf einer stumpfen Sticknadel ausgeführt.

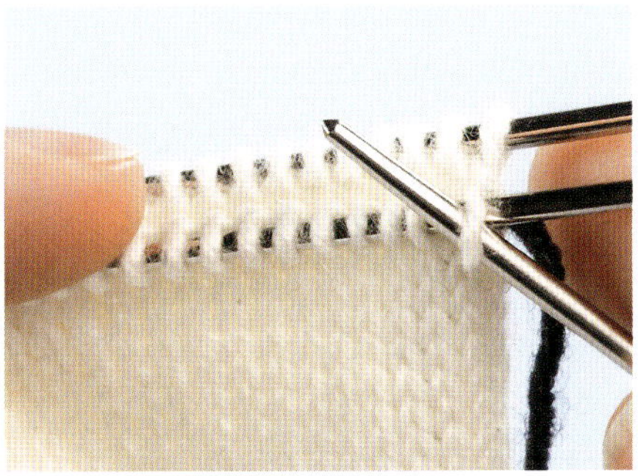

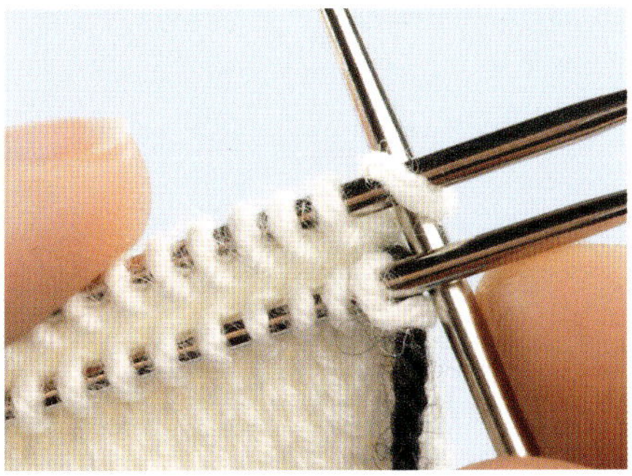

Schritt 1: Mit der Sticknadel in die erste Masche der vorderen Nadel wie zum Linksstricken einstechen und den Faden durchziehen.
Schritt 2: In die erste Masche der hinteren Nadel wie zum Rechtsstricken einstechen und den Faden durchziehen, ohne dabei die beiden Maschen von der Nadel zu heben.

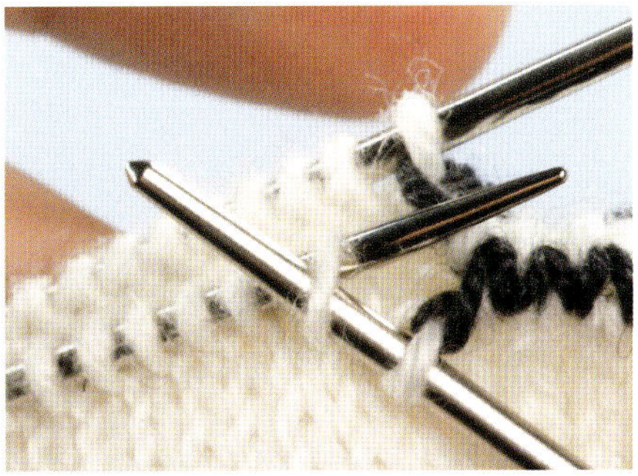

Fortlaufend folgende Schritte wiederholen:
Schritt 3: In die erste Masche der vorderen Nadel wie zum Rechtsstricken einstechen, den Faden durchziehen und die Masche dabei von der Nadel heben.
Schritt 4: In die folgende Masche der vorderen Nadel wie zum Linksstricken einstechen und den Faden durchziehen, die Masche aber noch nicht von der Nadel heben.

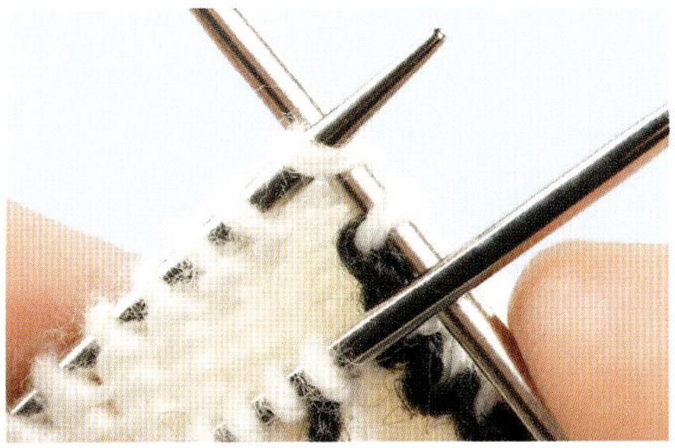

Schritt 5: In die erste Masche der hinteren Nadel wie zum Linksstricken einstechen, den Faden durchziehen und die Masche dabei von der Nadel heben.
Schritt 6: In die folgende Masche der hinteren Nadel wie zum Rechtsstricken einstechen und den Faden durchziehen, die Masche aber noch nicht von der Nadel heben.

Die letzten beiden Maschen in gleicher Weise abnähen wie für die ersten beiden Maschen beschrieben.

BALTISCHES FLECHTBAND

Für das Flechtband zunächst beide Fäden vor die Arbeit legen und im Folgenden die jeweilige Farbe zum Rechtsstricken der nächsten Masche nach hinten nehmen, nach dem Abstricken der Masche den Faden wieder vor die Arbeit legen.

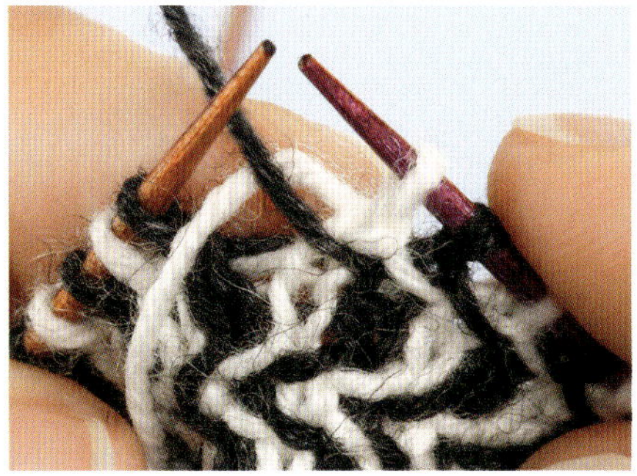

1. Runde: *1 Masche in Farbe A, 1 Masche in Farbe B, ab * fortlaufend wiederholen, dabei alle Maschen rechts abstricken und jeweils die nächste Strickfarbe über den zuvor verwendeten Faden legen.

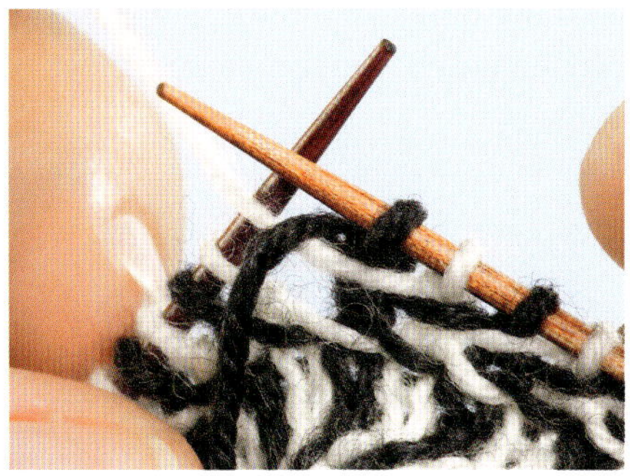

2. Runde: *1 Masche in Farbe A, 1 Masche in Farbe B, ab * fortlaufend wiederholen, dabei alle Maschen rechts abstricken und jeweils die nächste Strickfarbe unter dem zuvor verwendeten Faden hervorholen.

VERSCHRÄNKTE MASCHEN VERZOPFEN (ZUGMASCHEN)

Viele alpenländische Muster erhalten ihre besondere Schönheit und Mustervielfalt durch einen Wechsel von rechts verschränkten und regulären linken Maschen, die miteinander verzopft werden.

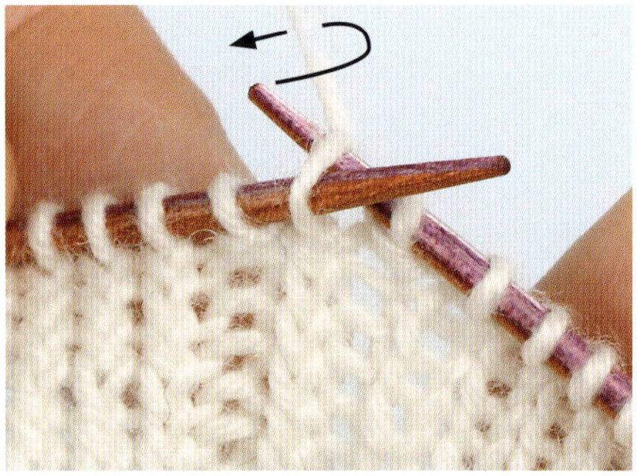

Um eine Masche rechts verschränkt zu stricken, von rechts nach links in das hintere Maschenglied einstechen und den Faden durchziehen. Dadurch erscheint die Masche um 180° im Uhrzeigersinn verdreht im Maschenbild.

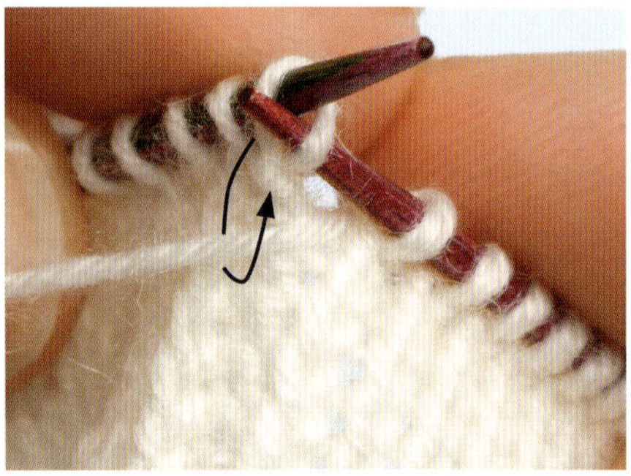

Um eine Masche links verschränkt zu stricken, von links nach rechts in das hintere Maschenglied einstechen und den Faden wie zum Linksstricken durchziehen. Dadurch erscheint die Masche auf der Rückseite als rechts verschränkte Masche. Das kann nützlich sein, wenn ein Muster aus rechts verschränkten Maschen etwa in der Fersenwand fortgesetzt werden soll, die nicht in Runden, sondern in Hin- und Rückreihen gearbeitet wird.

ZUGMASCHE NACH RECHTS

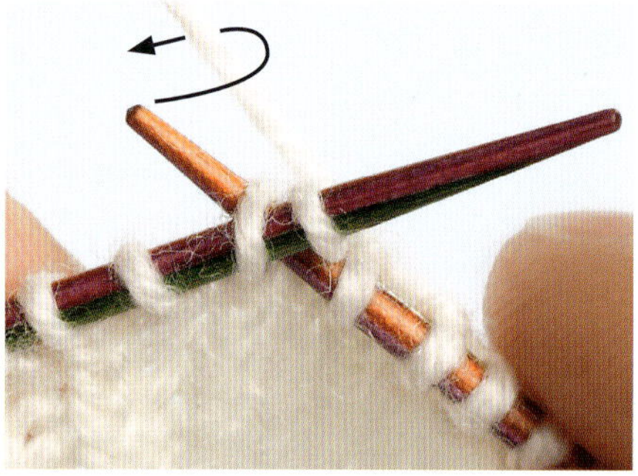

1 Masche auf einer Hilfsnadel hinter die Arbeit legen, 1 Masche rechts verschränkt stricken, dann die Masche der Hilfsnadel rechts verschränkt oder links stricken
ODER: Mit der Arbeitsnadel von vorn nach hinten in den rechten Maschenschenkel der übernächsten Masche einstechen und diese rechts stricken, ohne die Masche von der Nadel zu heben. Dann erst die 1. Masche der Nadel rechts verschränkt oder links stricken und beide Maschen von der Nadel heben.

ZUGMASCHE NACH LINKS

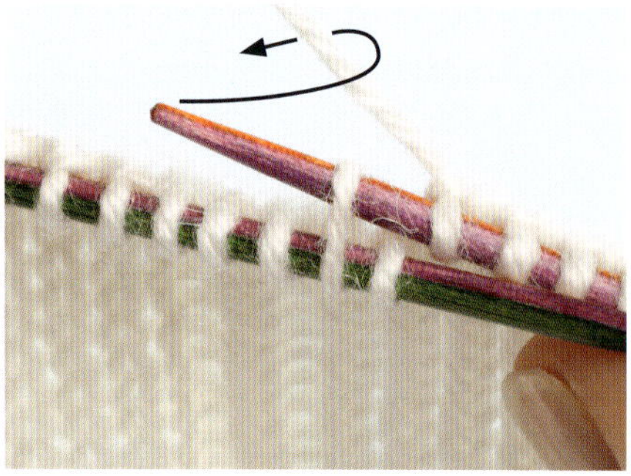

1 Masche auf einer Hilfsnadel vor die Arbeit legen, 1 Masche rechts verschränkt stricken, dann die Masche der Hilfsnadel rechts verschränkt stricken
ODER: Auf der Rückseite der Arbeit von rechts nach links in das hintere Maschenglied der 2. Masche einstechen und die Masche rechts abstricken, die Masche aber nicht von der Nadel heben. Dann die 1. Masche der Nadel rechts verschränkt abstricken und beide Maschen abheben.

ZUGMASCHE NACH LINKS

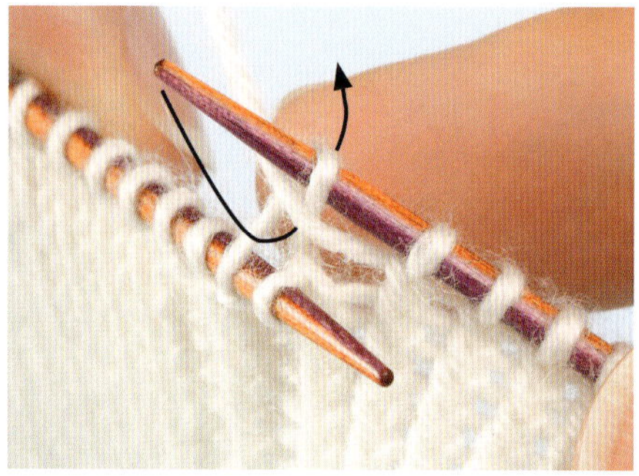

1 Masche auf einer Hilfsnadel vor die Arbeit legen, 1 Masche links stricken, dann die Masche der Hilfsnadel rechts verschränkt stricken.
ODER: Die erste Masche wie zum Linksstricken abheben, die 2. Masche wie zum Rechtsstricken abheben und beide Maschen so gedreht wieder zurück auf die linke Nadel heben. Auf der Rückseite der Arbeit die 2. Masche links verschränkt stricken, die Maschen aber noch nicht von der Nadel heben. Dann die 1. Masche rechts verschränkt abstricken und beide Maschen abheben.

FÄDEN VERNÄHEN

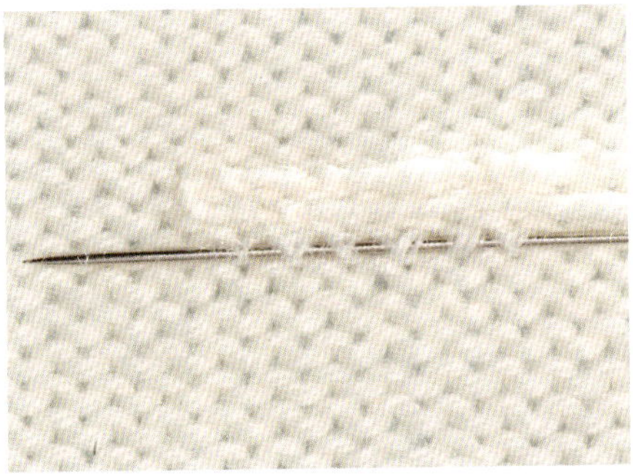

Das Vernähen von Fäden erfordert bei Socken etwas mehr Sorgfalt, da keine Randmaschen oder Nähte zur Verfügung stehen, in die der Faden gezogen werden kann.
Der Anschlagfaden lässt sich noch leicht durch mehrmaliges Hin- und Rücknähen durch die Anschlagkante verstecken, auch der Schlussfaden findet in der zusammengezogenen Spitze guten Halt.
Vorsichtiger muss man mit den Fäden umgehen, die mitten im Strickstück hängen, wie es bei vielen Jacquards häufiger vorkommt.
Eine Sticknadel mit Spitze macht es möglich, die Fäden auf der Innenseite durch die einzelnen Garnfäden zu stechen und den Faden so zu vernähen.
Bei Jacquards eignen sich besonders die Spannfäden zum Vernähen von Fadenenden.

SASHIKO-STICKEREI

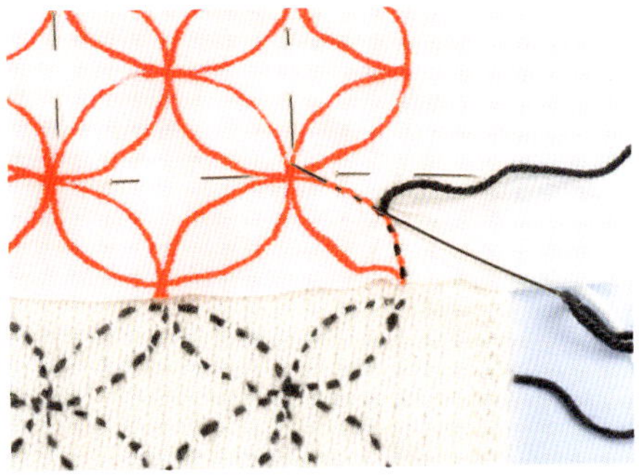

Aus festem Karton einen passenden Pappstreifen zuschneiden, an einer schmalen Seite ähnlich einer Fußspitze abrunden und als Schutz vor dem Durchstechen in eine Socke einlegen. Das Gestrick der Socke sollte sich dabei ein wenig dehnen, damit die Stickerei später am Fuß nicht spannt. Die Sashiko-Zeichnung auf Pergament durchpausen. Mit einem schwarzen Filzstift die Zeichnung 2x vom Pergamentpapier auf je ein Papierkosmetiktuch zeichnen. Je ein Papiertuch mittig auf einer Socke mit Stecknadeln feststecken. Die gezeichneten Linien mit kleinen Vorstichen nachsticken. Die Spitze der Sticknadel ermöglicht es dabei, in den Faden einzustechen und die Linien so genauer aufzusticken. Das Papiertuch herausziehen.

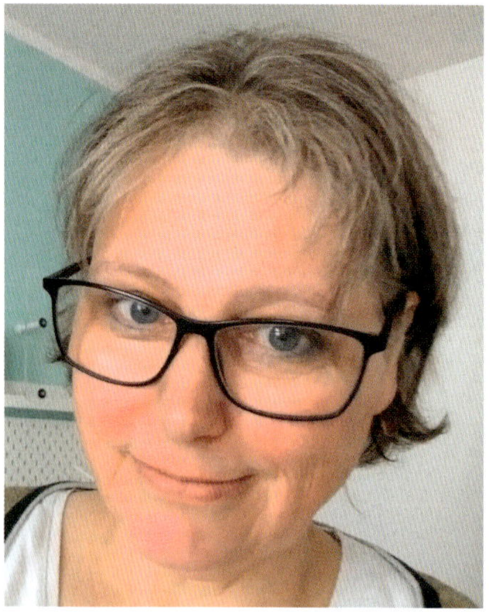

STEPHANIE VAN DER LINDEN

entwirft, schreibt, lektoriert und übersetzt für deutsche und internationale Garnhersteller und Verlage. Sie strickt, spinnt, näht, stickt und knüpft seit ihrer Kindheit alles, was ihr in die Hände fällt, und ist fasziniert von den logischen Strukturen hinter Knoten, Geweben und Maschen.

Ein herzliches Dankeschön an Manuela Burkhardt, Viola Keller, Juliane Badowsky und Angela Voigt, die einige Modelle für die Neuauflage des Buches neu gestrickt haben!

DANKE

Wir danken der Firma MEZ GmbH (www.schachenmayr.com) für die Unterstützung bei der Erstellung dieses Buches.

ABKÜRZUNGEN

Doppelm	Doppelmasche(n)
Fb	Farbe(n)
Hilfsnd	Hilfsnadel(n)
Hinr	Hinreihe(n)
Kettm	Kettmasche(n)
li	links, linke(n)
Luftm	Luftmasche(n)
M	Masche(n)
Nd	Nadel(n)
R	Reihe(n)
Randm	Randmasche(n)
Rd	Runde(n)
re	rechts, rechte(n)
Rückr	Rückreihe(n)
str	stricken
wdh	wiederholen
Zopfnd	Zopfnadel(n)
Zwischenrd	Zwischenrunde(n)

*** ..., ab * noch 5x wdh**	die Anleitung ab dem * so oft wiederholen wie angegeben
*** ..., ab * 6x arbeiten**	die Anleitung ab dem * so oft arbeiten wie angegeben
*** ..., ab * stets wdh**	die Anleitung ab dem * so oft wdh, wie sie bis zum R-Ende oder Rd-Ende vollständig gearbeitet werden kann

IMPRESSUM

Überarbeitete Neuausgabe von TOPP 6585

FOTOS: frechverlag GmbH, 70839 Gerlingen; Freepik.com (S. 6, 12, 17, 22, 26, 32, 38, 42, 46, 52, 55, 60, 64, 68, 73, 76, 80, 84, 88, 92, 96, 100, 104, 108, 112, 116), Michael Ruder, Stuttgart (alle übrigen)
PRODUKTMANAGEMENT: Katrin Akyol
COVER: Lena Schmitt
SATZ: Fotosatz H. Buck
Download-Code: 55402
DRUCK UND BINDUNG: DZS Grafik, Slowenien

1. Auflage 2024

MIX
Papier | Fördert gute Waldnutzung
FSC® C106600

Penguin Random House Verlagsgruppe
FSC® N001967

ISBN 978-3-7358-7084-7 • Best.-Nr. 27084